# 2025
## 国家统一法律职业资格考试记忆通

# 高频考点
# 黄金记忆10分钟

飞跃考试辅导中心 编

每天10分钟
法考很轻松

中国法治出版社
CHINA LEGAL PUBLISHING HOUSE

图书在版编目（CIP）数据

2025国家统一法律职业资格考试记忆通. 高频考点黄金记忆10分钟 / 飞跃考试辅导中心编. -- 北京：中国法治出版社, 2024. 12. -- ISBN 978-7-5216-4774-7

Ⅰ. D920.4

中国国家版本馆CIP数据核字第2024LE9211号

责任编辑：成知博（chengzhibo@zgfzs.com） 封面设计：杨鑫宇

### 2025国家统一法律职业资格考试记忆通. 高频考点黄金记忆10分钟
2025 GUOJIA TONGYI FALÜ ZHIYE ZIGE KAOSHI JIYITONG. GAOPIN KAODIAN HUANGJIN JIYI 10 FENZHONG

编者 / 飞跃考试辅导中心

经销 / 新华书店

印刷 / 三河市国英印务有限公司

开本 / 787毫米 × 1092毫米　32开　　　　　　　印张 / 12　字数 / 336千

版次 / 2024年12月第1版　　　　　　　　　　　2024年12月第1次印刷

**中国法治出版社出版**

书号 ISBN 978-7-5216-4774-7　　　　　　　　　　　　　定价：38.00元

北京市西城区西便门西里甲16号西便门办公区

邮政编码 100053　　　　　　　　　　　　　　　传真：010-63141600

**网址：http://www.zgfzs.com**　　　　**编辑部电话：010-63141809**

**市场营销部电话：010-63141612**　　**印务部电话：010-63141606**

（如有印装质量问题，请与本社印务部联系。）

# 出版说明

## PREFACE

《国家统一法律职业资格考试记忆通》丛书的前身是中国法治出版社飞跃考试辅导中心于2006年推出的《司法考试记忆通》。在2024年法考烽火熄灭、2025年法考战鼓又将擂响之时,作为一套能够脱颖而出并连续热销多年的考试记忆类图书,为了满足读者高效备考的需要,飞跃考试辅导中心组织编写了《2025国家统一法律职业资格考试记忆通.高频考点黄金记忆10分钟》一书。

根据考生的反馈信息,本书在编写时突出了三大特点:

**一、直击核心要点**。本书高度提炼了法考全学科核心要点,反复打磨,去粗取精,对常考内容和知识点进行仔细梳理,合理归纳,帮助考生充分利用碎片化时间,高效记忆。

**二、突出重要考点**。本书通过双色设计,对重要知识点以色块、挖空等形式标注,提醒考生将有限的时间聚焦在重要考点上,帮助考生形成清晰的复习思路,显著提高复习效率。

**三、复习方法独特**。本书结合遗忘曲线及记忆规律,通过三轮记录、打卡设计、法考倒计时等独特版式设计,提高考生的复习主动性,助力实现更为持久的记忆效果。

因为用心，所以卓越。真诚希望《2025国家统一法律职业资格考试记忆通.高频考点黄金记忆10分钟》一书能助您达成夙愿，早日敲开法律专业人执业的大门！

飞跃考试辅导中心

# 目录

## 一、习近平法治思想 ... 1

考点 01　习近平法治思想的重大意义 ... 1

考点 02　习近平法治思想的核心要义 ... 1

考点 03　习近平法治思想的实践要求 ... 4

## 二、法理学 ... 5

考点 01　法的规范作用 ... 5

考点 02　法的作用的局限性 ... 6

考点 03　权利与义务的语义类型 ... 6

考点 04　法的价值 ... 7

考点 05　法律规则与法律原则的区别 ... 8

考点 06　当代中国法的渊源 ... 9

考点 07　法律关系的产生、变更与消灭 ... 12

考点 08　内部证成与外部证成 ... 12

考点 09　法律解释方法 ... 12

考点 10　法律漏洞填补 ... 13

## 三、宪法 ······················································································· 15

考点 01　宪法的修改 ································································· 15
考点 02　全国人大的任期与职能 ················································ 15
考点 03　全国人大常委会的职权 ················································ 16
考点 04　国务院及其组成部门的职权 ·········································· 18
考点 05　基层群众自治组织 ······················································· 19
考点 06　规范性文件的审查 ······················································· 20
考点 07　民族自治地方的自治机关 ············································· 21

## 四、中国法律史 ·········································································· 22

考点 01　西周时期的法律思想与制度 ·········································· 22
考点 02　春秋战国时期的法律思想与制度 ··································· 23
考点 03　秦汉至魏晋南北朝时期的法律思想与制度 ······················ 24
考点 04　唐代的法律思想与制度 ················································ 25
考点 05　宋代的法律思想与制度 ················································ 28
考点 06　清末的法律思想与制度 ················································ 30
考点 07　新民主主义革命时期民主政权法制 ································ 31

## 五、司法制度和法律职业道德 ·················································· 34

考点 01　法官 ··········································································· 34
考点 02　检察官 ········································································ 35
考点 03　律师 ··········································································· 36
考点 04　法律援助 ····································································· 37

## 六、刑法 ······················································································· 39

考点 01　亲告罪、非亲告罪 ······················································· 39
考点 02　不作为犯罪 ································································· 39

| 考点 03 | 刑法上的因果关系 | 40 |
| --- | --- | --- |
| 考点 04 | 正当防卫 | 41 |
| 考点 05 | 紧急避险 | 42 |
| 考点 06 | 事实认识错误 | 42 |
| 考点 07 | 刑事责任年龄、责任能力 | 43 |
| 考点 08 | 犯罪未遂的成立条件 | 44 |
| 考点 09 | 犯罪中止的成立条件 | 46 |
| 考点 10 | 承继的共同犯罪 | 46 |
| 考点 11 | 间接正犯 | 47 |
| 考点 12 | 教唆犯 | 47 |
| 考点 13 | 主犯 | 48 |
| 考点 14 | 单位犯罪 | 49 |
| 考点 15 | 法条竞合犯 | 49 |
| 考点 16 | 想象竞合犯 | 51 |
| 考点 17 | 结果加重犯 | 52 |
| 考点 18 | 吸收犯 | 53 |
| 考点 19 | 牵连犯 | 54 |
| 考点 20 | 刑罚 | 54 |
| 考点 21 | 交通肇事罪 | 59 |
| 考点 22 | 危险驾驶罪 | 60 |
| 考点 23 | 生产、销售伪劣产品罪 | 61 |
| 考点 24 | 走私罪 | 61 |
| 考点 25 | 破坏金融管理秩序罪 | 62 |
| 考点 26 | 信用卡诈骗罪 | 65 |
| 考点 27 | 扰乱市场秩序罪 | 66 |
| 考点 28 | 故意杀人罪、故意伤害罪 | 67 |
| 考点 29 | 强奸罪 | 69 |
| 考点 30 | 非法拘禁罪 | 70 |

| 考点 31 | 绑架罪 | 71 |
| --- | --- | --- |
| 考点 32 | 拐卖妇女、儿童罪 | 72 |
| 考点 33 | 刑讯逼供罪 | 74 |
| 考点 34 | 抢劫罪 | 75 |
| 考点 35 | 盗窃罪 | 77 |
| 考点 36 | 诈骗罪 | 80 |
| 考点 37 | 挪用资金罪 | 81 |
| 考点 38 | 破坏生产经营罪 | 81 |
| 考点 39 | 寻衅滋事罪 | 82 |
| 考点 40 | 走私、贩卖、运输、制造毒品罪 | 83 |
| 考点 41 | 贪污罪 | 84 |
| 考点 42 | 受贿罪 | 86 |
| 考点 43 | 行贿罪 | 87 |
| 考点 44 | 滥用职权罪 | 88 |

## 七、刑事诉讼法 90

| 考点 01 | 认罪认罚从宽处理原则 | 90 |
| --- | --- | --- |
| 考点 02 | 具有法定情形不予追究刑事责任原则 | 91 |
| 考点 03 | 回避程序 | 91 |
| 考点 04 | 辩护人的权利 | 92 |
| 考点 05 | 信息网络犯罪案件的管辖 | 93 |
| 考点 06 | 证人证言 | 96 |
| 考点 07 | 犯罪嫌疑人、被告人的供述和辩解 | 97 |
| 考点 08 | 鉴定意见 | 97 |
| 考点 09 | 非法证据排除规则 | 98 |
| 考点 10 | 取保候审 | 100 |
| 考点 11 | 逮捕 | 102 |
| 考点 12 | 羁押必要性审查 | 103 |

考点 13　附带民事诉讼的审判 ························· 103

考点 14　勘验、检查 ································· 104

考点 15　查封、扣押物证、书证 ······················· 105

考点 16　辨认 ······································ 106

考点 17　补充侦查 ·································· 106

考点 18　不起诉 ···································· 107

考点 19　二审的审理结果 ····························· 108

考点 20　死刑立即执行案件的复核程序 ·················· 108

考点 21　依照审判监督程序对案件的重新审判 ············ 109

考点 22　未成年人刑事案件 ··························· 110

考点 23　附条件不起诉 ······························· 112

考点 24　适用缺席审判的案件 ························· 112

考点 25　刑事司法协助的程序 ························· 113

## 八、行政法与行政诉讼法 ···························· 115

考点 01　行政法的基本原则 ··························· 115

考点 02　国务院行政机构职能、设置及编制 ·············· 116

考点 03　地方各级政府行政机构设置及职能 ·············· 118

考点 04　公务员管理 ································ 118

考点 05　行政法规的制定 ····························· 119

考点 06　行政处罚的程序 ····························· 121

考点 07　限制人身自由行政强制措施的实施 ·············· 121

考点 08　查封、扣押行政强制措施的实施 ················ 122

考点 09　代履行的实施 ······························· 123

考点 10　行政许可的撤回、撤销和注销 ·················· 123

考点 11　其他具体行政行为 ··························· 124

考点 12　申请公开政府信息 ··························· 127

考点 13　对政府信息公开申请的答复 ···················· 127

| 考点 14 | 政府信息公开行政诉讼 | 128 |
| --- | --- | --- |
| 考点 15 | 行政复议申请及其处理 | 129 |
| 考点 16 | 行政复议决定的作出 | 130 |
| 考点 17 | 行政诉讼受案范围 | 133 |
| 考点 18 | 行政诉讼级别管辖 | 133 |
| 考点 19 | 行政诉讼地域管辖 | 133 |
| 考点 20 | 行政诉讼原告 | 134 |
| 考点 21 | 涉及县级以上地方政府案件的被告确认 | 135 |
| 考点 22 | 特殊行政行为案件被告 | 136 |
| 考点 23 | 经复议案件被告 | 137 |
| 考点 24 | 举证责任分配 | 138 |
| 考点 25 | 规范性文件的一并审查 | 139 |
| 考点 26 | 起诉不作为案件的一审裁判 | 140 |
| 考点 27 | 确认无效判决 | 140 |
| 考点 28 | 确认违法判决 | 141 |
| 考点 29 | 经复议案件的判决 | 142 |
| 考点 30 | 行政赔偿范围 | 142 |
| 考点 31 | 刑事赔偿范围 | 143 |

## 九、民法 ······ 144

| 考点 01 | 不属于民事法律事实的现象 | 144 |
| --- | --- | --- |
| 考点 02 | 滥用权利 | 144 |
| 考点 03 | 自然人的民事权利能力与民事行为能力 | 145 |
| 考点 04 | 监护 | 147 |
| 考点 05 | 宣告失踪与宣告死亡 | 148 |
| 考点 06 | 意思表示 | 150 |
| 考点 07 | 民事法律行为 | 151 |
| 考点 08 | 代理 | 154 |

| 考点 09 | 诉讼时效 | 155 |
| --- | --- | --- |
| 考点 10 | 物权变动 | 156 |
| 考点 11 | 登记及其法律效果 | 158 |
| 考点 12 | 动产交付的具体形式 | 159 |
| 考点 13 | 物权的保护 | 160 |
| 考点 14 | 共有 | 161 |
| 考点 15 | 善意取得 | 163 |
| 考点 16 | 拾得遗失物 | 164 |
| 考点 17 | 用益物权 | 165 |
| 考点 18 | 物权担保 | 166 |
| 考点 19 | 普通抵押 | 168 |
| 考点 20 | 特殊抵押 | 169 |
| 考点 21 | 质权 | 170 |
| 考点 22 | 留置权 | 170 |
| 考点 23 | 担保物权的竞合与混合担保 | 171 |
| 考点 24 | 合同效力的特殊规则 | 173 |
| 考点 25 | 缔约过失责任 | 175 |
| 考点 26 | 双务合同履行抗辩权 | 175 |
| 考点 27 | 合同的保全 | 176 |
| 考点 28 | 合同的变更和转让 | 178 |
| 考点 29 | 违约责任 | 179 |
| 考点 30 | 买卖合同 | 181 |
| 考点 31 | 特种买卖合同与商品房买卖合同 | 182 |
| 考点 32 | 赠与合同 | 186 |
| 考点 33 | 民间借贷合同 | 187 |
| 考点 34 | 普通租赁合同 | 189 |
| 考点 35 | 房屋租赁合同 | 190 |
| 考点 36 | 融资租赁合同租赁物的归属 | 193 |

| 考点 37 | 建设工程合同 | 193 |
| --- | --- | --- |
| 考点 38 | 行纪合同与中介合同之比较 | 195 |
| 考点 39 | 保理合同 | 195 |
| 考点 40 | 技术合同技术成果权益的归属 | 196 |
| 考点 41 | 保证合同 | 197 |
| 考点 42 | 无因管理 | 198 |
| 考点 43 | 不当得利 | 199 |
| 考点 44 | 人格权 | 200 |
| 考点 45 | 结婚 | 203 |
| 考点 46 | 法定财产制 | 204 |
| 考点 47 | 离婚 | 205 |
| 考点 48 | 法定继承 | 206 |
| 考点 49 | 遗嘱 | 207 |
| 考点 50 | 共同侵权行为 | 208 |
| 考点 51 | 特殊主体的侵权责任 | 209 |
| 考点 52 | 产品责任 | 211 |
| 考点 53 | 机动车交通事故责任 | 212 |
| 考点 54 | 医疗损害责任 | 213 |
| 考点 55 | 饲养动物损害责任 | 214 |
| 考点 56 | 物件损害责任 | 214 |

## 十、民事诉讼法与仲裁制度 216

| 考点 01 | 基本原则 | 216 |
| --- | --- | --- |
| 考点 02 | 基本制度 | 217 |
| 考点 03 | 诉的分类 | 220 |
| 考点 04 | 反诉 | 220 |
| 考点 05 | 管辖 | 220 |
| 考点 06 | 共同诉讼、代表人诉讼、公益诉讼 | 222 |

| 考点 07 | 第三人、第三人撤销之诉 | 224 |
| --- | --- | --- |
| 考点 08 | 诉讼代理人 | 225 |
| 考点 09 | 证据的法定种类 | 225 |
| 考点 10 | 证明责任 | 227 |
| 考点 11 | 证明程序 | 228 |
| 考点 12 | 法院调解 | 230 |
| 考点 13 | 期间、送达 | 232 |
| 考点 14 | 保全与先予执行 | 233 |
| 考点 15 | 起诉与受理 | 234 |
| 考点 16 | 普通程序独任审理 | 236 |
| 考点 17 | 普通程序的审理与裁判 | 236 |
| 考点 18 | 撤诉、缺席判决、审理障碍 | 237 |
| 考点 19 | 简易程序 | 238 |
| 考点 20 | 小额诉讼程序 | 239 |
| 考点 21 | 二审的启动 | 240 |
| 考点 22 | 二审的审判 | 240 |
| 考点 23 | 再审程序的启动 | 242 |
| 考点 24 | 再审程序的进行与裁判 | 243 |
| 考点 25 | 特别程序 | 244 |
| 考点 26 | 督促程序 | 245 |
| 考点 27 | 民事检察公益诉讼的案件范围 | 246 |
| 考点 28 | 公示催告程序 | 247 |
| 考点 29 | 执行异议 | 248 |
| 考点 30 | 执行和解 | 248 |
| 考点 31 | 执行措施 | 249 |
| 考点 32 | 仲裁协议 | 250 |

## 十一、商法 ... 251

- 考点 01　公司独立人格及其否认 ... 251
- 考点 02　公司设立与发起人责任 ... 252
- 考点 03　股东的共同义务 ... 253
- 考点 04　股东出资形式 ... 254
- 考点 05　股东出资责任 ... 255
- 考点 06　公司担保与投资 ... 257
- 考点 07　有限责任公司股权转让 ... 258
- 考点 08　合伙企业事务的执行 ... 260
- 考点 09　合伙企业财产份额 ... 261
- 考点 10　个人独资企业债务承担与事务管理 ... 262
- 考点 11　外商投资法 ... 263
- 考点 12　破产原因以及申请和受理 ... 264
- 考点 13　债务人财产 ... 266
- 考点 14　票据责任（票据权利的实现） ... 272
- 考点 15　证券发行 ... 273
- 考点 16　投保人如实告知义务 ... 275
- 考点 17　信托的种类 ... 276
- 考点 18　信托设立行为——信托合同 ... 277
- 考点 19　信托财产 ... 278

## 十二、经济法 ... 280

- 考点 01　垄断行为 ... 280
- 考点 02　不正当竞争行为 ... 284
- 考点 03　消费者的权利与经营者的义务 ... 287
- 考点 04　产品缺陷责任 ... 292
- 考点 05　惩罚性赔偿责任 ... 294

| 考点 06 | 食品侵权民事责任 | 295 |
| --- | --- | --- |
| 考点 07 | 商业银行的贷款业务 | 297 |
| 考点 08 | 税法 | 297 |
| 考点 09 | 审计法 | 301 |
| 考点 10 | 土地管理法 | 303 |
| 考点 11 | 城市房地产管理法 | 307 |

## 十三、环境资源法 ··· 309

| 考点 01 | 环境影响评价制度 | 309 |
| --- | --- | --- |
| 考点 02 | 环境民事责任 | 310 |
| 考点 03 | 森林资源权属制度 | 311 |
| 考点 04 | 矿产资源权属制度 | 312 |

## 十四、劳动与社会保障法 ··· 313

| 考点 01 | 劳动合同 | 313 |
| --- | --- | --- |
| 考点 02 | 劳动基准法 | 317 |
| 考点 03 | 劳动争议解决制度 | 318 |
| 考点 04 | 社会保险法 | 320 |

## 十五、知识产权法 ··· 324

| 考点 01 | 著作权的主体 | 324 |
| --- | --- | --- |
| 考点 02 | 著作权的内容 | 326 |
| 考点 03 | 著作权的保护期限及限制 | 327 |
| 考点 04 | 不视为侵犯专利权的行为 | 329 |
| 考点 05 | 专利侵权的保护 | 330 |
| 考点 06 | 注册商标的无效宣告 | 331 |
| 考点 07 | 商标侵权行为及其例外 | 332 |
| 考点 08 | 特殊级别管辖 | 334 |

## 十六、国际法 ... 335

### 考点 01　不干涉内政原则 ... 335
### 考点 02　国家主权豁免 ... 336
### 考点 03　联合国 ... 337
### 考点 04　领土 ... 338
### 考点 05　海洋法 ... 338
### 考点 06　国籍 ... 341
### 考点 07　引渡 ... 342
### 考点 08　外交特权与豁免及领事特权与豁免 ... 343
### 考点 09　条约的保留 ... 345
### 考点 10　国际法院 ... 345

## 十七、国际私法 ... 347

### 考点 01　冲突规范和准据法 ... 347
### 考点 02　适用冲突规范的制度 ... 348
### 考点 03　涉外民商事主体的国籍和住所的判断 ... 349
### 考点 04　权利能力和行为能力等的法律适用 ... 350
### 考点 05　商事关系的法律适用 ... 350
### 考点 06　物权的法律适用 ... 351
### 考点 07　债权的法律适用 ... 351
### 考点 08　婚姻、家庭（收养、监护、扶养）、继承的法律适用 ... 353
### 考点 09　国际民商事仲裁协议 ... 354
### 考点 10　外国仲裁裁决在中国的承认与执行 ... 354
### 考点 11　中国关于国际民事案件管辖权的规定 ... 355

## 十八、国际经济法 ... 356

### 考点 01　国际贸易术语 ... 356

考点 02 《联合国国际货物销售合同公约》·············357
考点 03 国际海上货物运输法律制度·············358
考点 04 国际货物运输保险法律制度·············359
考点 05 信用证·············360
考点 06 出口管制·············360
考点 07 贸易救济措施·············361
考点 08 世界贸易组织·············363

# 一、习近平法治思想

## 考点 01 习近平法治思想的重大意义

1. 习近平法治思想是马克思主义法治理论同中国法治建设具体实际相结合、同中华优秀传统法律文化相结合的最新成果。

2. 习近平法治思想是对党领导法治建设丰富实践和宝贵经验的科学总结。

3. 习近平法治思想是在法治轨道上全面建设社会主义现代化国家的根本遵循。

4. 习近平法治思想是引领法治中国建设实现高质量发展的思想旗帜。

## 考点 02 习近平法治思想的核心要义

1. 坚持党对全面依法治国的领导

（1）[1]是中国特色社会主义法治之魂。

（2）全面依法治国是要加强和改善党的领导。

（3）坚持党的领导、人民当家作主、依法治国有机统一。

（4）坚持党领导立法、保证执法、支持司法、带头守法。

（5）健全党领导全面依法治国的制度和工作机制。

2. 坚持以人民为中心

（1）以人民为中心是中国特色社会主义法治的根本立场。

（2）坚持人民主体地位。

（3）牢牢把握社会公平正义的价值追求。

---

[1] 党的领导。

（4）推进全面依法治国的根本目的是 [1]。

3. 坚持中国特色社会主义法治道路

（1）中国特色社会主义法治道路是建设中国特色社会主义法治体系、建设社会主义法治国家的唯一正确道路。

（2）中国特色社会主义法治道路的核心要义：坚持党的领导；坚持中国特色社会主义制度；贯彻中国特色社会主义法治理论。

4. 坚持依宪治国、依宪执政

（1）坚持依法治国首先要坚持依宪治国，坚持依法执政首先要坚持依宪执政。

（2）宪法是国家的根本法，是治国理政的总章程。

（3）全面贯彻实施宪法。

（4）推进合宪性审查工作。

（5）深入开展宪法宣传教育。

5. 坚持在法治轨道上推进国家治理体系和治理能力现代化

（1）全面依法治国是国家治理的一场深刻革命。

（2）法治是国家治理体系和治理能力的重要依托。

（3）更好发挥法治固根本、稳预期、利长远的保障作用。

（4）坚持依法治军、从严治军。

（5）坚持依法保障"一国两制"实践与推进祖国统一。

（6）坚持依法治网。

6. 坚持建设中国特色社会主义法治体系

（1）推进全面依法治国的总目标和总抓手。

（2）建设完备的法律规范体系。

（3）建设高效的法治实施体系。

（4）建设严密的法治监督体系。

（5）建设有力的法治保障体系。

（6）建设完善的党内法规体系。

---

[1] 依法保障人民权益。

7. 坚持 [1] 共同推进，[2] 一体建设
（1）全面依法治国是一个系统工程。
（2）法治国家是法治建设的目标。
（3）法治政府是建设法治国家的主体。
（4）法治社会是构筑法治国家的基础。

8. 坚持全面推进科学立法、严格执法、公正司法、全民守法
（1）科学立法、严格执法、公正司法、全民守法是推进全面依法治国的重要环节。
（2）推进科学立法。
（3）推进严格执法。
（4）推进公正司法。
（5）推进全民守法。

9. 坚持统筹推进国内法治和涉外法治
（1）统筹推进国内法治和涉外法治是全面依法治国的迫切任务。
（2）加快涉外法治工作战略布局。
（3）加强对外法治交流合作。
（4）为构建人类命运共同体提供法治保障。

10. 坚持建设德才兼备的高素质法治工作队伍
（1）建设一支德才兼备的高素质法治工作队伍至关重要。
（2）加强法治专门队伍建设。
（3）加强法律服务队伍建设。
（4）加强法治人才培养。

11. 坚持抓住领导干部这个"关键少数"
（1）领导干部是全面依法治国的关键。
（2）领导干部要做尊法学法守法用法的模范。
（3）领导干部要提高运用 [3] 的能力。
（4）党政主要负责人要履行推进法治建设第一责任人职责。

---

[1] 依法治国、依法执政、依法行政。　[2] 法治国家、法治政府、法治社会。
[3] 法治思维和法治方式。

## 考点 03　习近平法治思想的实践要求

1. 充分发挥法治对经济社会发展的保障作用
（1）以法治保障经济发展。
（2）以法治保障政治稳定。
（3）以法治保障文化繁荣。
（4）以法治保障社会和谐。
（5）以法治保障生态良好。
2. 正确认识和处理全面依法治国一系列重大关系
（1）政治和法治。
（2）改革和法治。
（3）依法治国和以德治国。
（4）依法治国和依规治党。

# 二、法理学

## 考点 01　法的规范作用

1. 指引作用

（1）含义：指法对本人的行为具有引导作用。

（2）对象：本人的行为。

（3）法的指引：①确定的指引，即通过设置法律义务，要求人们作出或不作出一定行为，使社会成员明确自己必须从事或不得从事的行为界限。②不确定的指引，又称选择的指引，是指通过宣告法律权利，给人们一定的选择范围。

2. 评价作用

（1）含义：指法律具有判断、衡量他人行为合法与否的评判作用。

（2）对象：他人的行为。

（3）表现形式：法律作为一种判断标准和评价尺度，被用来[1]他人行为的法律性质。

3. 教育作用

（1）含义：指通过法律的实施对一般人的行为产生影响。

（2）对象：一般人的行为。

（3）表现形式：①对违法行为实施制裁，对一般人有[2]作用。②对合法行为加以保护、赞许、奖励，对所有的人有示范鼓励作用。③平等有效地实施法律，在更高层次上实现法律的教育作用。

4. 预测作用

（1）含义：指凭借法律的存在，可以预先估计到人们相互之间会

---

[1] 评价、判断。　[2] 教育警诫。

如何行为。

（2）对象：人们相互的行为。

（3）预测对象：主体之间的行为，包括公民之间、社会组织之间、国家之间、企事业单位之间以及它们相互之间的行为的预测。

5. 强制作用

（1）含义：指法律对违法行为具有制裁、惩罚的作用。

（2）对象：违法者的行为。

（3）表现形式：①通过制裁违法犯罪行为直接显现出来。②作为一种威慑力量，起预防违法犯罪行为的作用。

## 考点 02　法的作用的局限性

法律不是万能的，原因在于：

1. 法的作用的范围不可能是无限的。

2. 法律是社会规范之一，必然受到其他社会规范以及社会条件和环境的制约。

3. 法律与事实之间的对应难题也不是法律自身所能够完全解决的。

4. 法律自身条件的制约，如表达法律的语言具有开放性结构。

## 考点 03　权利与义务的语义类型

### （一）法律权利的基本语义

1. 主张权。主张权也被称为[1]，它是指法律主体可以要求或请求他人作出或不作出一定的行为。

2. 自由权。自由权是指法律主体被允许自主地决定做什么或不做什么，而且他人不得干涉。

3. 权力权。权力权是指法律主体拥有能够使得其与其他法律主体之间的法律关系发生变化的法律上的力量或强力，因此，也被称为[2]。因为权力权可以创立、维持或改变法律主体之间的法律关系，

[1] 请求权。　[2] 法律能力。

所以，主张权和自由权本身可以成为权力权的客体或对象。在这个意义上，主张权和自由权被称为一阶权利，权力权被称为二阶权利。权力权不仅存在于公法领域，而且存在于私法领域。

（二）法律义务的基本语义

1.职责性义务。与主张权相对应的职责性义务一般来说是命令义务人作或不作的某些行为，即主张权的持有者主张或要求义务人作或不作某些行为；与自由权相对应的职责性义务一般来说是禁止义务人作或不作的某些行为，即自由权的持有者有权利要求义务人不作阻碍其自由行为的某些行为。

2.服从性义务。服从性义务与权力权相对应，一般来说是义务人负有服从或屈服于权力持有者对他们之间的法律地位或法律关系的改变的义务。

## 考点04 法的价值

1.法的价值的种类

（1）秩序：法学所言秩序，主要是指社会秩序。它表明通过法律机构、法律规范、法律权威所形成的一种法律状态。秩序是法的基础价值。

（2）自由：指法以确认、保障人的行为能力为己任，从而使主体与客体之间能够达到一种和谐的状态。自由在法的价值中的地位，表现在它既是评价法律进步与否的标准，更重要的是它体现了人性最深刻的需要。

（3）正义：指社会共同生活的正直的、道德上合理的状态和规则。作为法的价值的正义主要涉及的是分配正义。分配正义涉及的对象是一个共同体或者社会如何分配其成员作为共同体的一个分子的基本权利和义务，如何划分由大家的合作所产生的利益和负担。它所遵循的原则有：①平等原则；②差别原则；③个人需求原则。

（4）人权：指每个人作为人应该享有或者享有的权利。人权既可以作为道德权利,也可以作为法律权利,法能够促进与保证人权的实现。

2. 法的价值冲突的解决

(1)个案中的[1]:与其他法的价值相比较,哪个法的价值在具体案件的情境下更具有优先性或分量。

(2)**价值位阶原则**:在不考虑具体案件的情境下,法的各个价值之间的优先性关系。

## 考点 05　法律规则与法律原则的区别

1. 性质

(1)法律规则是一种"**应该做**"的规范,它直接要求规范主体"做"或"实施"某行为或活动。

(2)法律原则是一种"**应该是**"的规范,它不直接要求规范主体做或实施某行为或活动,而是要求规范主体的行为或活动符合某种性质或实现某个目标以及行为或活动的结果符合某种性质或达到某种性质状态。

2. 内容

(1)法律规则的规定是**明确具体**的,它着眼于主体行为及各种条件(情况)的共性;其明确具体的目的是削弱或防止法律适用上的"自由裁量"。

(2)法律原则关注行为及条件的个别性,其要求比较**笼统、模糊**,它不预先设定明确的、具体的假定条件,更没有设定明确的法律后果。它只对行为或裁判设定一些概括性的要求或标准(即使是有关权利和义务的规定,也是不具体的),但并不直接告诉应当如何去实现或满足这些要求或标准,故在适用时具有较大的余地供法官选择和灵活应用。

3. 适用范围

(1)法律规则由于内容具体明确,它们只适用于**某一类型**的行为。

(2)法律原则对人的行为及其条件有更大的覆盖面和抽象性,它们是对从社会生活或社会关系中概括出来的某一类行为、某一法律

[1] 比例原则。

部门甚或全部法律体系均通用的价值准则，具有宏观的指导性，其适用范围比法律规则宽广。

4. 适用方式

（1）法律规则以 [1] 应用于个案当中。

（2）法律原则的适用则不同，它不是以"全有或全无的方式"或是以衡量的方式应用于个案当中的，因为不同的法律原则是具有不同的"强度"的，而且这些不同强度的原则甚至冲突的原则都可能存在于一部法律之中。

## 考点 06 当代中国法的渊源

### （一）当代中国法的正式渊源

主要为以宪法为核心的各种制定法，包括宪法、法律、行政法规、地方性法规、自治条例和单行条例、规章、国际条约和国际惯例等。

1. 宪法

宪法具有最高的法律效力。我国现行宪法是 1982 年 12 月 4 日第五届全国人大第五次会议通过的，并于 1988 年、1993 年、1999 年、2004 年和 2018 年修正。

2. 法律

全国人大制定和修改刑事、民事、国家机构的和其他的基本法律；在全国人大闭会期间，全国人大常委会可以对全国人大制定的法律（特别行政区基本法除外）进行部分补充和修改，但是不得同该法律的基本原则相抵触。全国人大可以授权全国人大常委会制定相关法律。

全国人大常委会制定和修改除应当由全国人大制定的法律以外的其他法律。

下列事项只能制定法律：（1）国家主权的事项；（2）各级人民代表大会、人民政府、监察委员会、人民法院和人民检察院的产生、组织和职权；（3）民族区域自治制度、特别行政区制度、基层群众自治制度；（4）犯罪和刑罚；（5）[2]；（6）税种的设立、税率的

---

[1] "全有或全无的方式"。
[2] 对公民政治权利的剥夺、限制人身自由的强制措施和处罚。

确定和税收征收管理等税收基本制度；（7）对非国有财产的征收、征用；（8）民事基本制度；（9）基本经济制度以及财政、海关、金融和外贸的基本制度；（10）诉讼制度和仲裁基本制度；（11）必须由全国人大及其常委会制定法律的其他事项，如军人和外交人员的衔级制度和其他专门衔级制度。

3. 行政法规

国务院根据宪法、法律或者全国人大及其常委会的授权决定，制定行政法规。行政法规可以就下列事项作出规定：（1）为执行法律的规定需要制定行政法规的事项；（2）《宪法》第89条规定的国务院行政管理职权的事项；（3）全国人大及其常委会的授权决定规定的"先制定行政法规，待条件成熟时制定法律"的[1]。法律保留事项尚未制定法律的，全国人大及其常委会有权作出决定，授权国务院可以根据实际需要，对其中的部分事项先制定行政法规，但是有关犯罪和刑罚、对公民政治权利的剥夺和限制人身自由的强制措施和处罚、司法制度等事项除外。

4. 地方性法规

地方性法规可以就下列事项作出规定：（1）为执行法律、行政法规的规定，需要根据本行政区域的实际情况作具体规定的事项；（2）属于地方性事务需要制定地方性法规的事项；（3）除法律保留事项和只能由中央统一规定的其他事项外，国家尚未制定法律、行政法规且需要先制定地方性法规的事项。但在国家制定的法律或者行政法规生效后，该先制定的地方性法规同法律或者行政法规相抵触的规定无效，制定机关应当及时予以修改或者废止。

5. 自治条例和单行条例

自治条例是一种综合性法规，内容比较广泛；单行条例是有关某一方面事务的规范性文件。

民族自治地方的人民代表大会有权依照当地民族的政治、经济和文化的特点，制定自治条例和单行条例。

---

[1] 法律相对保留事项。

自治区的自治条例和单行条例，报 [1] 批准后生效。自治州、自治县的自治条例和单行条例，报 [2] 批准后生效，并报全国人大常委会备案。

自治条例和单行条例可以依照当地民族的特点，对法律和行政法规的规定作出变通规定，但不得违背法律或者行政法规的基本原则，不得对宪法和民族区域自治法的规定以及其他有关法律、行政法规专门就民族自治地方所作的规定作出变通规定。

自治条例和单行条例仅在本自治地方施行。

6. 规章

（1）[3]。国务院组成部门和具有行政管理职能的直属机构以及法律规定的机构，根据法律和国务院的行政法规、决定、命令，在本部门的权限范围内，可以制定部门规章。

（2）[4]。省、自治区、直辖市和设区的市、自治州的人民政府，根据法律、行政法规和本省、自治区、直辖市的地方性法规，可以制定地方政府规章。设区的市级人民政府制定地方政府规章，限于城乡建设与管理、生态文明建设、历史文化保护、基层治理等方面的事项；已经制定的地方政府规章，涉及上述事项范围以外的，继续有效。

7. 国际条约、国际惯例

（1）国际条约是指国际法主体之间缔结的双边、多边协议和其他具有条约、协定性质的文件。我国缔结、加入、接受的国际条约对我国有约束力，因而这些国际条约也是当代中国法渊源之一。

（2）国际惯例，是指以国际法院等各种国际裁决机构的判例所体现或确认的国际法规则和国际交往中形成的共同遵守的不成文的习惯。国际惯例是对国际条约的补充。

8. 其他法的正式渊源

（1）中央军事委员会制定的军事法规和军内有关方面制定的军事规章。

（2）国家监察委员会根据宪法和法律制定的监察法规。

---

[1] 全国人大常委会。　[2] 省、自治区、直辖市的人大常委会。
[3] 部门规章。　[4] 地方政府规章。

(3)"一国两制"下特别行政区的各种法律。

(4)经济特区根据全国人民代表大会的专门授权而制定的规范性法律文件。

## (二)当代中国法的非正式渊源

类型:习惯、判例(或指导性案例)和政策。

### 考点 07　法律关系的产生、变更与消灭

法律关系的产生、变更和消灭,最主要的条件有二:一是法律规范;二是法律事实。

所谓**法律事实**,就是法律规范所规定的、能够引起法律关系产生、变更和消灭的客观情况或现象。依是否以当事人的意志为转移作标准,可以将法律事实大体上分为两类,即[1]和[2]。

### 考点 08　内部证成与外部证成

1."外部证成"保证"内部证成"的前提正当

"内部证成"保证了结论从前提中逻辑地推导出来,它对前提是否正当、合理没有任何的保障。"外部证成"关涉的是对"内部证成"中所使用的前提本身的合理性,即对前提的证立。

2."外部证成"必然涉及"内部证成"

对法律决定所依赖的前提的证成本身也是一个推理过程,即有一个"内部证成"的问题。而不管"内部证成"还是"外部证成",都可以采用演绎推理、归纳推理、类比推理或者设证推理等推理。

### 考点 09　法律解释方法

1.**文义解释**,也称语法解释、文法解释、文理解释,是指解释者按照表达法律的语言文字的日常意义和技术意义来揭示和说明某个法律文本或资料的含义。

---

[1]法律事件。　[2]法律行为。

2.立法者的目的解释,又被称为主观目的解释,是指根据参与立法的人的意图或立法资料揭示和说明某个法律文本或资料的意义,或者说将对某个法律文本或资料的解释建立在参与立法的人的意图或立法资料的基础之上。

3.历史解释,是指依据正在讨论的法律问题的历史事实对某个法律规定进行解释。

4.比较解释,是指根据外国的立法例和判例学说对某个法律规定进行解释。

5.[1],也称逻辑解释、系统解释,是指将被解释的法律条文放在整部法律中乃至整个法律体系中,联系此法条与其他法条的相互关系来解释法律。

6.[2],是指根据"理性的目的"或"在有效的法秩序的框架中客观上所指示的"目的,即法的客观目的,而不是根据过去和目前事实上存在的任何个人的目的,对某个法律规定进行解释。

7.在具体的情景下按照不同的解释方法对同一个法律规定进行解释可能会得出完全不同的解释结果。现今大部分法学家都认可下列位阶:(1)文义解释;(2)体系解释;(3)立法者意图或目的解释;(4)历史解释;(5)比较解释;(6)客观目的解释。但是,这种位阶关系是初步性的,是可以被推翻的,即有更强理由时可推翻这种位阶关系。

## 考点 10　法律漏洞填补

1.法律漏洞是指违反立法计划(规范目的)的不圆满性。即关于某个法律问题,法律依其规范目的应有所规定,却未设规定。

2.根据法律对于某个事项是否完全没有规定,法律漏洞可分为全部漏洞和部分漏洞。

3.根据漏洞的表现形态,可以将法律漏洞分为明显漏洞和隐藏漏洞。明显漏洞是指关于某个法律问题,法律依其规范目的或立法计划,

---

[1] 体系解释。　[2] 客观目的解释。

应积极地加以规定却未设规定。隐藏漏洞是指关于某个法律问题，法律虽已有规定，但依其规范目的或立法计划，应对该规定设有例外却未设例外。

4.据漏洞产生的时间，可以将法律漏洞分为自始漏洞和嗣后漏洞。以立法者在立法时对法律规定的欠缺是否已有认知为标准，又可将自始漏洞分为明知漏洞与不明知漏洞。

5.填补明显漏洞和隐藏漏洞的方法分别是目的论扩张和目的论限缩。目的论扩张，是指法律规范的文义所未能涵盖某类案件，但依据其规范目的应该将相同的法律后果赋予它，因而扩张该规范的适用范围，以将它包含进来。[1]，是指虽然法律规范的文义涵盖了某类案件，但依据其规范目的不应该赋予它与文义所涵盖的其他情形相同的法律后果，因而限缩该规范的适用范围，以将它排除出去。

---

[1] 目的论限缩。

# 三、宪法

## 考点 01　宪法的修改

1. 我国宪法修改的程序

我国宪法修正案的议决由 [1] 通过。

2. 2018 年宪法修正案重点内容

（1）序言增加"习近平新时代中国特色社会主义思想"。《宪法》第 1 条第 2 款后增加一句，内容为："中国共产党领导是中国特色社会主义最本质的特征。"

（2）新增监察委员会。

（3）《宪法》第 27 条增加 1 款，作为第 3 款："国家工作人员就职时应当依照法律规定公开进行宪法宣誓。"

（4）《宪法》第 100 条增加 1 款，作为第 2 款："设区的市的人民代表大会和它们的常务委员会，在不同宪法、法律、行政法规和本省、自治区的地方性法规相抵触的前提下，可以依照法律规定制定地方性法规，报省、自治区人民代表大会常务委员会批准后施行。"

## 考点 02　全国人大的任期与职能

1. 任期

（1）任期 5 年。

（2）任期届满的 2 个月以前，全国人大常委会必须完成下届全国人民代表大会代表的选举。例外：遇到不能进行选举的非常情况，由全国人大常委会以全体组成人员的 2/3 以上多数通过，可以推迟选举。

---

[1] 全国人大以全体代表的 2/3 以上的多数。

待非常情况结束后1年内，必须完成下届全国人大代表选举。

2. 职权

（1）[1]。①修改宪法：由全国人大常委会或者1/5以上的全国人大代表提议，并由全国人大以全体代表的2/3以上的多数通过。②制定基本法律。法律和其他议案以全体代表的过半数通过。

（2）人事任免权。①选举全国人民代表大会常务委员会的组成人员；②选举国家主席、副主席；③根据国家主席的提名，决定国务院总理的人选；④根据总理的提名，决定副总理、国务委员、各部部长、各委员会主任、中国人民银行行长、审计长、秘书长的人选；⑤选举中央军事委员会主席；根据中央军委主席提名，决定中央军委其他组成人员的人选；⑥选举国家监察委员会主任；选举最高人民法院院长；选举最高人民检察院检察长；⑦罢免上述人员。

（3）[2]。决定特别行政区的设立及其制度；决定战争和和平的问题；批准省、自治区和直辖市的建置。

（4）监督权。①改变或者撤销全国人民代表大会常务委员会不适当的决定；②审查和批准国民经济和社会发展计划和计划执行情况的报告以及国家的预算和预算执行情况的报告。

## 考点03　全国人大常委会的职权

1. 解释宪法，监督宪法的实施。

2. 根据宪法规定的范围行使立法权

全国人大常委会有权制定除由全国人大制定的基本法律以外的其他法律；在全国人大闭会期间对全国人大制定的基本法律有权进行部分修改和补充，但是不得同该法律的基本原则相抵触。全国人大可以授权全国人大常委会制定相关法律。

3. 解释法律

全国人大常委会所解释的法律包括全国人大和自己所制定的法律。全国人大常委会解释法律，指的是对于那些法律条文本身需要进

---

[1] 立法权。　[2] 重大事项决定权。

一步明确界限或作补充规定的解释。

4. 审查和监督行政法规、地方性法规的合宪性和合法性

全国人大常委会有权撤销国务院制定的同宪法、法律相抵触的行政法规、决定和命令；有权撤销省、自治区、直辖市的国家权力机关制定的同宪法、法律和行政法规相抵触的地方性法规和决议。

5. 对国民经济和社会发展计划以及国家预算部分调整方案的审批权。

6. 监督国家机关的工作

在全国人大闭会期间，全国人大常委会监督国务院、中央军事委员会、国家监察委员会、最高人民法院和最高人民检察院的工作，具体形式有四种：

（1）在全国人大常委会会议期间，常委会组成人员10人以上联名向国务院及其各部委、国家监察委员会、最高人民法院、最高人民检察院提出书面的 [1]。

（2）根据年度工作计划和需要听取国务院、国家监察委员会、最高人民法院和最高人民检察院的专项工作报告，定期听取国民经济和社会发展计划、预算执行情况、国务院有关工作的报告等报告。

（3）全国人大常委会有权 [2] 国务院制定的同宪法、法律相抵触的行政法规、决定和命令。

（4）开展对法律法规实施情况的检查。

7. 决定、任免国家机关领导人员

（1）在全国人大闭会期间，全国人大常委会有权根据国务院总理的提名，决定部长、委员会主任、中国人民银行行长、审计长、秘书长的人选。

（2）在全国人大闭会期间，根据中央军事委员会主席的提名，决定中央军事委员会其他组成人员的人选。

（3）根据国家监察委员会主任的提请，任免国家监察委员会的副主任和委员。

[1] 质询案。 [2] 撤销。

（4）根据最高人民法院院长的提请，任免最高人民法院副院长、审判员、审判委员会委员和军事法院院长。

（5）根据最高人民检察院检察长的提请，任免最高人民检察院副检察长、检察员、检察委员会委员、军事检察院检察长，并且批准省、自治区、直辖市的人民检察院检察长的任免。

8.国家生活中其他重要事项的决定权

（1）决定批准或废除同外国缔结的条约和重要协定。

（2）决定驻外全权代表的任免。

（3）规定军人和外交人员的衔级制度和其他专门衔级制度。

（4）规定和决定授予国家的勋章和荣誉称号。

（5）决定特赦。

（6）在全国人大闭会期间，如果遇到国家遭受武装侵犯或者必须履行国际间共同防止侵略的条约的情况，有权决定宣布战争状态。

（7）决定全国总动员和局部动员。

（8）决定全国或者个别省、自治区和直辖市进入紧急状态。

（9）决定法律的部分规定在一定期限、部分地方的暂时调整、暂时停止适用。

## 考点04　国务院及其组成部门的职权

（一）国务院的职权

1.[1]的制定权、决定和命令发布权。国务院可以决定就行政管理等领域的特定事项，在规定期限和范围内暂时调整或者暂时停止适用行政法规的部分规定。

2.行政措施的规定权。

3.提出议案权。国务院有权在自己职权范围之内向全国人大及其常委会提出议案。

4.对所属部、委和地方各级行政机关的领导权及监督权。

5.对民政、文教、经济等各项工作的领导权和管理权，对外事务

---

[1] 行政法规。

的管理权。

6. 行政人员的任免、奖惩权。

7. 最高国家权力机关授予的其他职权。这主要是指全国人大及其常委会以明确的决议，将某些属于全国性的行政工作任务，或者某些特别重要的其他临时性工作，交由国务院办理。

## （二）国务院组成部门的职权

1. 国务院组成部门工作中的方针、政策、计划和重大行政措施，应当向国务院请示报告，由国务院决定。根据法律和国务院的行政法规、决定、命令，主管部门可以在本部门的权限范围内发布命令、指示。

2. 国务院组成部门和具有行政管理职能的直属机构以及法律规定的机构，可以根据法律和国务院的行政法规、决定、命令，在本部门的权限范围内，制定规章。

## 考点 05　基层群众自治组织

1. 基层群众自治制度的含义

基层群众自治制度是依照宪法和法律，由居民（村民）选举的成员组成居民（村民）委员会，实行**自我管理、自我教育、自我服务、自我监督**的制度，是[1]的重要标志和组成部分。基层群众性自治组织是基层群众自治制度的主要载体和实现形式。

2. 村民委员会的任期

村民委员会由主任、副主任和委员共 3~7 人组成，其中，妇女应当有适当名额，多民族村民居住的村应当有人数较少的少数民族的成员。村民委员会成员由年满 18 周岁未被剥夺政治权利的村民**直接选举**产生。**每届任期 5 年**，成员可以连选连任。

3. 村民会议的职权

村民委员会向[2]负责并报告工作。村民会议审议村民委员会的年度工作报告，评议村民委员会成员的工作；有权撤销或者变更村民委

三、宪法

[1] 全过程人民民主。　[2] 村民会议、村民代表会议。

员会不适当的决定；有权撤销或者变更村民代表会议不适当的决定。村民会议可以授权村民代表会议审议村民委员会的年度工作报告，评议村民委员会成员的工作，撤销或者变更村民委员会不适当的决定。村民自治章程、村规民约由村民会议制定和修改，并报乡、民族乡、镇的人民政府备案。

### 考点 06　规范性文件的审查

**（一）被动审查**

1. 审查前提

认为行政法规、地方性法规、自治条例和单行条例同宪法或者法律相抵触，或者存在合宪性、合法性问题。

2. 审查方式

（1）要求审查

①请求主体：国务院、中央军事委员会、国家监察委员会、最高人民法院、最高人民检察院和各省、自治区、直辖市人大常委会。

②请求方式：向全国人大常委会书面提出进行审查的要求。

③处理方式：由全国人大有关的[1]和常委会工作机构进行审查、提出意见。

（2）建议审查

①请求主体：其他国家机关和社会团体、企业事业组织以及公民。

②请求方式：向全国人大常委会书面提出进行审查的建议。

③处理方式：由常委会工作机构进行审查，必要时送有关的专门委员会进行审查、提出意见。

④处理结果：全国人大有关专门委员会和常委会工作机构应当将审查情况向提出审查建议的国家机关、社会团体、企业事业组织以及公民反馈，并可以向社会公开。

**（二）主动审查**

1. 全国人民代表大会专门委员会、常务委员会工作机构可以对报

[1] 专门委员会。

送备案的行政法规、地方性法规、自治条例和单行条例等进行主动审查，并可以根据需要进行专项审查。

2. 国务院备案审查工作机构可以对报送备案的地方性法规、自治条例和单行条例，部门规章和省、自治区、直辖市的人民政府制定的规章进行主动审查，并可以根据需要进行专项审查。

## 考点07 民族自治地方的自治机关

1. 自治机关

（1）自治区、自治州、自治县的人民代表大会和人民政府。

（2）民族乡不是民族自治地方。

2. 人员构成

（1）自治区、自治州、自治县的人大常委会中应当有实行区域自治的民族的公民担任主任或者副主任。

（2）自治区主席、自治州州长、自治县县长由实行区域自治的民族的公民担任。应当合理配备实行区域自治的民族和其他少数民族的人员。

3. 特别权限

（1）制定自治条例和单行条例。自治区的自治条例和单行条例，报全国人大常委会批准后生效。自治州、自治县的自治条例和单行条例，报省或者自治区的人大常委会批准后生效，并报全国人大常委会备案。

（2）上级国家机关的决议、决定、命令和指示，如有不适合民族自治地方实际情况的，自治机关可以报经该上级国家机关批准，变通执行或者停止执行。

（3）有管理地方财政的自治权，有经济建设事业、教育、科学、文化、卫生、体育事业的自主权。

（4）民族自治地方的自治机关依照国家的军事制度和当地的实际需要，经国务院批准，可以组织本地方维护社会治安的公安部队。

（5）民族自治地方的自治机关在执行职务的时候，依照本民族自治地方自治条例的规定，使用当地通用的一种或者几种语言文字。

# 四、中国法律史

## 考点01　西周时期的法律思想与制度

（一）礼刑关系

1. 礼仪："五礼"。（1）吉礼（祭祀之礼）；（2）凶礼（丧葬之礼）；（3）军礼（行兵仗之礼）；（4）宾礼（迎宾待客之礼）；（5）嘉礼（冠婚之礼）。

2. 礼义：亲亲+尊尊。

3. 联系："礼之所去，刑之所取，失礼则入刑，相为表里者也"。

4. 区别："礼不下庶人，刑不上大夫"。

（二）刑事制度

1. 以德配天、明德慎罚。

2. 旧五刑：墨（黥）+劓+刖+宫+大辟。

3. 虽有刑书，但不布之于众。

4. 区分"眚"（过失）与"非眚"（故意）；区分"惟终"（惯犯）与"非终"（偶犯）。

（三）民事制度

1. 契约制度

（1）[1]：买卖契约，质是买卖奴隶、牛马所使用的较长的契券，剂是买卖兵器、珍异之物所使用的较短的契券。质剂由官府制作，并由质人专门管理。

（2）[2]：借贷契约。

---

[1] 质剂。　[2] 傅别。

2. 婚姻制度

（1）婚姻目的：上以事宗庙，下以利后嗣。

（2）婚姻原则：一夫一妻制 + 同姓不婚 + 父母之命。

（3）婚姻成立："六礼"成婚，纳采 + 问名 + 纳吉 + 纳征 + 请期 + 亲迎。

（4）婚姻解除：①"七出"：女子若有七项情形之一，丈夫或公婆即可休弃之，包括不顺父母 + 无子 + 淫 + 妒 + 有恶疾 + 多言 + 窃盗。② "三不去"：女子有三不去的理由，夫家即不能离异休弃，包括有所娶无所归 + 与更三年丧 + 前贫贱后富贵。

3. 继承制度

（1）身份继承：嫡长子继承制。

（2）财产继承：诸子均分制。

### （四）司法制度

1. 大司寇：辅佐周王行使司法权，下设小司寇。

2. 区分"断狱"（审理刑事案件）和"听讼"（审理民事诉讼）。

3. 五听：辞听 + 色听 + 气听 + 耳听 + 目听。

4. 三宥：因主观上不识，过失，遗忘而犯罪者，应减刑。

5. 三赦：幼弱，老耄，蠢愚者，犯罪从赦。

6. 三刺：一曰讯群臣，二曰讯群吏，三曰讯万民。

## 考点 02　春秋战国时期的法律思想与制度

### （一）春秋公布成文法

1. 公元前 536 年，郑国执政[1]，是中国历史上第一次公布成文法，遭到叔向的反对。

2. 公元前 513 年，晋国[2]，是中国历史上第二次公布成文法，遭到孔子的反对。

3. 成文法的公布，否定了"刑不可知，则威不可测"的旧传统，明确了法律公开这一新兴地主阶级的立法原则，对于后世封建法制的

---

[1] 子产铸刑书。　[2] 赵鞅铸刑鼎。

发展具有深远的影响。

**（二）战国《法经》**

1. 背景：战国时期魏国[1]，中国历史上第一部比较系统的成文法典。

2. 体例：盗法+贼法+囚（网）法+捕法+杂法+具法，共6篇。

3. 内容

（1）盗法+贼法：关于惩罚危害国家安全、危害他人及侵犯财产的法律规定。"王者之政，莫急于盗贼"。

（2）囚法：关于囚禁和审判罪犯的诉讼法。

（3）捕法：关于追捕盗贼及其他犯罪者的诉讼法。

（4）杂法：关于盗贼以外的其他犯罪与刑罚的规定，主要规定了"六禁"（淫禁+狡禁+城禁+嬉禁+徒禁+金禁）。

（5）具法：关于定罪量刑中从轻从重法律原则的规定，起着"具其加减"的作用，相当于近代刑法典中的总则部分。

4. 历史地位

（1）《法经》是战国时期封建立法的典型代表和全面总结。

（2）《法经》的体例和内容，为后世传统封建成文法典的进一步完善奠定了重要的基础。

**（三）商鞅变法**

1. 改法为律，扩充法律内容。

2. 富国强兵，如《分户令》《军爵律》。

3. 剥夺旧贵族特权，如废除世卿世禄；取消分封制，实行郡县制。

4. 以法治国、明法重刑：强调以法治国；轻罪重罚；不赦不宥；鼓励告奸；实行连坐。

## 考点 03　秦汉至魏晋南北朝时期的法律思想与制度

**（一）汉代法律思想与制度**

1. 亲亲得相首匿

亲亲得相首匿原则，是汉宣帝时期确立的。主张亲属间首谋藏匿

---

[1] 李悝。

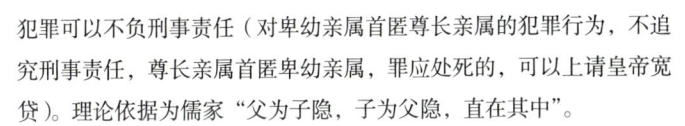

犯罪可以不负刑事责任（对卑幼亲属首匿尊长亲属的犯罪行为，不追究刑事责任，尊长亲属首匿卑幼亲属，罪应处死的，可以上请皇帝宽贷）。理论依据为儒家"父为子隐，子为父隐，直在其中"。

2. 春秋决狱

春秋决狱是法律儒家化在司法领域的反映。其特点是依据《春秋》等儒家经典著作审理案件，而不仅仅是依据法律。春秋决狱实行"论心定罪"原则，如犯罪人主观动机符合儒家"忠""孝"精神，即使其行为造成社会危害，也可以减免刑事处罚。相反，犯罪人主观动机严重违背儒家倡导的精神，即使没有造成严重的社会危害后果，也要认定为犯罪给予严惩。

(二) 重罪十条

1. 产生背景

北齐为维护皇朝根本利益，在《北齐律》中首次规定"重罪十条"，是对危害统治阶级根本利益的十种重罪的总称。

2. 主要内容

反逆、大逆、叛、降、恶逆、不道、不敬、不孝、不义、内乱。

3. 实施效果

"重罪十条"置于律首，作为严厉打击的对象，增加了法律的威慑力量。

4. 历史地位

《北齐律》规定，"其犯此十者，不在八议论赎之限"。这一规定成为后世法典"十恶"罪名的直接渊源。

## 考点04 唐代的法律思想与制度

(一) 唐代主要立法

1. [1]：唐代第一部法典。

2. 贞观律：创设"加役流"刑。

3. 永徽律疏：元代后称 [2]。

---

[1] 武德律。　[2]《唐律疏议》。

## （二）唐代刑事制度

### 1.十恶

"十恶"可分为两类：一为侵犯皇权与特权的犯罪；二为违反伦理纲常的犯罪。唐律规定，凡犯十恶者，不适用八议等规定，且为常赦所不原。

（1）谋反：谋危社稷。

（2）谋大逆：图谋破坏国家宗庙、皇帝陵寝以及宫殿的行为。

（3）谋叛：背国从伪。

（4）恶逆：殴打或谋杀祖父母、父母等尊亲属的行为。

（5）不道：杀一家非死罪三人，肢解人，造畜蛊毒、厌魅。

（6）大不敬：盗窃皇帝祭祀物品或皇帝御用物、伪造或盗窃皇帝印玺、调配御药误违原方、御膳误犯食禁以及指斥皇帝、无人臣之礼等损害皇帝尊严的行为。

（7）不孝：控告祖父母、父母，未经祖父母、父母同意私立门户、分异财产，对祖父母、父母供养有缺，为父母尊长服丧不如礼等不孝行为。

（8）不睦：谋杀或卖[1]亲属，殴打或控告丈夫大功以上尊长等行为。

（9）不义：杀本管上司、授业师及夫丧违礼的行为。

（10）内乱：奸小功以上亲属等乱伦行为。

### 2.六杀

（1）谋杀+故杀+斗杀+误杀+戏杀+过失杀（耳目所不及，思虑所不到）。

（2）谋杀人，一般减杀人罪数等处罚，但奴婢谋杀主、子孙谋杀尊亲则处以死刑；故意杀人，一般处斩刑；误杀则减杀人罪一等处罚；斗杀也同样减杀人罪一等处罚；戏杀则减斗杀罪二等处罚；过失杀一般以赎论，即允许以铜赎罪。

### 3.六赃

（1）受财枉法：官吏收受财物导致枉法裁判的行为。

---

[1] 五服以内。

（2）受财不枉法：官吏收受财物，但无枉法裁判行为。

（3）受所监临：官吏利用职权非法收受所辖范围内百姓或下属财物的行为。

（4）强盗：以暴力获取公私财物的行为。

（5）窃盗：以隐蔽的手段将公私财物据为己有的行为。

（6）坐赃：官吏或常人非因职权之便非法收受财物的行为。

4.[1]：对伤人罪中被侵害人的受伤害后果不是立即显露的，规定加害方在一定期限内对被侵害方伤情变化负责的特别制度。

5.新五刑

（1）笞：笞十、二十、三十、四十、五十。

（2）杖刑：杖六十、七十、八十、九十、一百。

（3）徒刑：徒一年、一年半、二年、二年半、三年。

（4）流刑：两千里、两千五百里、三千里，皆劳役一年。

（5）加役流：流三千里劳役三年。

（6）死刑：绞、斩。

### （三）唐代刑罚原则

**1. 公罪、私罪**

（1）公罪：缘公事致罪，而无私曲者，公罪从轻。

（2）私罪：不缘公事，私自犯者或虽缘公事，意涉阿曲，私罪从轻。

**2. 自首原则**

（1）区分自首（犯罪未发而投案）与自新（犯罪已发而投案），[2]可免罪。

（2）不可自首：谋反等重罪、侵害人身、损坏贵重物品、越渡关、私习天文。

（3）自首不实和自首不尽，依不实不尽之罪罪之。

**3. 类推原则**：诸断罪而无正条，其应出罪者，则举重以明轻；其应入罪者，则举轻以明重。

**4. 化外人**：诸化外人同类相犯者，各依本俗法；异类相犯者，以

---

[1] 保辜。　[2] 自首。

法律论。

### （四）唐代法律思想

1. 礼律合一。

2. 科条简要与宽简适中。

3. 立法技术完善。

4. 唐律是中国传统法典的楷模与[1]形成的标志，影响朝鲜、日本、越南等国。

### （五）唐代司法制度

1. 司法机关

（1）大理寺：审判。【提示】源于北齐。

（2）刑部：复核。

（3）御史台：监察。①台院：执掌纠弹中央百官；②殿院：执掌纠察百官在宫殿中违反朝仪的失礼行为，并巡视京城及其他朝会、郊祀；③察院：执掌纠察州县地方官吏的违法行为。

（4）三司推事：大理寺、刑部、御史台长官共同审理；三司使：大理寺评事、刑部员外郎、监察御史。

2. 诉讼制度

（1）刑讯制度：①条件：证据确凿，仍狡辩否认的，经过主审官与参审官共同决定，可以使用刑讯。②方法：拷讯数满，被拷者仍不承认的，应当反拷告状之人。③禁止刑讯：身份特权＋老幼废疾。

（2）司法官回避。

## 考点 05　宋代的法律思想与制度

### （一）宋代主要立法

1. 宋刑统

（1）背景：历史上第一部刊印颁行的法典。

（2）体例：追溯至《大中刑律统类》和《大周刑统》；分为213门。

---

[1] 中华法系。

（3）内容：沿袭唐律。

2. 编敕

（1）宋仁宗前敕律并行。

（2）宋神宗朝敕足以破律、代律。

（3）敕主要是关于犯罪与刑罚方面的规定。

## （二）宋代法律思想

1. 注重吏治。

2. 义利之辩。

3. 程朱理学。

4. 法深无善治。

## （三）宋代刑事制度

1. 折杖法：笞杖折为臀，徒流折为脊，死刑不能折。

2. 配役：刺面+流刑+杖刑。

3.[1]：始于五代，宋代正式成为**法定死刑**。【提示】结束于《大清现行刑律》，而非《大清新刑律》。

## （四）宋代民事制度

1. 婚姻

（1）法定婚龄。男年十五，女年十三以上，并听婚嫁。

（2）禁止五服以内亲属结婚，但对姑舅两姨兄弟姐妹结婚并不禁止。

（3）州县官人在任，不得共部下百姓交婚。

（4）夫外出3年不归，6年不通问，准妻改嫁或离婚。

（5）如果夫亡，妻若改嫁，其见在部曲、奴婢、田宅不得费用。

（6）继承唐代"义绝"。

2. 继承

（1）身份继承：嫡长子继承制。

（2）财产继承：诸子均分制。

（3）户绝继承：①立继：夫亡而妻在，立继从妻；②命继：夫妻俱

---

[1] 凌迟。

亡，从其尊长亲属；③只有在室女，在室女3/4，继子1/4；④只有出嫁女，出嫁女1/3，继子1/3，官府1/3。

### （五）宋代民事制度——契约

1. 强调双方合意，强行签约违背当事人意愿的，要"重置典宪"。
2. 买卖契约分绝卖、活卖（典卖）、赊卖（商业信用或预付）。
3. 房宅"租、赁、借"；人畜车马"庸、雇"。
4. 租佃契约：按收成比例收租（分成租）或实行定额租。
5. 区分借与贷：借是使用借贷，贷是消费借贷，有利息称出举，无利息称负债。

### （六）宋代司法制度

1. 司法机关

（1）大理寺：审判。

（2）刑部：复核。

（3）御史台：监察，"台谏合一"将御史台举百官职权与谏院规谏君主职权合二为一。

（4）提点刑狱司。

2. 司法制度

（1）[1]：否认口供，事关重大案情的，由另一法官或另一司法机关重审。

（2）世界最早的法医学著作：《洗冤集录》（宋慈）。

## 考点 06　清末的法律思想与制度

### （一）清末变法修律

1. 预备立宪

1908年《资政院院章》《谘议局章程》[2]（第一个宪法性文件）。

1909年各省设立谘议局（地方咨询机关）。

1910年清政府设资政院（中央咨询机关）。

1911年11月《十九信条》（宪法性文件），未能挽回败局，宣告

---

[1] 翻异别勘。　[2]《钦定宪法大纲》。

预备立宪破产。

2. 法律修订

（1）刑律：1910 年颁行过渡性的《大清现行刑律》。1911 年公布《大清新刑律》（未施行），中国第一部近代意义上的专门刑法典。

（2）民商：《钦定大清商律》（清朝颁行的第一部商律）、《大清商律草案》（未正式颁行）、诸多商事单行法、《大清民律草案》（未正式颁行）。

（3）诉讼、法院编制：民刑诉讼草案（未及颁行）、《大理院编制法》、《各级审判厅试办章程》、《法院编制法》。

### （二）清末司法

1. 司法机构：法部（原为刑部，主管司法行政）、大理院（原为大理寺，全国最高审判机关）、审检合署。

2. 司法制度：四级三审等近代诉讼制度。

3. 外国司法特权：领事裁判权、观审制度、会审公廨。

## 考点 07　新民主主义革命时期民主政权法制

### （一）《中华苏维埃共和国宪法大纲》（1931 年）

1. 规定苏维埃国家性质是工人和农民的民主专政国家。政权属于以工人阶级为领导的劳苦大众，剥夺军阀、官僚、地主、资本家、豪绅、僧侣及一切剥削人的人和反革命分子的政治权利。

2. 规定苏维埃国家政治制度是[1]。全国工农兵代表大会及其中央执行委员会为保证工农大众参加国家管理，便于工人阶级及其政党的领导，实行民主集中制和议行合一原则。

3. 规定并保障苏维埃国家公民的权利和义务。工农及一切劳苦民众享有广泛的民主权利及人身自由。各级政府采取切实有效的措施，提供力所能及的物质保障条件。

4. 规定苏维埃国家的外交政策。宣布中华民族完全自主与独立，不承认帝国主义在中国的一切特权，废除一切不平等条约。对受迫害

[1] 工农兵苏维埃代表大会制度。

的世界革命者给予保护,对居住在苏区从事劳动的外国人给予法定的政治权利。

**(二)《陕甘宁边区施政纲领》(1941年)**

1. 明确阐述抗日民主政权的主要任务,是"抗日""团结""民主":发扬民主,团结边区各社会阶层、各抗日党派,发动一切人力、物力、财力、智力,为保卫边区、保卫中国、驱逐日本帝国主义而战。

2. 加强政权民主建设,规定根据地政权的人员构成实行"三三制"原则,即共产党员占1/3,非党左派进步人士占1/3,中间派占1/3。

3. 改进司法制度,厉行廉洁政治。如坚决废除肉刑,重证据不重口供;明确公务人员是人民公仆,严惩贪污和假公济私行为,实行以俸养廉等。

4. 规定边区的基本文化经济政策。从"发展经济,保障供给"的总方针出发,发展农、林、牧、手工和工业,奖励扶助私人企业,保障经营自由。

**(三)《陕甘宁边区宪法原则》(1946年)**

1. 确立边区、县、乡人民代表会议为管理政权机关,各级权力机关开始由抗日时的参议会过渡为人民代表会议制度。为新中国基本政治制度奠定了初步基础。

2. 规定人民政治上行使的各项自由权利,受政府指导与物质帮助。边区人民不分民族一律平等。

3. 规定除司法机关、公安机关依法执行职务外,任何机关、团体不得有逮捕审讯行为。人民有权用任何方式控告失职的任何公务人员。

4. 应保障耕者有其田的原则。劳动者有职业,企业者有发展机会。经济上采取公营、合作、私营三种方式,组织一切人力、财力促进经济繁荣,为消灭贫穷而斗争。

5. 普及提高人民文化水准。从速消灭文盲,减少疾病与死亡。

### (四)《华北人民政府施政方针》(1948 年)

1948 年 8 月《华北人民政府施政方针》由中共中央华北局提出，华北临时人民代表大会通过，规定了华北人民政府的基本任务及有关各项政策，是解放战争后期具有代表性的宪法文件。

1. 规定华北人民政府的基本任务是继续进攻敌人，支援前线，争取全国胜利；有计划、有步骤地进行建设和恢复发展生产；继续建设为战争和生产服务的民主政治；培养干部，吸收人才，奠定新中国的基础。

2. 规定了实现基本任务的方针政策。(1)在政治方面，健全人民代表大会制度；保障人民民主权利及自由与安全；破除迷信；保护守法的外国人及合法的文化宗教活动。(2)在经济方面，发展农业，颁发土地证确认地权，建立农民生产合作互助组织；促进城乡经济交流；发展工商业，贯彻公私兼顾、劳资两利方针。(3)在文化教育方面，建立正规教育制度，提高大众文化水平；建立广泛的文化统一战线，团结知识分子为建设事业服务。

### (五) 马锡五审判方式

1. 1942~1943 年，在陕甘宁边区长期的司法审判实践中，马锡五任边区陇东专区专员兼高等法院陇东分庭庭长。

2. 马锡五审判方式的特点：(1)深入农村调查研究，实事求是地了解案情；(2)依靠群众，教育群众，尊重群众意见；(3)方便群众诉讼，手续简便、不拘形式。

3. 马锡五审判方式的产生：延安整风运动为其产生奠定了思想基础，群众智慧是其产生的源泉。这一方式是在巡回审判基础上成长起来的，被边区宣传为司法工作的一面旗帜。

4. 马锡五审判方式的意义：这一审判方式的出现和推广，培养了大批优秀司法干部，解决了积年疑难案件，减少争讼、促进团结、利于生产、保证抗日，使新民主主义司法制度落到实处。

# 五、司法制度和法律职业道德

## 考点01 法官

1. 不得担任法官的人员

(1) 因犯罪受过刑事处罚的。

(2) 被开除公职的。

(3) 被吊销律师、公证员执业证书或者被仲裁委员会除名的。

(4) 有法律规定的其他情形的。

2. 禁止兼职规定：法官不得兼任人大常委会的组成人员，不得兼任行政机关、监察机关、检察机关的职务，不得兼任企业或者其他营利性组织、事业单位的职务，不得兼任律师、仲裁员和公证员。

3. 法官的任免

最高人民法院和地方各级法院院长由本级人大[1]，副院长、审判委员会委员、庭长、副庭长和审判员由院长提请本级人大常委会[2]。在省、自治区内按地区设立的和在直辖市内设立的中级法院院长，由省、自治区、直辖市人大常委会根据主任会议的提名决定任免，副院长、审判委员会委员、庭长、副庭长和审判员由高级法院院长提请省、自治区、直辖市人大常委会任免。

4. 法官回避

法官之间有夫妻关系、直系血亲关系、三代以内旁系血亲以及近姻亲关系的，不得同时担任下列职务：(1) 同一人民法院的院长、副院长、审判委员会委员、庭长、副庭长；(2) 同一人民法院的院长、副院长和审判员；(3) 同一审判庭的庭长、副庭长、审判员；(4) 上

---

[1] 选举和罢免。 [2] 任免。

下相邻两级人民法院的院长、副院长。

法官的**配偶、父母、子女**有下列情形之一的，法官应当实行任职回避：（1）担任该法官所任职人民法院**辖区内**律师事务所的合伙人或者设立人的；（2）在该法官所任职人民法院**辖区内**以律师身份担任诉讼代理人、辩护人，或者为诉讼案件当事人提供其他有偿法律服务的。

法官从人民法院**离任后 2 年内**，不得以律师身份担任诉讼代理人或者辩护人。法官从人民法院**离任后**，不得担任原任职法院办理案件的诉讼代理人或者辩护人，但是作为当事人的监护人或者近亲属代理诉讼或者进行辩护的除外。法官**被开除后**，不得担任诉讼代理人或者辩护人，但是作为当事人的监护人或者近亲属代理诉讼或者进行辩护的除外。

5. 法官职业道德

法官职业道德的核心是 [1]。基本要求是**忠诚司法事业、保证司法公正、确保司法廉洁、坚持司法为民、维护司法形象**。

6. 法官惩戒委员会

最高人民法院和省、自治区、直辖市设立**法官惩戒委员会**。法官惩戒委员会负责从专业角度审查认定法官是否存在违反审判职责的行为，提出审查意见后，人民法院依照有关规定作出是否予以惩戒的决定，并给予相应处理。法官惩戒委员会由法官代表、其他从事法律职业的人员和有关方面代表组成，其中法官代表不少于半数。

## 考点 02　检察官

1. 检察官职业道德的基本要求是 [2]。

2. **检察官回避**

检察官之间有夫妻关系、直系血亲关系、三代以内旁系血亲以及近姻亲关系的，不得同时担任下列职务：（1）同一人民检察院的检察长、副检察长、检察委员会委员；（2）同一人民检察院的检察长、副

---

[1] 公正、廉洁、为民。　[2] 忠诚、为民、担当、公正、廉洁。

检察长和检察员；（3）同一业务部门的检察员；（4）上下相邻两级人民检察院的检察长、副检察长。

检察官的配偶、父母、子女有下列情形之一的，检察官应当实行任职回避：（1）担任该检察官所任职人民检察院辖区内律师事务所的合伙人或者设立人的；（2）在该检察官所任职人民检察院辖区内以律师身份担任诉讼代理人、辩护人，或者为诉讼案件当事人提供其他有偿法律服务的。

## 考点 03　律师

1. 律师职业道德的基本行为规范包括[1]。

2. 律师执业义务

（1）律师接受委托后，无正当理由的，不得拒绝辩护或者代理。但是，委托事项违法、委托人利用律师提供的服务从事违法活动或者委托人故意隐瞒与案件有关的重要事实的，律师有权拒绝辩护或者代理。

（2）律师应当保守在执业活动中知悉的国家秘密、商业秘密，不得泄露当事人的隐私。律师对在执业活动中知悉的委托人和其他人不愿泄露的有关情况和信息，应当予以保密。但是，委托人或者其他人准备或者正在实施危害国家安全、公共安全以及严重危害他人人身安全的犯罪事实和信息除外。

（3）律师不得在同一案件中为双方当事人担任代理人，不得代理与本人或者其近亲属有利益冲突的法律事务。

（4）律师承办业务，应当诚实守信，不得接受对方当事人的财物及其他利益，与对方当事人、第三人恶意串通，向对方当事人、第三人提供不利于委托人的信息、证据材料，侵害委托人的权益。

（5）律师在执业活动中不得违反规定会见法官、检察官、仲裁员以及其他有关工作人员；不得向法官、检察官、仲裁员以及其他有关工作人员行贿，介绍贿赂或者指使、诱导当事人行贿，或者以其他不

[1] 忠诚、为民、法治、正义、诚信、敬业。

正当方式影响法官、检察官、仲裁员以及其他有关工作人员依法办理案件。

（6）**律师在执业活动中不得故意提供虚假证据或者威胁、利诱他人提供虚假证据，妨碍对方当事人合法取得证据**；不得煽动、教唆当事人采取扰乱公共秩序、危害公共安全等非法手段解决争议；不得扰乱法庭、仲裁庭秩序，干扰诉讼、仲裁活动的正常进行。

（7）律师应当按照国家规定履行法律援助义务，为受援人提供符合标准的法律服务，维护受援人的合法权益。

（8）律师不得以诋毁其他律师事务所、律师或者支付介绍费等不正当手段承揽业务。

（9）律师只能在一个律师事务所执业。

## 考点 04  法律援助

### （一）法律援助的形式

法律援助机构可以组织法律援助人员依法提供下列形式的法律援助服务：（1）法律咨询；（2）代拟法律文书；（3）刑事辩护与代理；（4）民事案件、行政案件、国家赔偿案件的诉讼代理及非诉讼代理；（5）值班律师法律帮助；（6）劳动争议调解与仲裁代理；（7）法律、法规、规章规定的其他形式。

法律援助机构应当通过服务窗口、电话、网络等多种方式提供法律咨询服务；提示当事人享有依法申请法律援助的权利，并告知申请法律援助的条件和程序。

### （二）法律援助的范围

1. 国家赔偿、行政、民事案件

公民对下列需要代理的事项，因经济困难没有委托代理人的，可以向法律援助机构申请法律援助：（1）依法请求国家赔偿；（2）请求给予社会保险待遇或者社会救助；（3）请求发给抚恤金；（4）请求给付赡养费、抚养费、扶养费；（5）请求确认劳动关系或者支付劳动报酬；（6）请求认定公民无民事行为能力或者限制民事行为能力；（7）请求工伤事故、交通事故、食品药品安全事故、医疗事故人身损害赔偿；（8）请求环境污染、生态破坏损害赔偿；（9）法律、法规、规章规定的其他情形。

有下列情形之一，当事人申请法律援助的，不受经济困难条件的限制：（1）英雄烈士近亲属为维护英雄烈士的人格权益；（2）因见义勇为行为主张相关民事权益；（3）再审改判无罪请求国家赔偿；（4）遭受虐待、遗弃或者家庭暴力的受害人主张相关权益；（5）法律、法规、规章规定的其他情形。

2. 刑事案件中申请援助

刑事案件的犯罪嫌疑人、被告人因经济困难或者其他原因没有委托辩护人的，[1] 可以向法律援助机构申请法律援助。

刑事案件的犯罪嫌疑人、被告人属于下列人员之一，没有委托辩护人的，人民法院、人民检察院、公安机关应当通知法律援助机构指派律师担任辩护人：（1）未成年人；（2）视力、听力、言语残疾人；（3）不能完全辨认自己行为的成年人；（4）可能被判处无期徒刑、死刑的人；（5）申请法律援助的死刑复核案件被告人；（6）缺席审判案件的被告人；（7）法律法规规定的其他人员。其他适用普通程序审理的刑事案件，被告人没有委托辩护人的，人民法院可以通知法律援助机构指派律师担任辩护人。

刑事公诉案件的被害人及其法定代理人或者近亲属，刑事自诉案件的自诉人及其法定代理人，刑事附带民事诉讼案件的原告人及其法定代理人，因经济困难没有委托诉讼代理人的，可以向法律援助机构申请法律援助。

---

[1] 本人及其近亲属。

# 六、刑法

## 考点 01　亲告罪、非亲告罪

从告诉权由谁享有的角度，可以将犯罪分为亲告罪和非亲告罪。

1. 亲告罪，是指对于犯罪是否进行追究，取决于个人的意思，在追诉之时必须经过有告诉权者告诉的犯罪。只有侮辱、诽谤、暴力干涉婚姻自由、虐待、侵占等罪是亲告罪，在这些犯罪的危害轻微的场合，考虑被害人的追诉要求是合理的。

2. 非亲告罪，是指侦查、起诉、审判程序由国家司法机关直接推动，起诉权利由[1]享有，是否提起公诉不取决于个人意思的犯罪。在我国刑法中，绝大多数犯罪是非亲告罪。有些亲告罪在具备某些法定情形时，亦可成为非亲告罪，如严重危害社会秩序和国家利益的侮辱罪和诽谤罪，即可由国家司法机关直接追诉。

## 考点 02　不作为犯罪

刑法当中的不作为指的是不履行相应的义务，而不是说身体静止。不作为犯罪的成立条件如下：

1. 应为：负有作为义务

（1）对危险源的监督义务：①危险源是危险物（危险动物、危险物品、危险设施等）；②危险源是他人的危险行为；③危险源是自己的[2]。

（2）因特殊关系对法益的保护义务：①法律规范产生的法益保护义务；②职业、职务、制度或者体制产生的法益保护义务；③合同关

---

[1] 检察机关。　[2] 先前危险行为。

系或自愿接受行为产生的法益保护义务。

（3）支配危险发生的领域产生的义务：①对自己支配的建筑物、汽车等场所内的危险的消除义务；②对发生在自己身体上的危险行为的阻止义务。

2. 能为：有作为的可能性

从行为人自身能力和客观条件两方面判断，是否有作为的可能性。

3. 不为：未履行作为义务，造成了结果

（1）须有避免结果发生的可能性。如果行为人已充分履行了作为义务，结果仍不可避免地发生，则说明结果是其他因素造成的，不是行为人不履行义务造成的，行为人不成立不作为犯罪。

（2）须实施足以防止结果发生的行为，才视为履行作为义务。如果其行为明显不足以防止结果发生，视为未履行义务。

4. 等价：不作为与相应作为的等价性

等价性判断的参考标准：（1）作为义务的性质；（2）行为人的不作为对结果是否达到排他性支配的程度。

## 考点 03　刑法上的因果关系

1. 因果关系概说

刑法上的因果关系是指实行行为与实害结果之间的一种引起与被引起的关系。

（1）因果关系中的"因"仅指犯罪的实行行为：日常生活行为引起了结果，不存在刑法上的因果关系。

（2）因果关系中的"果"仅指犯罪的实害结果：特定时间与地点的、具体的实害结果，不是假设的结果。

（3）因果关系具有客观性，与人的主观认识无关：应以[1]为基础来判断因果关系，不能以行为人的主观认识为标准。

（4）因果关系的有无与刑事责任有无不可混淆：即使行为和结果

[1] 行为时的客观事实。

之间有因果关系，也只说明符合了犯罪的客观要件，只有同时符合主观要件，才构成犯罪，负刑事责任。

2.刑法上因果关系的认定

（1）基本方法：条件说（适用于没有介入因素的案件）。

当行为与结果之间存在"没有前者就没有后者"的条件关系时，前者就是后者的原因。

应用场合：①被害人有特殊体质的案件；②不作为犯罪中的因果关系。

（2）相当因果关系说（适用于存在介入因素的案件）。

根据一般人社会生活中的经验判断，如果某种行为产生某种结果是常见的、通常的，而不是特殊的、异常的，就认为二者有因果关系。

方法：三因素判断。①行为人的行为导致结果的危险性大小。危险性大，则该行为与结果有因果关系；反之无。②介入因素异常性的大小。太异常，则表明前行为与结果可能无因果关系；反之则有因果关系。异常的判断标准：自然事件看概率，社会事件看评价。概率越高越正常，反之异常；一般人越能接受越正常，反之异常。③介入因素本身对结果的作用大小。作用大，则表明前行为与结果无因果关系；反之有。作用大是指能够独立（接近100%）导致结果。

## 考点 04　正当防卫

1. 起因条件：存在现实紧迫性的不法侵害。
2. 时间条件：不法侵害必须正在进行（已经发生并且尚未结束）。
3. 对象条件：防卫手段针对不法侵害人本人。
4. 意思条件：防卫者具有防卫意识。
5. 限度条件：没有明显超过必要限度造成重大损害。
6.[1]：对正在进行行凶、杀人、抢劫、强奸、绑架以及其他严重危及人身安全的暴力犯罪，采取防卫行为，造成不法侵害人伤亡的，不属于防卫过当，不负刑事责任。

[1] 特殊正当防卫。

### 考点 05 紧急避险

1. 起因条件：发生了现实紧迫危险。危险来源：自然力破坏、动物侵袭、人自身的生理或病理疾患、他人实施的违法犯罪行为等。【提示】为治病而献血、捐献器官的场合，要尊重无辜第三人，不能随意进行所谓的紧急避险。

2. 时间条件：危险正在发生。【提示】在时间条件上，紧急避险对时间的要求比正当防卫更宽松一些。

3. 主观条件：避险意识（避险认识、避险意志）。

4. 对象条件：无辜第三人的合法权益。

5. 限制条件：不得已而为之。

6. 主体条件：不要求避险的人是面临危险的本人。【提示】避免本人危险的主体不包括在职务上、业务上负有特定责任的人。

7. 限度条件：避险行为引起的损害应小于所避免的损害，且损害是"必要"的。

8. 法益大小的权衡标准：（1）财产权利之间用财产的价值大小衡量；（2）人身权利大于财产权利；（3）人身权利中，生命权最高，身体健康权次之，自由权再次之；（4）生命法益与生命法益之间发生冲突时，刑法通说认为牺牲他人生命保全自己生命仍然违法，不成立紧急避险，是避险过当。

### 考点 06 事实认识错误

（一）具体的事实认识错误

同一犯罪构成内的认识错误。

1. 对象错误

对象错误属于[1]，行为人对行为所指向的对象有不正确的认识。

2. 打击错误

打击错误，又称方法错误、行为误差，属于[2]，错误的结果是

---

[1] 主观认识错误。　[2] 客观结果错误。

由行为方法等客观因素造成的。

**3. 因果关系认识错误**

（1）因果历程错误：对因果关系的实际历程和造成结果的原因误认。

（2）事前故意：认错了结果发生的时间——结果比预想推迟发生。

（3）结果提前发生：认错了结果发生的时间——结果比预想提前发生。

**（二）抽象的事实认识错误**

不同犯罪构成间的认识错误。

抽象事实认识错误的处理：法定符合说。

1. 情况：（1）主观想犯的罪与客观犯的罪没有重合性；（2）主观想犯的轻罪与客观犯的重罪具有重合性；（3）主观想犯的重罪与客观犯的轻罪具有重合性。

2. 结论：（1）成立故意犯罪未遂（有时是不能犯）与过失犯罪的想象竞合犯；（2）经过包容评价后，在重合的范围内成立轻罪既遂；（3）成立重罪的未遂与轻罪的既遂，想象竞合，从一重罪论处。

### 考点 07　刑事责任年龄、责任能力

1. 绝对无责任时期

不满 12 周岁的人，不承担刑事责任。【提示】年龄按周岁计算，不是指虚岁，应当以实足年龄为准，按照公历的年、月、日计算，从过生日的第二天起计算。不满 12 周岁的人在达到法定年龄后，对实施的先行行为有作为义务。

2. 相对负责任时期

（1）已满 12 周岁不满 14 周岁的人，犯故意杀人、故意伤害罪，致人死亡或者以特别残忍手段致人重伤造成严重残疾，情节恶劣，经最高人民检察院核准追诉的，应当负刑事责任。【提示】①前述 2 种罪，是指 2 种行为，而不是具体罪名；②要先经最高人民检察院核准追诉，才负刑事责任。

（2）已满14周岁不满16周岁的人，<mark>犯故意杀人、故意伤害致人重伤或者死亡、强奸、抢劫、贩卖毒品、放火、爆炸、投放危险物质罪的</mark>，应当负刑事责任。【提示】①前述8种罪，是指8种行为，而不是具体罪名；②强奸包括奸淫幼女型强奸和拐卖妇女过程中奸淫被拐卖的妇女；③抢劫包括准抢劫。

3. 完全负责任时期

已满16周岁的人犯罪，应当负刑事责任。因不满16周岁不予刑事处罚的，责令其父母或者其他监护人加以管教；在必要的时候，依法进行专门矫治教育。

4. 减轻责任时期

（1）已满12周岁不满18周岁的人犯罪，应当从轻或者减轻处罚。

（2）已满75周岁的人故意犯罪的，可以从轻或者减轻处罚；过失犯罪的，应当从轻或者减轻处罚。

5. 无责任能力

精神病人在不能辨认或者不能控制自己行为的时候造成危害结果，经法定程序鉴定确认的，不负刑事责任，但是应当责令他的家属或者监护人严加看管和医疗；在必要的时候，由政府强制医疗。

6. 完全责任能力

（1）间歇性的精神病人在精神正常时犯罪，应当负刑事责任。

（2）醉酒的人犯罪，应当负刑事责任。

7. 限定责任能力

（1）尚未完全丧失辨认或者控制自己行为能力的精神病人犯罪的，应当负刑事责任，但是可以从轻或者减轻处罚。

（2）又聋又哑的人或者盲人犯罪，可以从轻、减轻或者免除处罚。

## 考点08 犯罪未遂的成立条件

1. 已经着手实行犯罪（区分预备与未遂的标志）

判断"着手"的形式标准是开始实施刑法分则规定的实行行为，

实质标准是行为对法益是否造成直接、现实、紧迫的危险。

2. 犯罪未得逞（区分未遂和既遂的标志）

犯罪未得逞，是指行为人所希望或者放任的、行为性质所决定的危害结果没有发生。

（1）既遂的标准：行为人希望或放任的、行为性质所决定的实害结果是否发生。行为人的行为没有导致法定实害结果发生的，是犯罪未遂；导致法定实害结果发生的，是犯罪既遂。就同一犯罪而言，单位犯罪与自然人犯罪的既遂标准完全相同。

（2）危险犯的既遂认定：①抽象危险犯中，实施了犯罪行为时犯罪成立，当发生了实害结果时犯罪既遂；②具体危险犯中，行为产生现实危险时犯罪成立，造成法定的实害结果时犯罪既遂。

（3）犯罪既遂对因果关系的要求：某些案件中貌似发生了结果，但该结果与行为人的犯罪行为之间没有因果关系，就不是犯罪的结果，此时不构成既遂，仅成立犯罪未遂。

3. 犯罪未得逞是 [1]（区分中止与未遂）

犯罪分子意志以外的原因，是指始终违背犯罪分子意志的，客观上使犯罪不可能既遂，或者使犯罪分子认为不可能既遂从而被迫停止犯罪的原因。大致有以下三类：

（1）抑制犯罪意志的原因。例如：张三在抢劫时听见警笛声（实际为消防车），以为警察前来抓捕自己而逃离现场。

（2）抑制犯罪行为的原因。例如：行为人在犯罪时被第三者制止、抓获，遭到被害人的反抗，或者因行为人自身障碍、自然力的作用而使行为人的犯罪行为停止下来。

（3）抑制犯罪结果的原因。例如：行为人打昏被害人后将其扔入水中，以为被害人就会死亡，但路人将被害人救起。

4. 不可罚的不能犯与未遂犯的区别

行为人主观上具有犯意，其客观行为没有侵害法益的任何危险时，就应认定为 [2]，无罪。

---

[1] 由于犯罪分子意志以外的原因。　[2] 不可罚的不能犯。

### 考点 09　犯罪中止的成立条件

1. 时间性：在犯罪过程中。
2. 自动性：自动放弃犯罪或自动有效地防止犯罪结果发生。
3. 客观性：要有中止行为。
4. 有效性：不管是哪一种中止，都必须没有发生行为人原本所希望或者放任的、行为性质所决定的法定的犯罪结果。
5. 犯罪中止的处罚

对于中止犯，没有造成损害的，应当免除处罚；造成损害的，应当减轻处罚。（1）"造成损害"是指虽没有造成犯罪的既遂结果，但造成了另一个轻罪的实害结果。（2）"造成损害"的行为必须是中止前的犯罪行为，而不应是中止行为本身；如果中止行为本身造成了损害，中止行为构成其他犯罪的，应当另外定罪处罚。

### 考点 10　承继的共同犯罪

1. 承继共犯的分类

（1）承继的实行犯：前行为人实施了一部分实行行为后，后行为人以共同实行的意思参与实行犯罪的情况。

（2）承继的帮助犯：前行为人实施了一部分实行行为后，知道真相的后行为人以帮助故意实施了帮助行为。

【提示】不存在承继的教唆犯。

2. 承继共犯的成立条件

（1）前行为人的行为仍在进行当中。

（2）承继的共犯人与前行为人形成合意，知道整个案件的真相参与进来，实施实行行为或者帮助行为。

3. 承继共犯人的责任范围

后行为人对参与犯罪之前的前行为人的行为产生的加重结果不承担责任，只对与自己的行为具有因果性的结果承担责任。

## 考点 11　间接正犯

间接正犯指通过强制或者欺骗手段支配他人的行为从而实现犯罪的人，行为人不必出现在犯罪现场，也不必参与共同实施（犯罪事实支配说）。主要表现为以下几种情形：

1. 利用被害人的行为

行为人利用、控制、操纵被害人使其实施自杀、自伤或者毁损本人财物的，利用者本人就是间接正犯，犯罪的结果要归责于利用者。

2. 利用无责任能力者

不能认为只要利用未达到责任年龄的人犯罪就是间接正犯，成立间接正犯还是教唆犯的关键点在于行为人对犯罪的支配程度。如果行为人对未达责任年龄的人不是处于完全支配地位，则只能成立教唆犯。

3. 利用他人无（此罪）故意的行为

（1）利用他人的过失行为。

（2）利用他人犯他罪的故意。

【提示】间接正犯的成立，并不意味着共同犯罪的否定，间接正犯和被利用者仍可成立共同犯罪。

（3）利用有故意无目的者。

（4）利用有故意无身份者：①真正身份犯的实行犯必须有特殊身份，而教唆犯、帮助犯可以没有。间接正犯也是实行犯的一种，所以真正身份犯的间接正犯也必须具有特殊身份。②有身份者利用有故意但无身份的人时，无身份者因为没有特定身份，其行为不是身份犯罪的实行行为，不能构成正犯，利用者就不能成立教唆犯，只能以间接正犯论处。

## 考点 12　教唆犯

教唆犯是指故意引起他人实施违反刑法行为的人。

1. 客观上有教唆行为

(1) 教唆的特点：从无到有使他人产生犯意。

(2) 教唆的对象：实际具有责任能力的人，不要求达到责任年龄。

(3) 教唆的方法：口头、书面、明示、暗示、利诱、威胁、强迫。

(4) 教唆的形式：教唆行为均是作为。

(5) 教唆的内容：必须是犯罪行为，而且必须唆使特定的人犯特定的罪。

2. 主观上有教唆故意

(1) 认识到自己会引起他人的犯意：无意中引起了他人犯意的，不成立教唆犯，是"过失教唆"。

(2) 认识自己教唆的犯罪能够既遂：教唆他人实施不可能既遂的犯罪，不成立教唆犯，是"未遂的教唆"。

## 考点 13　主犯

1. 概念：组织、领导犯罪集团进行犯罪活动的或者在共同犯罪中起主要作用的，是主犯。

2. 主犯的种类：(1) 组织、领导犯罪集团进行犯罪活动的犯罪分子，即犯罪集团的首要分子；(2) 在共同犯罪中起主要作用的犯罪分子。

3. 主犯与首要分子的关系：(1) 首要分子，是指在犯罪集团或者聚众犯罪中起 [1] 作用的犯罪分子。首要分子有两种：一是犯罪集团的首要分子；二是聚众犯罪中的首要分子。(2) 主犯不一定是首要分子。(3) 首要分子不一定是主犯。(4) 犯罪集团的首要分子一定是主犯。

4. 主犯的处罚：对组织、领导犯罪集团的首要分子，按照集团所犯的全部罪行处罚。对于除了组织、领导犯罪集团的首要分子以外的主犯，应当按照其所参与的或者组织、指挥的全部犯罪处罚。

---

[1] 组织、策划、指挥。

## 考点 14　单位犯罪

1. 单位的范围

单位必须是依法成立，拥有一定财产或者经费、能以自己的名义承担责任的公司、企业、事业单位、机关、团体。

2. 单位犯罪的分类

（1）纯正的单位犯罪：只能由单位构成而不能由自然人构成的犯罪。如单位行贿罪、单位受贿罪、私分国有资产罪、私分罚没财物罪等。

（2）不纯正的单位犯罪：既可由单位构成也可由自然人构成的犯罪。如生产、销售伪劣产品罪、走私犯罪等。

3. 单位犯罪的处罚

（1）双罚制：既处罚单位，又处罚单位中直接负责的主管人员和其他直接责任人员等自然人。【提示】对自然人判处刑罚，包括自由刑和罚金；对单位本身只能判处罚金，不能判处主刑或者没收财产、剥夺政治权利。

（2）单罚制：只处罚直接责任人员，不处罚单位。【提示】无论是单罚制还是双罚制，都要对单位中直接负责的主管人员和其他直接责任人员追究刑事责任。

（3）单位被撤销或者合并时的处理：①涉嫌犯罪的单位被撤销、注销、吊销营业执照、宣告破产：以单位犯罪的规定仅追究直接责任人；②涉嫌犯罪的单位已被合并到一个新单位：以单位犯罪的规定追究原单位和直接责任人。

## 考点 15　法条竞合犯

法条竞合犯，是指一个行为同时符合了数个法条规定的构成要件，但从数个法条之间的逻辑关系来看，只能适用其中一个法条，当然排除适用其他法条的情况。

1. 主要分类

（1）因行为主体形成的法条竞合。如军人战时造谣惑众，动摇军心的行为，既符合《刑法》第433条规定的战时造谣惑众罪的犯罪构成，又符合《刑法》第378条规定的战时造谣扰乱军心罪的犯罪构成。

（2）因行为对象形成的法条竞合。如与现役军人配偶结婚的行为，既符合《刑法》第258条规定的重婚罪的犯罪构成，又符合《刑法》第259条规定的破坏军婚罪的犯罪构成。

（3）因行为手段形成的法条竞合。如冒用他人名义签订合同骗取财物的行为，既符合《刑法》第224条规定的合同诈骗罪的犯罪构成，又符合《刑法》第266条规定的诈骗罪的犯罪构成。

（4）因危害结果形成的法条竞合。如交通肇事致人死亡的，既符合《刑法》第233条规定的过失致人死亡罪的犯罪构成，又符合《刑法》第133条规定的交通肇事罪的犯罪构成。

（5）因犯罪目的形成的法条竞合。如以牟利为目的传播淫秽物品的行为，既符合《刑法》第363条第1款规定的传播淫秽物品牟利罪的犯罪构成，又符合《刑法》第364条规定的传播淫秽物品罪的犯罪构成。

（6）因手段、对象等形成的法条竞合。如以特定手段诈骗贷款的行为，既符合《刑法》第266条规定的诈骗罪的犯罪构成，又符合《刑法》第193条规定的贷款诈骗罪的犯罪构成。

2. 处理原则

法条竞合犯最基本的情形是特别法条与普通法条的竞合。对于特别法条与普通法条的竞合，应采用如下原则处理：

（1）一个行为同时符合相异法律之间的普通刑法与特别刑法规定的犯罪构成时，应严格依照特别法优于普通法的原则论处。

（2）一个行为同时符合同一法律的普通条款与特别条款规定的犯罪构成时，应依具体情况与法律规定，分别适用特别法优于普通法、重法优于轻法的原则。

## 考点 16　想象竞合犯

1. 概念：一个行为，侵犯了数个犯罪的法益，触犯多个罪名。

【提示】此处一行为指自然意义上或者社会一般观念上为一行为，不是指犯罪构成上的一行为。

2. 特征：（1）实施了一个行为；（2）触犯数个罪名；（3）该行为具有多重属性，造成多种结果。

3. 处理：（1）原则：从一重罪论处；（2）例外：根据《刑法》第204条第2款，纳税人缴纳税款后，采用假报出口或者其他欺骗手段，骗取所缴纳的税款，如果骗取的税款超过所缴纳的税款，则超过部分构成骗取出口退税罪，与逃税罪实行数罪并罚。

4. 常考的想象竞合犯

（1）生产、销售伪劣商品犯罪，同时构成侵犯知识产权等其他犯罪的，从一重罪处罚。

（2）绑架过程中当场劫取被害人随身携带的财物，以绑架罪与抢劫罪，从一重罪处罚。

（3）抢夺、窃取国有档案，又同时构成其他犯罪的（非法获取国家秘密罪），从一重罪处罚。

（4）冒充国家机关工作人员招摇撞骗，同时触犯诈骗罪的，从一重罪处罚。

5. 数罪并罚的情况

（1）实施抢劫、强奸等犯罪后，又杀人灭口的，数罪并罚。

（2）收买被拐卖的妇女、儿童，又实施出卖以外的其他犯罪的，数罪并罚。

（3）在组织、运送他人偷越国（边）境中，有杀害、伤害、强奸、拐卖等行为的，数罪并罚。

（4）在组织卖淫、强迫卖淫中，有强奸、杀害、伤害、绑架等行为的，数罪并罚。

（5）组织、领导、参加恐怖组织或者黑社会性质组织，又实施其他犯罪的，数罪并罚。

（6）收受贿赂，又犯《刑法》第399条（徇私枉法罪等）以外的渎职犯罪的，数罪并罚。

（7）收受贿赂，又挪用公款的，数罪并罚。

（8）挪用公款进行非法活动，构成其他犯罪的，数罪并罚。

（9）杀人、伤害、故意毁坏他人财物后，又实施保险诈骗的，数罪并罚。

## 考点 17　结果加重犯

结果加重犯是指法律规定的一个犯罪行为（基本犯罪），由于发生了严重结果而加重其法定刑的情况。成立条件如下：

1. 行为人实施基本犯罪行为，造成了加重结果（因果性）

基本犯罪行为与加重结果之间具有直接因果关系：

（1）基本行为结束后，行为人的其他行为导致严重结果发生的，不成立结果加重犯。

（2）原则上结果加重犯应是对基本犯罪行为对象造成加重结果，但发生事实认识错误（对象错误、打击错误）的情形不影响判断。

2. 行为人对基本犯罪具有故意或者过失，对加重结果至少有过失（罪过性）

（1）对基本犯罪有故意，对加重结果只能是过失。例如：故意伤害致死、非法拘禁致人重伤或者死亡、强奸妇女致使被害妇女死亡等。

（2）对基本犯罪具有故意，对加重结果可以是故意，也可以是过失。例如：抢劫致人重伤、死亡的结果加重犯，劫持航空器致人重伤、死亡的结果加重犯。

（3）对基本犯罪具有过失，对加重结果也是过失。例如：危险物品肇事罪的结果加重犯。

3. 刑法就发生的加重结果规定了加重的法定刑（法定性）

由于刑法对结果加重犯规定了加重的法定刑，故对结果加重犯只能认定为一个犯罪，并且根据加重的法定刑量刑，而不能以数罪论处。

（1）常考的结果加重犯

抢劫致人重伤、死亡，故意伤害致人死亡，非法拘禁致人重伤、死亡，强奸造成被害人重伤、死亡，拐卖妇女、儿童致使被害人或其亲属重伤、死亡。

（2）没有规定结果加重犯的重点罪名

侮辱罪，诽谤罪，遗弃罪，强制猥亵、侮辱罪，猥亵儿童罪。

## 考点18 吸收犯

1. 概念

事实上有数个行为，一个行为吸收了其他行为，仅成立吸收行为的罪名。

2. 特征

（1）数行为相互独立。

（2）数行为触犯不同罪名，如果数个行为触犯同一罪名，则不可能是吸收犯，而可能是连续犯。

（3）数行为具有吸收关系，前行为是后行为的必经阶段，后行为是前行为的发展结果。

3. 类型

（1）重行为吸收轻行为，此时轻行为往往是重行为的当然结果。

（2）实行行为吸收预备行为，预备行为是实行行为的必经阶段。

（3）主行为吸收从行为，即在共同犯罪中，行为人分别起到了主要作用、次要作用与较小作用时，由起主要作用的行为吸收其他行为。如实行行为可吸收教唆、帮助行为，教唆行为可吸收帮助行为。

4. 处理原则

重罪吸收轻罪，以一罪论处，不能数罪并罚。

## 考点 19 牵连犯

1. 概念

犯罪的手段行为与目的行为触犯不同罪名，原因行为与结果行为触犯不同罪名。

2. 分类

（1）手段行为与目的行为的牵连关系：如以伪造国家机关公文、证件的方法（手段行为）骗取公私财物（目的行为）。

（2）原因行为与结果行为的牵连关系：如盗窃财物（原因行为）后，为了销赃而伪造印章、证件（结果行为）。

3. 要点

只有两种不同行为在实践中经常并发在一起，具有了类型化的特征，才能构成牵连犯，牵连关系要具有类型化、通常性的特征。

4. 处理原则

在刑法没有特别规定的情况下，对牵连犯应从一重处罚或者从一重从重处罚。

5. 与吸收犯的区分

吸收犯中的两个犯罪行为之间的联系比牵连犯更为紧密，例如：入户抢劫必然要先非法侵入住宅，伪造发票中必然要伪造国家机关印章；而牵连犯中，如虽然伪造公文、印章通常用于诈骗，但并不是实施诈骗的必然手段。

## 考点 20 刑罚

1. 死刑的限制适用对象

（1）"未"：犯罪时不满18周岁的人。

这是指犯罪的时候，不是指审判的时候。如果犯罪时不满18周岁，审判时已满18周岁，也不能适用死刑。

（2）"孕"：审判时怀孕的妇女。

①"审判时"需作扩大解释,即整个羁押期间,一直从侦查阶段的羁押延续到刑场执行之前。

②"怀孕的妇女"包括:正在怀孕的妇女;分娩的妇女;流产的妇女(包括自然流产和人工流产)。

(3)"老":审判时已满75周岁的人。

原则上,审判时已满75周岁的人不适用死刑,但是以特别残忍手段致人死亡的(如故意杀人、故意伤害致人死亡等),可以适用死刑。

【提示】以上的"未""老""孕"不适用死刑,包括既不适用死刑立即执行,也不适用死缓。

2. 死刑缓期执行的结局(《刑法》第50条第1款)

(1)在死刑缓期执行期间,如果没有故意犯罪,2年期满以后,减为无期徒刑。

(2)在死刑缓期执行期间,如果确有重大立功表现,2年期满以后,减为25年有期徒刑。犯罪人的表现是否属于"重大立功表现",应根据《刑法》第78条第1款予以确定。

(3)在死刑缓期执行期间,如果故意犯罪,情节恶劣的,由最高人民法院核准,执行死刑。仅当故意犯罪本身的情节恶劣,并且表明犯罪人抗拒改造情节恶劣时,才属于"故意犯罪,情节恶劣",才能对其执行死刑。

(4)在死刑缓期执行期间,故意犯罪未执行死刑的,死刑缓期执行的期间重新计算,并报最高人民法院备案。犯罪人在死刑缓期执行期间过失犯罪的,应根据《刑法》第71条的规定,对过失犯罪所判处的刑罚与原来的死缓进行并罚,重新计算死刑缓期执行期间。

3. 没收财产与没收犯罪物品

没收财产与没收犯罪物品的本质不同,不得以没收犯罪物品来代替或折抵没收财产。

(1)《刑法》第64条不是没收财产的规定,而是没收犯罪物品(涉案财物)的规定。

（2）没收犯罪物品，包括没收（追缴）违法所得的财物、没收违禁品、没收供犯罪所用的本人财物三类。这些被没收的物品原本就不能为犯罪分子合法所有，或者因为犯罪导致不能为犯罪分子合法所有，故没收犯罪物品并不具有剥夺犯罪分子合法权益的刑罚属性，仅是一种行政处罚措施或者刑事诉讼措施。

（3）没收财产作为刑罚之一，没收的是犯罪分子的合法财产。

4. 非刑罚处罚措施

（1）教育措施：训诫、具结悔过、赔礼道歉。

（2）民事处罚措施：《刑法》第37条规定的责令赔偿损失以**免除刑罚**为前提，《刑法》第36条规定的赔偿经济损失以**给予刑罚处罚**为前提，仅适用于犯罪行为给被害人造成了经济损失的情形。

（3）行政处罚措施：包括行政处罚和行政处分两种，即人民法院根据案件的情况，向特定的主管部门提出**司法建议**（不是由法院直接给予行政处罚或者行政处分），由主管部门给予犯罪分子行政制裁或者内部纪律处分的措施。

（4）从业禁止：①因利用职业便利实施犯罪，或者实施违背职业要求的特定义务的犯罪被判处刑罚。②根据犯罪情况，在刑罚执行完毕或者假释后仍有预防犯罪分子再犯罪的需要。其他法律、行政法规另有规定的，从其规定。③从业禁止的期限为**3年至5年**，自刑罚执行完毕之日或者假释之日起开始计算。其他法律、行政法规另有规定的，从其规定。

5. 累犯

（1）一般累犯

①罪过条件：前罪和后罪都必须是 [1]。

②刑度条件：前罪和后罪都必须是被判或应判有期徒刑以上刑罚的犯罪。

③时间条件：后罪发生在前罪刑罚执行完毕或者被赦免的 [2]。

④消极条件：未满18周岁的人犯罪和过失犯罪不成立累犯。

[1] 故意犯罪。　[2] 5年以内。

（2）特殊累犯

特殊累犯的其他成立条件和一般累犯一样，有以下3个特殊之处：

①犯罪范围缩小化：前后罪只能是3大类犯罪，即危害国家安全犯罪、恐怖活动犯罪、黑社会性质的组织犯罪。

②刑度要求放松化：前后罪不要求是有期徒刑以上刑罚，哪怕是被判处拘役、管制甚至单独判处附加刑也可以成立特殊累犯。

③时间间隔放大化：后罪发生在前罪刑罚执行完毕或被赦免的什么时候在所不问。

（3）累犯的法律后果：①应当从重处罚；②不得缓刑；③不得假释。

6. 自首

犯罪以后自动投案，如实供述自己的罪行的，是自首。对于自首的犯罪分子，可以从轻或者减轻处罚。其中，犯罪较轻的，可以免除处罚。

被采取强制措施的犯罪嫌疑人、被告人和正在服刑的罪犯，如实供述司法机关还未掌握的本人其他罪行的，以自首论。

犯罪嫌疑人虽不具有前述的自首情节，但是如实供述自己罪行的，可以从轻处罚；因其如实供述自己罪行，避免特别严重后果发生的，可以减轻处罚。

7. 立功

犯罪分子有揭发他人犯罪行为，查证属实的，或者提供重要线索，从而得以侦破其他案件等立功表现的，可以从轻或者减轻处罚；有重大立功表现的，可以减轻或者免除处罚。

8. 数罪并罚

（1）判决宣告以前一人犯数罪的，除判处死刑和无期徒刑的外，应当在总和刑期以下、数刑中最高刑期以上，酌情决定执行的刑期，但是管制最高不能超过3年；拘役最高不能超过1年；有期徒刑总和刑期不满35年的，最高不能超过20年；总和刑期在35年以上的，最高不能超过25年。

数罪中有判处有期徒刑和拘役的，执行有期徒刑。数罪中有判处有期徒刑和管制，或者拘役和管制的，有期徒刑、拘役执行完毕后，管制仍须执行。

数罪中有判处附加刑的，附加刑仍须执行，其中附加刑种类相同的，合并执行，种类不同的，分别执行。

（2）"**先并后减**"：判决宣告以后，刑罚执行完毕以前，发现被判刑的犯罪分子在判决宣告以前还有其他罪没有判决的，应当对新发现的罪作出判决，把前后两个判决所判处的刑罚，依照《刑法》第69条的规定，决定执行的刑罚。已经执行的刑期，应当计算在新判决决定的刑期以内。

（3）"**先减后并**"：判决宣告以后，刑罚执行完毕以前，被判刑的犯罪分子又犯罪的，应当对新犯的罪作出判决，把前罪没有执行的刑罚和后罪所判处的刑罚，依照《刑法》第69条的规定，决定执行的刑罚。

9. 减刑

对部分犯罪分子不得减刑。犯贪污罪、受贿罪的犯罪分子被判处死刑缓期执行，且人民法院根据犯罪情节等情况同时决定在其死刑缓期执行2年期满依法减为无期徒刑后，终身监禁的，不得减刑。

10. 假释

（1）犯贪污罪、受贿罪的犯罪分子被判处死刑缓期执行，且人民法院根据犯罪情节等情况同时决定在其死刑缓期执行2年期满依法减为无期徒刑后，终身监禁的，不得假释。

（2）假释考验期内发现漏罪、新罪

①考验期届满前→漏罪→撤销假释→先并后减。

②考验期届满前→新罪→撤销假释→先减后并。

③考验期届满后→新罪→撤销假释→先减后并。

④考验期届满后→漏罪→不能撤销→[1]。

---

[1] 另行起诉。

## 考点 21　交通肇事罪

**1. 行为主体**

本罪不属于身份犯，不限于驾驶交通工具的人，无论是机动车驾驶人，还是非机动车驾驶人，抑或是行人，均可能构成本罪。

【提示1】使用自行车、电动车、三轮车、人力车、畜力车、残疾人专用车等非机动车进行交通运输，发生重大事故，致人伤亡的，可以成立交通肇事罪。

【提示2】单位主管人员、机动车辆所有人或者机动车辆承包人，指使、强令他人违章驾驶造成重大交通事故的，以交通肇事罪论处。

**2. 行为方式**

行为人必须有违反交通运输管理法规（主要指公路、水上交通运输中的各种交通规则、操作规程、劳动纪律等）的行为。例如：闯红灯、超载、超速、酒驾、驾驶没有经过年检的车辆、无证驾驶等。

【提示】实施"碰瓷"，驾驶机动车对其他机动车进行追逐、冲撞、拦截或者突然加减速、急刹车等可能影响交通安全的行为，因而发生重大事故，致人重伤、死亡或者使公私财物遭受重大损失，符合《刑法》第133条规定的，以交通肇事罪定罪处罚。

**3. 结果要求**

须发生重大交通事故，致人重伤、死亡或者使公私财产遭受重大损失。单纯违反交通运输管理法规的行为，不成立本罪。

**4. 因果关系**

交通肇事的结果必须由违反规范保护目的的行为所引起。换言之，行为虽然违反交通运输管理法规，也发生了结果，但是结果的发生超出了规范保护目的，就不成立本罪。

**5. 领域要求**：交通事故必须发生于公共交通领域。

**6. 主观罪过**：本罪的责任形式为[1]，即对危害结果持过失心态。

---

[1] 过失。

### 考点22 危险驾驶罪

1. 飙车型（抽象危险犯）

驾驶机动车在道路上追逐竞驶且情节恶劣的行为。

（1）不要求行为人须出于赌博竞技或满足精神刺激等目的。

（2）追逐竞驶既可能是二人以上基于意思联络而实施，也可能是单个人实施。

（3）追逐竞驶以具有抽象危险性的高速、超速驾驶为前提，缓慢驾驶的行为不可能成立本罪。

（4）成立本罪要求情节恶劣。对此，应以道路上车辆与行人的多少、驾驶的路段与时间、驾驶的速度与方式、驾驶的次数等进行综合判断。

（5）本罪行为不要求发生在公共道路（公路）上，只需要发生在道路上即可。在校园内、地下停车场等均可成立本罪。

2. 醉驾型（抽象危险犯）

在道路上醉酒驾驶机动车的行为。

（1）每100毫升血液中酒精含量≥80毫克，属于醉酒驾驶。如果没有达到醉酒状态，不成立本罪。

（2）没有抽象危险的行为，不可能成立本罪。

（3）教唆他人醉酒驾驶的，成立教唆犯。

（4）醉酒驾驶属于故意犯罪，行为人必须认识到自己是在醉酒状态下驾驶机动车（只要有大体的认识即可）。

3. 超载、超速型（抽象危险犯）

从事校车业务或者旅客运输，严重超过额定乘员载客，或者严重超过规定时速行驶的行为。

（1）仅包括校车和营运客车，包括公路营运客车及中小学生和幼儿园儿童接送车辆，不包括城市公共汽车、货运客车。

（2）行为仅包括超载、超速。其中的超载、超速要达到"严重"

程度。

4. 运输危险物品型（具体危险犯）

（1）违反危险化学品安全管理规定运输危险化学品且危及公共安全的行为。

（2）仅有违反规定还不够，还要危及公共安全。

（3）运输危险物品发生重大事故，可成立本罪与危险物品肇事罪的想象竞合犯。

## 考点 23　生产、销售伪劣产品罪

1. 犯罪客体

国家产品质量监管秩序和消费者的合法权益。

2. 犯罪客观方面

在产品中掺杂、掺假，以假充真，以次充好或者以不合格产品冒充合格产品，销售金额 [1] 万元以上的行为。

"销售金额"是指生产者、销售者出售伪劣产品后所得和应得的全部违法收入。多次实施生产、销售伪劣产品行为，未经处理的，伪劣产品的销售金额或货值金额累计计算。

生产、销售伪劣产品，同时构成侵犯知识产权、非法经营等犯罪的，依照处罚较重的规定定罪处罚。犯本罪，又以暴力、威胁方法抗拒查处，构成妨害公务等罪的，依照数罪并罚的规定处罚。

3. 犯罪主体：生产者与销售者。至于生产者、销售者是否取得了有关产品的生产许可证或营业执照，不影响本罪的成立。

4. 犯罪主观方面：故意。

## 考点 24　走私罪

1. 以暴力、威胁方法抗拒缉私的，以走私罪和 [2] 数罪并罚。

2. 在一次走私活动中，走私多种对象的，不属于想象竞合犯，应数罪并罚。

[1] 5。　[2] 妨害公务罪。

3.走私武器、弹药的行为，同时触犯非法运输、邮寄、储存枪支、弹药罪的，不再认定为非法运输、邮寄、储存枪支、弹药罪。

4.非法买卖枪支、弹药罪与走私武器、弹药罪属于吸收犯（前行为是后行为的必然经过），按照重罪走私武器、弹药罪定罪处罚。

5.走私武器、弹药进境后又非法出售武器、弹药的，应另成立非法买卖枪支、弹药罪，数罪并罚。

6.客观上走私了武器，行为人误以为走私的是弹药的，由于属于同一犯罪构成内的认识错误，不影响走私武器罪（既遂）的成立。

7.从境外走私淫秽物品，然后在境内贩卖、传播走私进境的淫秽物品的，应当实行数罪并罚。

## 考点 25　破坏金融管理秩序罪

### （一）假币犯罪

1.假币

（1）可以是人民币、外国货币。

（2）可以是纸币或者硬币、纪念币，须是正在流通的。

（3）须在外观上足以使一般人误认为是货币。

2.伪造货币罪（全部作假）

伪造货币罪是指仿照货币的图案、形状、色彩、防伪技术等特征，采用机制、人工等方法，非法制造假币，冒充真币的行为。

3.变造货币罪（基础为真）

（1）变造货币罪是指采用挖补、揭层、涂改、拼接等手段，改变货币的真实形态、色彩、文字、数目等，使其升值，数额较大的行为。

（2）变造是对真币的加工行为，故变造的货币与变造前的货币具有同一性。如将金属货币熔化后，制作成较薄的、更多的金属货币的行为，属于伪造货币。以货币碎片为材料，加入其他纸张，制作成假币的，不属于变造货币，而成立伪造货币。

4.出售、购买、运输假币罪

(1)出售假币、购买假币:将假币当作商品,双方知情。

(2)运输假币:明知是假币而运输,且限于国内运输,如果出入国(边)境运输,则构成走私假币罪。

(3)在出售假币时被抓获的,除现场查获的假币应认定为出售假币的数额外,现场之外在行为人住所或者其他藏匿地查获的假币,也应认定为出售假币的数额,但有证据证实后者是行为人有实施其他假币犯罪的除外。

5.持有、使用假币罪

(1)使用假币:将假币代替真币投入流通领域使用,如用假币去赌博、行贿、缴纳罚款、购买物品等,对方不知情。

(2)持有假币:明知是伪造的货币而持有,包括接受赠与、保管。

6.罪数

(1)伪造假币又出售、运输(同宗假币),按伪造货币罪从重处罚。

(2)伪造后又持有(同宗假币),以[1]论处。

(3)伪造货币,但又出售、运输、走私、使用不是自己伪造的那宗货币的,数罪并罚。

(4)购买假币后使用(同宗假币),以购买假币罪从重处罚。

(5)出售、运输假币,同时又使用的,以出售、运输假币罪和使用假币罪,数罪并罚。

(二)高利转贷罪

高利转贷他人,是指从金融机构套取信贷资金后,再以更高的利率借贷给他人或者其他单位。行为人出于其他目的取得金融机构信贷资金,然后产生将信贷资金高利转贷他人的意图进而实施这种行为的,不应以犯罪论处。

构成本罪,要求违法所得数额较大(数额在[2]万元以上)。

(三)非法吸收公众存款罪

1.非法吸收公众存款或者变相吸收公众存款,扰乱金融秩序,涉

[1]伪造货币罪。 [2]50。

嫌下列情形之一的，应予立案追诉：（1）非法吸收或者变相吸收公众存款数额在100万元以上的；（2）非法吸收或者变相吸收公众存款对象150人以上的；（3）非法吸收或者变相吸收公众存款，给集资参与人造成直接经济损失数额在50万元以上的。

2.非法吸收或者变相吸收公众存款数额在50万元以上或者给集资参与人造成直接经济损失数额在25万元以上，同时涉嫌下列情形之一的，应予立案追诉：（1）因非法集资受过刑事追究的；（2）2年内因非法集资受过行政处罚的；（3）造成恶劣社会影响或者其他严重后果的。

### （四）伪造、变造金融票证罪

1.伪造、变造汇票、本票、支票，或者伪造、变造委托收款凭证、汇款凭证、银行存单等其他银行结算凭证，或者伪造、变造信用证或者附随的单据、文件，总面额在1万元以上或者数量在10张以上的，应以本罪立案追诉。

2.伪造信用卡1张以上，或者伪造空白信用卡10张以上的，应以本罪立案追诉。

### （五）窃取、收买、非法提供信用卡信息罪

1.信用卡信息资料，是指可用于伪造信用卡的电子数据等基础信息，如有关发卡行代码、持卡人账户、密码等内容的加密电子数据。

2.行为人收购、出售、出租信用卡的主要目的是直接使用信用卡，而非利用其中的信息资料伪造信用卡的，一般不以本罪追究刑事责任。

3.窃取、收买或者非法提供他人信用卡信息资料，足以伪造可进行交易的信用卡，或者足以使他人以信用卡持卡人名义进行交易，涉及信用卡1张以上的，应以本罪立案追诉。

### （六）违法发放贷款罪

本罪是指银行或者其他金融机构的工作人员或者单位违反国家规定发放贷款，数额巨大（数额在200万元以上）或者造成重大损失（造

成直接经济损失数额在 **50 万元**以上）的行为。

### （七）吸收客户资金不入账罪

不入账的客户资金数额在 **200 万元**以上的，属于"数额巨大"。造成直接经济损失数额在 **50 万元**以上的，属于"造成重大损失"。犯本罪的，依照《刑法》第 187 条的规定处罚。

## 考点 26　信用卡诈骗罪

1. 使用伪造的信用卡，或者使用以虚假的身份证明骗领的信用卡的（假卡，数额要求 5000 元）。

（1）使用，是指按照信用卡的通常使用方法，将伪造的信用卡作为真实有效的信用卡予以利用。

（2）使用所谓"变造"的信用卡（如磁条内的信息被变更的信用卡）的，应认定为使用伪造的信用卡。变造的信用卡，在此是一种扩大解释。

2. 使用作废的信用卡的（假卡，数额要求 5000 元）。

行为主体既可以是持卡人，也可以是其他人。

3. 冒用他人信用卡的（真卡，数额要求 5000 元）。

（1）此种行为中的信用卡必须是真实有效的，否则属于上述两种行为。

（2）使用自己名义的信用卡的行为，不成立信用卡诈骗罪。

（3）冒用他人信用卡，以违反合法持卡人的意志为前提；征得持卡人同意使用其信用卡的，不构成犯罪。

（4）根据司法解释的规定，"冒用他人信用卡"，包括以下情形：①拾得他人信用卡并使用的；②骗取他人信用卡并使用的；③窃取、收买、骗取或者以其他非法方式获取他人信用卡信息资料，并通过互联网、通讯终端等使用的；④其他冒用他人信用卡的情形。

4. 恶意透支的（真卡，数额要求 [1]）。

（1）恶意透支，是指持卡人以非法占有为目的，超过规定限额或

---

[1] 5 万元。

者规定期限透支，经发卡银行两次有效催收后超过 3 个月仍不归还的行为。

（2）"催收"方式：书面催收＋口头催收。

（3）"催收"对象：仅限于对持卡人催收，对保证人或者持卡人家属催收的，不属于"催收"。

（4）"催收"需要在透支超过规定限额或者规定期限后进行。

（5）"催收"应当采用能够确认持卡人收悉的方式，但持卡人故意逃避催收的除外。这是"有效催收"的本质要求，以将持卡人由于搬迁或者出差等原因没有收到银行催收以致未能按时还款的情况排除在外。

（6）恶意透支的数额，是指公安机关刑事立案时尚未归还的实际透支的本金数额，不包括利息、复利、滞纳金、手续费等发卡银行收取的费用。归还或者支付的数额，应当认定为归还实际透支的本金。

## 考点 27　扰乱市场秩序罪

### （一）组织、领导传销活动罪

下列人员可以认定为传销活动的组织者、领导者：

1. 在传销活动中起发起、策划、操纵作用的人员。
2. 在传销活动中承担管理、协调等职责的人员。
3. 在传销活动中承担宣传、培训等职责的人员。
4. 因组织、领导传销活动受过刑事追究，或者 1 年内因组织、领导传销活动受过行政处罚，又直接或者间接发展参与传销活动人员在 15 人以上且层级在 3 级以上的人员。
5. 其他对传销活动的实施、传销组织的建立、扩大等起关键作用的人员。

### （二）非法经营罪

1. 违反国家烟草专卖管理法律法规，未经烟草专卖行政主管部门许可，无烟草专卖生产企业许可证、烟草专卖批发企业许可证、特种烟草专卖经营企业许可证、烟草专卖零售许可证等许可证明，非法经营烟草专卖品，情节严重的，构成本罪。

持有烟草专卖零售许可证，但超范围和地域经营的，不宜按照非法经营罪处理，应由相关主管部门进行处理。

2. 自2019年10月21日起，违反国家规定，未经监管部门批准，或者超越经营范围，以营利为目的，以超过 [1] 的实际年利率经常性地向社会不特定对象发放贷款，扰乱金融市场秩序，情节严重的，以非法经营罪定罪处罚。

"经常性地向社会不特定对象发放贷款"是指2年内向不特定多人（包括单位和个人）以借款或其他名义出借资金10次以上。

为从事非法放贷活动，实施擅自设立金融机构、套取金融机构资金高利转贷、非法吸收公众存款等行为，构成犯罪的，应当择一重罪处罚。

为强行索要因非法放贷而产生的债务，实施故意杀人、故意伤害、非法拘禁、故意毁坏财物、寻衅滋事等行为，构成犯罪的，应当 [2]。

## 考点28 故意杀人罪、故意伤害罪

### （一）故意杀人罪

1. 行为主体：原则上为已满14周岁的自然人，经过特别程序可下调至已满12周岁。

2. 行为对象

（1）"他人"，不包括自杀的行为。

（2）尸体没有生命，不能成为故意杀人罪的对象。

（3）婴儿有生命，杀死婴儿构成故意杀人罪；杀死胎儿不构成故意杀人罪。

3. 非法性：依法执行命令枪决罪犯、符合法定条件的正当防卫杀人等行为，阻却违法性，不构成故意杀人罪。

4. 剥夺生命的方式

---

[1] 36%。　[2] 数罪并罚。

（1）作为方式杀人。例如：刀砍、斧劈、拳击、枪杀等。

（2）不作为方式杀人。例如：母亲故意不给婴儿哺乳致其死亡等。

（3）物理的方式。例如：刺杀、毒杀等。

（4）心理的方式。例如：以精神冲击方法致心脏病患者死亡。

5.责任为故意，即明知自己的行为会发生他人死亡的结果，并希望或放任这种结果的发生。

6.法律拟制的故意杀人罪：（1）非法拘禁使用暴力致人死亡的；（2）刑讯逼供致人死亡的；（3）暴力取证致人死亡的；（4）虐待被监管人致人死亡的；（5）聚众"打砸抢"致人死亡的；（6）聚众斗殴致人死亡的。

### （二）故意伤害罪

1.行为主体

（1）轻伤：已满16周岁的自然人。

（2）重伤、死亡：原则上为已满14周岁的自然人，其中故意伤害致人死亡经过特别程序可下调至已满12周岁。

2.行为对象：他人身体。

（1）伤害自己身体的，不成立故意伤害罪。但是自伤行为侵犯了国家或社会法益而触犯了刑法规范时，可能构成其他犯罪。例如：军人为了逃避军事义务，在战时自伤身体的，应适用《刑法》第434条的规定，构成战时自伤罪。

（2）毁坏尸体的行为，不成立故意伤害罪。基于同样的理由，伤害胎儿身体的，也不构成本罪。

（3）伤害的程度：根据我国刑法规定，伤害结果的程度分为轻伤、重伤与伤害致死。这三种情况直接反映伤害行为的罪行轻重，因而对量刑起重要作用。

3.非法性。因正当防卫、紧急避险而伤害他人，因治疗上的需要经患者同意为其截肢，体育运动项目中规则所允许的伤害等，阻却违法性，不成立犯罪。

4.责任为故意,即明知自己的行为会发生他人伤害的结果,并且希望或放任这种结果发生。

5.法律拟制的故意伤害罪:(1)非法拘禁使用暴力致人伤残的;(2)刑讯逼供致人伤残的;(3)暴力取证致人伤残的;(4)虐待被监管人致人伤残的;(5)聚众"打砸抢"致人伤残的;(6)聚众斗殴致人重伤的。

## 考点 29　强奸罪

1.构成要件

(1)法益:妇女的性自主权。

(2)行为主体:男性和女性均可构成强奸罪的实行犯,但单独直接正犯只能是男性。【提示】女性可构成强奸罪的教唆犯、帮助犯、间接正犯和共同正犯。

(3)行为方式:以暴力、胁迫或者其他手段强行与妇女性交。使用强制手段→使妇女明显难以反抗→奸淫妇女。

(4)行为对象:妇女。【提示】妇女的思想品德、生活作风、结婚与否等不影响本罪的成立。

(5)主观要件:有强奸的故意。【提示】奸淫幼女时,要明知对方是或可能是幼女。①奸淫不满12周岁的幼女,推定行为人"明知"对方是幼女。②奸淫已满12周岁不满14周岁的幼女,应从其身体发育状况、言谈举止等方面判断行为人是否明知对方是幼女。

2.法定刑升格条件

(1)在公共场所当众强奸妇女、奸淫幼女。①公共场所。这是指有不特定人进出可能的场所。如公园、广场、火车车厢等。②当众。这是指有被不特定或者多数人知悉的可能性,不要求被现实听到或者看到。【提示】当众不包括共犯人,不要求必须是3人或以上。

(2)二人以上轮奸。这是指二人以上在同一段时间内共同对同一妇女（或幼女）轮流或同时奸淫。

（3）强奸致人重伤、死亡。强奸行为＋重伤、死亡结果＝强奸罪＋加重处罚。【提示】这是强奸的结果加重犯。

（4）奸淫不满10周岁的幼女或者造成幼女伤害。

## 考点 30 非法拘禁罪

1. 行为主体

（1）年满16周岁的自然人。

（2）国家机关工作人员是本罪的量刑身份，利用职权犯本罪，从重处罚。

2. 行为对象

作为行为对象的"他人"没有限制，但必须是具有身体活动自由的自然人。

（1）只要具有基于意识从事身体活动的能力即可，不要求具有刑法上的责任能力与民法上的民事行为能力，故能够行走的幼儿、精神病患者，能够依靠轮椅或者其他工具移动身体的人，均可成为本罪的对象。

（2）只要没有现实人身自由的人，均不属于本罪的对象。例如：病床上的植物人、常年卧病在床的人、深度醉酒的人。

（3）成立本罪，要求被害人认识到自己被剥夺自由的事实，但不要求认识到有人对自己实施非法拘禁罪。

3. 行为方式

剥夺人身自由的方法没有限制，如非法逮捕、拘留、监禁、扣押等，均包括在内。

【提示】非法拘禁罪是持续犯，拘禁的时间长短原则上不影响本罪的成立，只影响量刑，不需要数罪并罚。

4. 非法性

剥夺人身自由的行为必须具有非法性，不具备违法阻却事由。否则不成立非法拘禁罪。

【提示】使用欺骗的手段剥夺他人自由的：（1）被骗人误以为没有身体活动自由，不存在有效承诺，成立非法拘禁罪。例如：甲谎称电梯停电（实际是其断电），使乘坐电梯的乙误以为自己只能滞留于其中。甲成立非法拘禁罪。（2）被骗人明知存在身体活动自由，即存在有效承诺（承诺动机不影响承诺效力），不成立非法拘禁罪。

5. 主观罪过

故意，即行为人明知自己的行为会发生剥夺他人身体自由权利的结果，并希望或者放任这种结果的发生。

## 考点31 绑架罪

1. 行为主体

已满16周岁的自然人。已满14周岁不满16周岁的人实施绑架行为，不以犯罪论处。故意杀害被绑架人的，应认定为故意杀人罪。

已满12周岁不满14周岁的人故意杀害被绑架人、故意伤害被绑架人并致其死亡或者以特别残忍手段致其重伤造成严重残疾，情节恶劣的，虽不构成绑架罪，但在报请最高人民检察院核准追诉后，应以故意杀人罪、故意伤害罪追究刑事责任。

2. 行为对象

行为对象是任何他人。

【提示】盗窃婴儿的行为，根据主观目的不同，分别作以下处理：（1）以出卖为目的→拐卖儿童罪。（2）以勒索财物为目的→绑架罪。（3）无前述两种目的，行为侵害了未成年人的人身自由与身体安全的→[1]。

3. 行为方式

（1）使用暴力、胁迫或者麻醉方法劫持或以实力控制他人。

---

[1] 拐骗儿童罪。

（2）对于缺乏或者丧失行动能力的被害人，采取偷盗、运送等方法使其处于行为人或第三者实力支配下的，也可能成立绑架罪。

（3）向第三人提出不法要求。必须是向第三人提出，不能是向人质本人，否则构成[1]。

（4）绑架和抢劫的其他区别：绑架的取财不要求当场性，而抢劫的取财要求当场性，即同一时间、同一地点。

4. 主观罪过

（1）具有故意，行为人对于侵害他人身体安全与行动自由的结果持希望或者放任态度。

（2）具有勒索财物或满足其他不法要求的目的。行为人出于其他目的、动机以实力支配他人后，才产生勒索财物意图进而勒索财物的，即在实施其他犯罪控制被害人的过程中才产生绑架的故意，成立绑架罪。

（3）具有勒索财物或满足其他不法要求的目的。

①其中的"财物"包括财产性利益。例如：债务人甲将债权人乙的儿子丙控制，要求乙在没有得到实际债务偿还的情况下，将欠条交出并出具已经还款的证明，乙无奈照做。甲成立绑架罪。

②"不法"不限于刑法上的不法，包括政治目的、恐怖活动目的、泄愤报复目的以及逃避、抗拒追捕或者要挟政府提供某种待遇等。

## 考点 32　拐卖妇女、儿童罪

（一）构成要件

1. 行为主体：已满16周岁的人。

（1）已满14周岁不满16周岁的人拐卖妇女、儿童的，不成立犯罪。

【提示】已满14周岁不满16周岁的人如果在拐卖妇女过程中强奸妇女的，则以强奸罪论处。

（2）医疗机构、社会福利机构等单位的工作人员将所诊疗、护理、抚养的儿童贩卖给他人的，以拐卖儿童罪论处。

[1] 抢劫罪。

（3）明知他人系拐卖妇女、儿童的"人贩子"，仍然利用从事诊疗、福利救助等工作的便利或者了解被拐卖方情况的条件，居间介绍的，以拐卖妇女、儿童罪的共犯论处。

（4）明知他人拐卖妇女、儿童，仍然向其提供被拐卖妇女、儿童的健康证明、出生证明或者其他帮助的，以拐卖妇女、儿童罪的共犯论处。

2. 行为对象：仅限于妇女与儿童。

（1）拐卖已满14周岁的男性公民的行为，不成立本罪，符合其他犯罪构成的，可按其他犯罪论处，如非法拘禁罪等。

（2）以营利为目的，出卖亲生子女（未满14周岁）的，成立拐卖儿童罪。

（3）迫于生活困难，或者受重男轻女思想影响，私自将没有独立生活能力的子女送给他人抚养，包括收取少量"营养费""感谢费"的，属于民间送养行为，不能以拐卖儿童罪论处。反之，明知对方没有抚养目的或者没有抚养能力，仍然将亲生幼儿交付给对方以获取一定的对价的，应该成立拐卖儿童罪。

3. 行为方式

行为方式为拐骗、绑架、收买、贩卖、接送、中转行为。以上这些行为都是本罪的实行行为，不是帮助行为。实施多个行为，也只需要按照一罪处罚，不需要数罪并罚。

4. 被害人承诺问题

（1）妇女的承诺有效，阻却违法性。

（2）儿童的承诺无效。

5. 主观罪过

责任要素除故意外，还要求以出卖为目的（出卖目的不等于营利目的）。

（二）重要的法定刑升格条件

1. 奸淫被拐卖的妇女的

（1）拐卖妇女、儿童的过程中，奸淫妇女或者幼女的，只成立本罪，不再认定为强奸罪。

（2）本罪未将强制猥亵、侮辱罪吸收为升格条件，即如果又强制猥亵、侮辱妇女的，应数罪并罚。

2.诱骗、强迫被拐卖的妇女卖淫或者将被拐卖的妇女卖给他人迫使其卖淫的

（1）引诱、强迫卖淫的行为不再成立其他犯罪，只成立本罪，只不过法定刑加重。

（2）拐卖过程中，引诱、强迫男童卖淫的，应数罪并罚。

3.造成被拐卖的妇女、儿童或者其亲属重伤、死亡或者其他严重后果的

（1）加重处罚，只成立本罪。

（2）拐卖行为本身过失造成伤亡。需满足以下两点：

①伤亡结果与拐卖行为之间具有直接因果关系。例如：甲拐卖妇女，妇女自杀，不属于这里的死亡结果。

②主观上是过失造成，或者为了实现拐卖目的故意造成。例如：拐卖过程中出于泄愤、报复等其他目的，故意将妇女打成重伤，另成立故意伤害罪，与拐卖妇女罪并罚。

## 考点 33　刑讯逼供罪

本罪主体是司法工作人员，即有侦查、检察、审判、监管职责的工作人员。

监察人员办理职务犯罪案件或者监管职务犯罪嫌疑人时，行使的是侦查、监管职责，在刑法上也属于司法人员，可以成为本罪主体。

企业事业单位的公安机构在机构改革过程中虽尚未列入公安机关建制，其工作人员在行使侦查职责时，可以成为本罪主体。

未受公安机关正式录用，受委托履行侦查、监管职责的人员或者合同制民警，也可以成为本罪主体。

其他人员与司法工作人员伙同刑讯逼供的，以刑讯逼供罪的共犯

论处。

## 考点 34  抢劫罪

### (一) 事前型（普通型）抢劫

1. 成立犯罪

实施暴力、胁迫等强制手段→压制被害人反抗→被害人因无法反抗而放弃财物→行为人取得财物。

2. 行为主体：已满[1]的自然人。

3. 行为对象：包括有形财物以及财产性利益。

4. 行为内容（压制反抗+强取财物）

当场使用暴力、胁迫或者其他强制方法，强取公私财物。暴力、胁迫或者其他强制方法，是手段行为；强取公私财物，是目的行为。

（1）暴力方法：是指对被害人不法行使有形力，使其不能反抗的行为。如殴打、捆绑、伤害、禁闭等。

①抢劫罪中的暴力只能是最狭义的暴力→足以压制反抗的暴力，不要求事实上压制反抗，更不要求具有危害人身安全的性质（因为拘禁取财同样可成立抢劫罪）。

②暴力对象不限于财物占有者，包括其他具有保护占有意思的人。

（2）胁迫方法：是指以恶害相通告（可以通过动作、手势等），使被害人产生恐惧心理因而不敢反抗的行为。这种胁迫也应达到足以压制对方反抗的程度。

①恶害是指对被害人生命、身体、自由的加害。如果以当场立即实现损毁名誉等非暴力内容进行威胁的，不成立抢劫罪。

②被害人对行为人实现恶害是深信不疑的。

（3）其他方法：是指除暴力、胁迫以外的造成被害人不能反抗、不知反抗的其他强制方法。

①麻醉、醉酒式的抢劫。例如：甲采用药物、酒精使乙暂时丧失自由意志，然后劫走财物。甲成立抢劫罪。

[1] 14周岁。

②非法拘禁式的抢劫。例如：丙将丁反锁在卧室使之不能出来，进而取得丁家的财物。丙成立抢劫罪。

（4）强取财物：是指违反被害人的意志将财物转移给自己或者第三者占有。

5. 主观罪过

责任要素除故意外，还要求具有非法占有目的。

（1）行为人出于其他目的实施暴力行为，暴力行为致人昏迷或者死亡，然后产生非法占有财物的意图，进而取走财物的，不成立抢劫罪。

（2）行为人出于其他故意，于正在实施暴力、胁迫的过程中（暴力、胁迫没有结束时）产生夺取财物的意思并夺取财物的，成立抢劫罪。

（3）"非法占有目的"的例外

在实行聚众"打砸抢"行为的过程中，毁坏公私财物的，即使没有非法占有目的，对首要分子也应认定为抢劫罪。

### （二）事后型（转化型）抢劫

1. 前提条件：犯盗窃、诈骗、抢夺罪。

（1）"犯盗窃、诈骗、抢夺罪"并不意味着行为事实上已经构成盗窃、诈骗、抢夺罪的既遂，而是意味着行为人有实施盗窃罪、诈骗罪、抢夺罪的行为与故意。

（2）三罪转化为抢劫罪，要求三罪达到着手的程度。

三罪要求着手实行，但不要求既遂，即三罪在预备阶段不转化为抢劫（不转化就"分开看"），但在未遂时或所取财物数额不大时可以转化为抢劫。

（3）三罪行为须具有财产犯罪的属性，符合盗窃罪、诈骗罪、抢夺罪这三个财产犯罪的构成要件，才可以转化为抢劫。

（4）已满14周岁不满16周岁的人不能成为事后抢劫的行为主体。

2. 主观目的：为了抗拒抓捕、窝藏赃物、毁灭罪证。不具有前述目的的，不转化为抢劫。

3. 客观条件：当场使用暴力或以暴力相威胁。

（1)"当场"是指行为人实施盗窃、诈骗、抢夺行为的现场以及行为人刚离开现场即被他人发现并抓捕的情形。当场＝当时（时间要求）＋现场（空间要求）。

①行为人实施盗窃等行为后，离开现场的时间短暂而被警察、被害人等发现的，也应认定为当场。

②行为人实施盗窃等行为后，离开现场一定距离，基于其他原因偶然被警察或者被害人等发现的，不属于当场。

③行为人实施盗窃等行为后，虽未离开现场，但是时间间隔较长的，不属于当场。

(2) 使用暴力或者以暴力相威胁，与一般抢劫的暴力或以暴力相威胁性质相同。

①暴力、威胁的对象只能是人，不能是财物。

②暴力、威胁的对象只能是他人，不包括自己。

③暴力、威胁要求达到足以压制对方反抗的程度，才可以转化为抢劫。

④行为人对实施暴力的行为要具有故意，过失对他人实施暴力，不转化为抢劫。

⑤根据司法解释的规定，以摆脱的方式逃脱抓捕，暴力强度较小，未造成轻伤以上后果的，可不认定为"使用暴力"，不以抢劫罪论处。

⑥实施暴力导致被害人重伤、死亡的，直接适用抢劫致人重伤、死亡的法定刑升格条件即可。例如：甲偷了乙的财物，乙追赶，甲为了抗拒抓捕而使用暴力乙死亡。甲直接适用抢劫致人死亡的法定刑升格条件，不再单独成立故意杀人罪。

## 考点 35 盗窃罪

### （一）盗窃罪的构成要件

1. 行为对象：他人占有的财物。对自己占有的财物不可能成立盗窃罪。

（1）包括有体物和无体物。

①盗窃信用卡并使用的，成立盗窃罪。

②盗窃增值税专用发票或者可以用于骗取出口退税、抵扣税款的其他发票的，成立盗窃罪。

③以牟利为目的，盗接他人通信线路、复制他人电信码号或者明知是盗接、复制的电信设备、设施而使用的，以盗窃罪论处。

④将电信卡非法充值后使用，造成电信资费损失数额较大的，以盗窃罪定罪处罚。

⑤盗用他人公共信息网络上网账号、密码上网，造成他人电信资费损失数额较大的，以盗窃罪定罪处罚。

⑥盗窃枪支、弹药、公文、印章等物的，不以盗窃罪论处。但是，以盗窃财物的故意窃取了枪支、弹药、公文、印章等物的，依然可能成立盗窃罪。

（2）不限于数额较大的财物，值得刑法保护的数额较小的财物也可以成为盗窃罪的对象。

2. 行为手段：[1] 转移他人对财物的占有。平和手段是指手段不能对人身具有暴力、胁迫的性质。当然，非常轻微的暴力也视为平和手段。

3. 责任形式为故意，同时具有非法占有目的。要求主观认识到财物"数额较大"。否则不成立盗窃罪。

4. 占有的认定

（1）占有状态坚持"主客观相一致"的认定标准，既要求主观上有占有的意思，同时也要求客观上具有稳定的占有事实。

（2）占有辅助者。所有人对财物的占有不限于紧密占有、随身占有，处于其实力支配下且保持一定距离的占有也属于所有人自己的占有状态。

（3）只要是在他人的事实支配领域内的财物，即使他人没有现实

[1] 平和手段。

地握有或监视，也属于他人占有。

（4）明显属于他人支配、管理的财物，即使他人短暂遗忘或者短暂离开，但只要财物处于他人支配力所能涉及的范围，也应认定为他人占有。

（5）可以推断是别人占有支配状态的，也属于他人占有的财物。

（6）占有的转化：即使原占有者丧失了占有，但当该财物转移为建筑物的管理者或者第三者占有时，也应认定为他人占有的财物。

### （二）盗窃罪的其他类型

除了普通盗窃即盗窃公私财物数额较大之外，还存在其他不要求犯罪数额即可成立盗窃的类型。

1. 多次盗窃

多次盗窃，是指 [1]。

（1）三个"同一"原则：在同一时间、同一地点针对同一被害人所实施的盗窃，就是一次盗窃。如果不同时满足三个"同一"，属于不同盗窃。

（2）多次盗窃不以每次盗窃既遂为前提，成立多次盗窃，也不要求行为人实施的每一次盗窃行为均已构成盗窃罪。

2. 入户盗窃

这是指非法进入他人生活的与外界相对隔离的住所进行盗窃的行为。

（1）入户要具有非法目的（不限于盗窃的目的），合法进入他人住宅后盗窃的，不应认定为入户盗窃。

（2）入户盗窃的成立不要求被害人在户内，进入一段时间没有人居住的户内盗窃的，也属于入户盗窃。

（3）对于入户盗窃但未实际窃得任何财物的，应当以盗窃罪未遂论处。

3. 携带凶器盗窃

（1）不要求行为人显示、暗示凶器，更不要求行为人对被害人使

---

[1] 2年内盗窃3次以上。

用凶器。针对被害人使用凶器实施暴力，或者使用凶器胁迫被害人，进而取得财物的，直接成立抢劫罪。

（2）携带凶器盗窃不要求具有使用的可能性，也不要求具有对被害人使用的意思。但是要求行为人认识到自己带了凶器，即仅具有对物使用的意思而携带凶器盗窃的，也能认定为携带凶器盗窃。

4.扒窃

（1）随身携带的财物，包括他人带在身上或者置于身边附近的财物。

（2）扒窃不要求技术性，也不要求惯常性。

## 考点 36　诈骗罪

1. 诈骗行为的构造

行为人实施欺骗行为→对方产生或维持错误认识→对方基于错误认识处分财产→行为人或第三者取得财产→被害人遭受财产损失。

2. 三角诈骗

（1）两角诈骗：行为人向被害人实施欺骗行为，被害人产生认识错误进而处分自己占有的财产，最后导致财产损失。在这种场合，受骗人（财产处分人）与被害人是同一人。

（2）三角诈骗：在诈骗罪中，也存在受骗人（财产处分人）与被害人（遭受财产损失人）不是同一人（或不具有同一性）的现象。这种情况在理论上称为三角诈骗，也叫三者间诈骗，其中的受骗人可谓第三人。

3. 诈骗罪与盗窃罪的关系

（1）诈骗罪与盗窃罪是对立关系，就同一份财产，一个行为不可能同时触犯盗窃罪与诈骗罪，但当一个行为同时侵害两份不同财产时，可能对一份财产是盗窃，对另一份财产是诈骗，成立想象竞合犯。

（2）在行为人已经取得财产的情况下，盗窃和诈骗的关键区分在于被害人是否基于认识错误而处分财产。如果被害人没有处分财产的行为，不可能成立诈骗罪。

4."套路贷"并非一律构成诈骗罪

（1）在有些"套路贷"中，被害人确实被欺骗，基于认识错误实施了处分行为（签订了使自己负债的合同），对此应以诈骗罪论处。

（2）而在有些"套路贷"中，被害人并未被欺骗，对签订相关协议将会产生何种后果有明确认识，因而不属于被害人基于认识错误处分财物，对此就不能以诈骗罪论处。

不能因为存在阴阳合同，就认定"套路贷"的出借人构成诈骗罪。出借人为了使高利贷形成合法借贷的假象，自然会与借款人签订阴阳合同；借款人知道阴阳合同的真相，并且按约定的高利贷还款，或者虽未还款，但出借人只是向借款人催讨债务的，不成立诈骗罪。

## 考点 37 挪用资金罪

1.挪用本单位资金归个人使用或者借贷给他人，涉嫌下列情形之一的，应予立案追诉：（1）挪用本单位资金数额在5万元以上，超过3个月未还的；（2）挪用本单位资金数额在5万元以上，进行营利活动的；（3）挪用本单位资金数额在3万元以上，进行非法活动的。

2.对于挪用单位资金进行非法活动构成其他犯罪的，应当实行数罪并罚。

3.本罪主体为公司、企业或者其他单位的工作人员。

4.本罪主观方面为故意。

## 考点 38 破坏生产经营罪

本罪是指由于泄愤报复或者其他个人目的，毁坏机器设备、残害耕畜或者以其他方法破坏生产经营的行为。

1."生产经营"包括一切经济形式的生产经营。破坏生产经营的方法包括毁坏机器设备、残害耕畜或者其他方法。

2."其他方法"是指与毁坏机器设备、残害耕畜具有相当性的方法，即能够导致生产经营的某个环节难以正常进行的破坏性方法。

3.破坏的对象是进行正常生产经营活动所需的物质条件。破坏不属于正常生产经营所需的物质条件，如破坏已经报废的机器设备的，不构成本罪。

4.成立本罪要求行为人主观上具有泄愤报复或者其他个人目的。只要破坏生产经营行为无正当理由，就可以认定行为人存在"其他个人目的"。

5.认定本罪需要注意以下两点：

（1）对本罪客观要件的把握应与网络时代的社会现实相适应。例如，行为人通过在网络交易平台恶意大量购买他人商品或服务，导致商家被网络交易平台认定为虚假交易进而被采取商品搜索降权的管控措施，造成商家损失严重的，该行为属于以其他方法破坏生产经营，构成本罪。

（2）以放火、爆炸等方法破坏厂矿、企业的机器设备、生产设施和耕畜、农具以及其他生产资料等，足以危害公共安全的，成立放火罪、爆炸罪等犯罪与破坏生产经营罪的想象竞合犯，从一重罪处断，对行为人应以放火罪、爆炸罪等犯罪论处。

## 考点39 寻衅滋事罪

1.行为

（1）随意殴打他人，情节恶劣的。【提示】如果由于邻里纠纷、婚恋纠纷、债务纠纷等殴打他人，一般不属于随意殴打。

（2）追逐、拦截、辱骂、恐吓他人，情节恶劣的。

（3）强拿硬要或者任意损毁、占用公私财物，情节严重的。

（4）在公共场所起哄闹事，造成公共场所秩序严重混乱的。【提示】起哄闹事一般是无事生非，如果事出有因或者系行使正当权利，不成立本罪。

2. 罪数

实施本罪行为，同时触犯故意伤害罪、故意杀人罪、抢夺罪、抢劫罪、敲诈勒索罪、故意毁坏财物罪等的，从一重罪处罚。

3. 主观

故意，但不要求填补精神空虚、逞强好胜、追求刺激等流氓动机。

### 考点 40　走私、贩卖、运输、制造毒品罪

1. 走私毒品

（1）走私毒品是指非法运输、携带、邮寄毒品进出国（边）境的行为。

（2）对在领海、内海运输、收购、贩卖国家禁止进出口的毒品以及直接向走私毒品的犯罪人购买毒品的，属于走私毒品。

（3）走私毒品罪的既遂标准：到达说，即装载毒品的船舶到达本国港口或航空器到达本国领土内时为既遂。

2. 贩卖毒品

（1）贩卖毒品是指有偿转让毒品的行为。

（2）贩卖方式既可能是公开的，也可能是秘密的。

（3）交付方式包括直接交付和间接交付。

（4）毒品的来源既可能是自己制造的毒品，也可能是自己所购买的毒品，还可能是通过其他方法（如拾得、继承）取得的毒品。

（5）单纯为吸毒者联系、寻找贩卖者，并未代购的，不属于贩卖毒品罪的共犯。

（6）贩卖的对方没有限制，即不问对方是否达到法定年龄、是否具有刑事责任能力、是否与贩卖人具有某种关系。

（7）贩卖毒品罪的既遂标准：卖掉毒品即实际转移毒品，不要求收到对价。

3. 运输毒品

（1）运输毒品是指采用携带、邮寄、使用交通工具等方法在我国

领域内转移毒品。

（2）运输毒品具体表现为转移毒品的所在地。如将毒品从甲地运往乙地。

（3）运输毒品罪的既遂标准：毒品离开原存放地，进入运输状态。

4.制造毒品

不仅包括使用毒品原植物制作成毒品，也包括以改变毒品成分和效用为目的的加工、配制行为。制造毒品的行为包括：

（1）将毒品以外的物作为原料，提取或制作成毒品。例如：将罂粟制成鸦片。

（2）毒品的精制，即去掉毒品中的不纯物，使之成为纯毒品或纯度更高的毒品。例如：去除海洛因中所含的不纯物，以提高纯度。

（3）使用化学方法使一种毒品变为另一种毒品。例如：使用化学方法将吗啡制作成海洛因。

（4）使用化学方法以外的方法使一种毒品变为另一种毒品。例如：将盐酸吗啡加入蒸馏水，使之成为注射液。

（5）用混合等物理方法加工、配制毒品。例如：将甲基苯丙胺或者其他苯丙胺类毒品与其他毒品混合成麻古或者摇头丸。

## 考点 41　贪污罪

### （一）构成要件

1.行为主体

本罪主体为国家工作人员。

（1）国家工作人员是指在国家机关中从事公务的人员；国有公司、企业、事业单位、人民团体中从事公务的人员和国家机关、国有公司、企业、事业单位委派到非国有公司、企业、事业单位、社会团体从事公务的人员，以及其他依照法律从事公务的人员。

（2）村民委员会等基层组织人员协助人民政府从事行政管理工

作，属于国家工作人员范畴。"协助人民政府从事行政管理工作"包括：①救灾、抢险、防汛、优抚、扶贫、移民、救济款物的管理；②社会捐助公益事业款物的管理；③国有土地的经营和管理；④土地征收、征用补偿费用的管理；⑤代征、代缴税款；⑥有关计划生育、户籍、征兵工作；⑦协助人民政府从事的其他行政管理工作。

（3）通过伪造国家机关公文证件担任了国家工作人员，就属于国家工作人员，可以成为贪污贿赂犯罪的主体。

（4）国有保险公司的工作人员和国有保险公司委派到非国有保险公司从事公务的人员，属于国家工作人员。

（5）《刑法》第382条第2款规定，受国家机关、国有公司、企业、事业单位、人民团体委托管理、经营国有财产的人员，利用职务上的便利，侵吞、窃取、骗取或者以其他手段非法占有国有财物的，以贪污论。这类人本不属于国家工作人员，但是该款将他们拟制为国家工作人员。

（6）一般公民与上述本罪主体勾结，伙同贪污的，以贪污罪的共犯论处。

（7）"国有"开头的公司、企业、单位：原则上都默认是国家工作人员，除非特别强调不是（如安保人员、保洁人员、后厨人员）。

"国有控股"开头的公司、企业、单位：原则上都默认不是国家工作人员，除非特别强调是（如明确说明是国家派到公司中从事公务的人员）。

（8）国家工作人员在国内公务活动或者对外交往中接受礼物，依照国家规定应当交公而不交公，数额较大的，以贪污罪追究刑事责任。

2.行为方式

利用职务上的便利即主管、管理、经营、经手的权力和便利条件，侵吞、窃取、骗取或者以其他手段非法占有国有财物的行为。

（1）利用需要实质利用，而不是形式上的利用。

（2）利用职务上的便利，既包括利用本人的职务便利，也包括利用职务上有隶属关系的其他国家工作人员的职务便利，即上级对下级可以成立贪污。

（3）只有当国家工作人员现实地对公共财物享有支配权、决定权或对具体支配财物的人员处于领导、指示、支配地位，进而利用职务便利，才能认定为贪污罪。

（4）部分利用，同样属于利用职务便利。

3. 主观目的

贪污罪要求具有非法占有目的。如果没有此目的，可成立 [1]。

4. 公共财物

（1）不包括个人私有财物，否则不成立本罪。

（2）受国家机关、国有公司、企业、事业单位、人民团体委托管理、经营国有财产的人员成立贪污罪，必须是非法占有了国有财物。

### （二）贪污罪的既遂与未遂

贪污罪是一种以非法占有为目的的财产性职务犯罪，与盗窃、诈骗、抢夺等侵犯财产罪一样，应当以**行为人是否实际控制财物**作为区分贪污罪既遂与未遂的标准。

对于行为人利用职务上的便利，实施了虚假平账等贪污行为，但公共财物尚未实际转移，或者尚未被行为人控制就被查获的，应当认定为贪污未遂。

行为人控制公共财物后，是否将财物据为己有，不影响贪污既遂的认定。

## 考点 42　受贿罪

1. 普通受贿罪

（1）**索取贿赂**：利用职务上的便利，不要求为他人谋取利益。

（2）**收受贿赂**：利用职务上的便利，要求为他人谋取利益。

---

[1] 挪用公款罪。

2. 斡旋受贿

（1）基本构造：国家工作人员利用本人职权或者地位形成的便利条件，通过其他国家工作人员职务上的行为，为请托人谋取不正当利益，索取、收受贿赂。

（2）要点：①受贿者必须是国家工作人员，不是离休的人员，也不包括单位；②受贿者与被其利用的国家工作人员（实际办事人）在职务上没有隶属、制约关系；③如果受贿者利用自己下属、有制约关系的人的职权，不是斡旋受贿，是普通受贿；④须谋取不正当利益，如果谋取正当利益，不构成犯罪。

（3）时间：收受财物的时间，可以事前，也可以事后，也可以约定离职后收受。

3. 变相受贿

（1）以交易形式收受贿赂的，成立受贿罪。

（2）收受干股的，成立受贿罪。

（3）以开办公司等合作投资名义收受贿赂的，成立受贿罪。

（4）以委托请托人投资证券、期货或者其他委托理财的名义收受贿赂的，成立受贿罪。

（5）以赌博形式收受贿赂的，成立受贿罪。

（6）以特定关系人"挂名"领取薪酬的，成立受贿罪。

【提示】此处的"特定关系人"不同于利用影响力受贿罪中的"关系密切的人"，此处是指与国家工作人员有近亲属、情妇（夫）以及其他共同利益关系的人。

（7）国家工作人员授意请托人将财物给予特定关系人的，成立受贿罪，特定关系人成立共犯。

（8）名借实给（汽车、房产即使未过户）成立受贿罪。

## 考点43 行贿罪

1. 行为主体：只能是自然人。如果是单位行贿，成立[1]。

---

[1] 单位行贿罪。

2.行为方式

（1）为了利用国家工作人员的职务行为（包括利用国家工作人员的斡旋行为），主动给予国家工作人员以财物（包括向斡旋受贿者给予财物）。

（2）在有求于国家工作人员的职务行为时，由于国家工作人员的索取而给予国家工作人员以财物。

（3）与国家工作人员约定，以满足自己的要求为条件给予国家工作人员以财物。

（4）在国家工作人员利用职务上的便利为自己谋取利益时或者为自己谋取利益之后，给予国家工作人员以财物，作为职务行为的报酬。

3.责任形式为故意，且"为谋取不正当利益"。

（1）不正当利益≠非法利益，获取不公平的竞争优势（即程序不正当）也属于不正当利益。

（2）为了谋取不正当利益而给予国家工作人员以财物时，即使具有事后索回财物的意思，也不影响行贿罪的成立。如果之后索回的行为构成其他犯罪的，数罪并罚。

（3）公民请求国家工作人员依法办事，属于正当利益，不构成行贿罪。

## 考点44 滥用职权罪

主体必须是国家机关工作人员。

1.国家机关工作人员，是指国家机关中从事公务的人员，包括在各级国家权力机关、行政机关、监察机关、司法机关和军事机关中从事公务的人员。

2.在依照法律、法规规定行使国家行政管理职权的组织中从事公务的人员，或者在受国家机关委托代表国家行使职权的组织中从事公务的人员，或者虽未列入国家机关人员编制但在国家机关中从事公务的人员，在代表国家机关行使职权时，视为国家机关工作人员。

3.在乡（镇）以上中国共产党机关、人民政协机关中从事公务的人员，视为国家机关工作人员。

4.非国家机关工作人员滥用职权，致使公共财产、国家和人民利益遭受重大损失的，依性质与情节可能构成其他犯罪，不成立本罪。

# 七、刑事诉讼法

## 考点 01　认罪认罚从宽处理原则

1. 适用条件：（1）犯罪嫌疑人、被告人对指控的犯罪事实没有异议；（2）犯罪嫌疑人、被告人自愿如实供述自己的罪行；（3）犯罪嫌疑人、被告人愿意接受处罚的。【可以（而非应当）从宽】

2. 法院应当将被告人认罪认罚作为其是否具有社会危险性的重要考虑因素。被告人罪行较轻，采用非羁押性强制措施足以防止发生社会危险性的，应当依法适用非羁押性强制措施。

3. 对认罪认罚案件，人民法院一般应当对被告人从轻处罚；符合非监禁刑适用条件的，应当适用非监禁刑；具有法定减轻处罚情节的，可以减轻处罚。

4. 办理认罪认罚案件，应当听取被害人及其诉讼代理人的意见，并将被追诉人是否与被害方达成和解协议、调解协议或赔偿被害方损失，取得被害方谅解，作为从宽处罚的重要考虑因素。公安机关、检察院听取意见情况应当记录在案并随案移送。

5. 已经逮捕的被追诉人认罪认罚的，法院、检察院应当及时审查羁押的必要性，经审查认为没有继续羁押必要的，应当变更为取保候审或监视居住。

6. 侦查阶段：犯罪嫌疑人认罪认罚，可能判处管制、宣告缓刑的，公安机关可以委托犯罪嫌疑人居住地的社区矫正机构进行调查评估。

7. 审查起诉阶段：犯罪嫌疑人认罪认罚，检察院拟提出缓刑或管制量刑建议的，可以委托犯罪嫌疑人居住地的社区矫正机构进行调查评估，也可以自行调查评估。

8.审判阶段：被告人认罪认罚，法院拟判处管制或宣告缓刑的，可以委托被告人居住地的社区矫正机构进行调查评估，也可以自行调查评估。

9.审前阶段拒绝认罪认罚，审判阶段认罪认罚，可以适用认罪认罚从宽制度；审前阶段认罪认罚，审判阶段拒绝认罪认罚，不适用认罪认罚从宽制度。

10.值班律师的作用是见证犯罪嫌疑人认罪认罚的自愿性，只要自愿，就应当签字。犯罪嫌疑人拒绝值班律师帮助，无须签字。

### 考点02  具有法定情形不予追究刑事责任原则

1.撤销案件的主体是"谁立谁撤"。

2.法院审判阶段分为两种不同阶段的处理：

（1）在庭前审查阶段，针对"情节显著轻微、危害不大，不认为是犯罪的"情形，不作处理，等待依法审判后作出无罪判决（没有经过开庭审理，不得作出是否有罪的判决书）；针对"告诉才处理的犯罪，没有告诉或撤回告诉的"情形，应当退回检察院；针对其他情形，均应当裁定终止审理。

（2）在法庭审理阶段，针对"情节显著轻微、危害不大，不认为是犯罪的"情形，应当判决宣告无罪；《刑事诉讼法》第16条的后五种情形，应当裁定终止审理；但对于被告人死亡的情形，有证据证明被告人无罪的，应当判决宣告无罪。

### 考点03  回避程序

1.当事人及其法定代理人，辩护人或者诉讼代理人可以要求司法工作人员回避。

2.针对"有关系""有角色"申请回避的，申请人仅需要说明理由；对"违规不当""得到好处"申请回避的，需要提供证明材料。

3. 在审判阶段，书记员、法官助理、翻译人员和鉴定人的回避由[1]决定。【提示】民事诉讼及行政诉讼中，由审判长决定。

4. 侦查人员、检察人员回避前的诉讼行为以及收集的证据，并非绝对有效，也并非绝对无效，是否有效应当由作出回避决定的主体决定。

5. 口头申请回避的，公检法可以口头决定；书面申请回避的，公检法应当书面决定。

6. 回避决定一经作出，即发生法律效力。属于法定理由的回避申请，可以申请复议一次；不属于法定情形的回避申请，由法庭当庭驳回，并不得申请复议。

7. 被决定回避的人员（侦查人员、检察人员、审判人员等）没有申请复议的权利。

## 考点04　辩护人的权利

1. 辩护律师阅卷的，可以带律师助理协助阅卷。办案机关应当核实律师助理的身份。

2. 辩护律师提出阅卷要求的，法院、检察院应当当时安排，无法当时安排的，应当说明理由并安排其3个工作日以内阅卷。不得限制辩护律师阅卷次数和时间。有条件的地方可以设立阅卷预约平台。

3. 对作为证据材料向人民法院移送的讯问录音录像，辩护律师申请查阅的，人民法院应当准许。

4. 危害国家安全犯罪、恐怖活动犯罪案件，辩护律师会见前需要经过侦查机关许可。

5. 看守所应当设立会见预约平台，采取网上预约、电话预约等方式为辩护律师会见提供便利，但不得以未预约会见为由拒绝安排辩护律师会见。

6. 在律师会见室不足的情况下，看守所经辩护律师书面同意，可以安排在讯问室会见，但应当关闭录音、监听设备。

[1] 法院院长。

7. 侦查阶段，辩护律师无权调查取证、阅卷、核实证据。

8. 辩护律师可以带 1 名律师助理协助会见。助理人员随同辩护律师参加会见的，应当出示律师事务所证明和律师执业证书或申请律师执业人员实习证。办案机关应当核实律师助理的身份。

9. 辩护律师可以同在押的或者被监视居住的被告人会见和通信。其他辩护人经人民法院许可，也可以同在押的或者被监视居住的被告人会见和通信。

10. 辩护人认为在调查、侦查、审查起诉期间监察机关、公安机关、人民检察院收集的证明被告人无罪或者罪轻的证据材料未随案移送，申请人民法院调取的，应当以书面形式提出，并提供相关线索或者材料。人民法院接受申请后，应当向人民检察院调取。人民检察院移送相关证据材料后，人民法院应当及时通知辩护人。

11. 审判阶段辩护权保障：律师担任辩护人、诉讼代理人，经人民法院准许，可以带 1 名助理参加庭审。律师助理参加庭审的，可以从事辅助工作，但不得发表辩护、代理意见。

12. 辩护人、诉讼代理人认为公安机关、检察院、法院及其工作人员阻碍其依法行使诉讼权利的，有权向 [1] 申诉或者控告。

13. 律师认为办案机关及其工作人员明显违反法律规定，阻碍律师依法履行辩护、代理职责，侵犯律师执业权利的，可以向该办案机关或者其上一级机关投诉。

### 考点 05　信息网络犯罪案件的管辖

1. 信息网络犯罪案件由 [2] 立案侦查。必要时，可以由犯罪嫌疑人居住地公安机关立案侦查。

信息网络犯罪案件的犯罪地包括（1）用于实施犯罪行为的网络服务使用的服务器所在地，（2）网络服务提供者所在地，（3）被侵害的信息网络系统及其管理者所在地，（4）犯罪过程中犯罪嫌疑人、被害人或者其他涉案人员使用的信息网络系统所在地，（5）被害人被侵

---

[1] 同级或者上一级检察院。　　[2] 犯罪地公安机关。

害时所在地以及被害人财产遭受损失地等。

涉及多个环节的信息网络犯罪案件，犯罪嫌疑人为信息网络犯罪提供帮助的，其犯罪地、居住地或者被帮助对象的犯罪地公安机关可以立案侦查。

2.有多个犯罪地的信息网络犯罪案件，由最初受理的公安机关或者主要犯罪地公安机关立案侦查。有争议的，按照有利于查清犯罪事实、有利于诉讼的原则，协商解决；经协商无法达成一致的，由共同上级公安机关指定有关公安机关立案侦查。需要提请批准逮捕、移送审查起诉、提起公诉的，由立案侦查的公安机关所在地的人民检察院、人民法院受理。

3.具有下列情形之一的，公安机关、人民检察院、人民法院可以在其职责范围内并案处理：（1）一人犯数罪的；（2）共同犯罪的；（3）共同犯罪的犯罪嫌疑人、被告人还实施其他犯罪的；（4）多个犯罪嫌疑人、被告人实施的犯罪行为存在关联，并案处理有利于查明全部案件事实的。

对为信息网络犯罪提供程序开发、互联网接入、服务器托管、网络存储、通讯传输等技术支持，或者广告推广、支付结算等帮助，涉嫌犯罪的，可以并案侦查。

有关公安机关并案侦查的案件，需要提请批准逮捕、移送审查起诉、提起公诉的，由该公安机关所在地的人民检察院、人民法院受理。

4.并案侦查的共同犯罪或者关联犯罪案件，犯罪嫌疑人人数众多、案情复杂的，公安机关可以分案移送审查起诉。分案移送审查起诉的，应当对并案侦查的依据、分案移送审查起诉的理由作出说明。

对于上述案件，人民检察院可以分案提起公诉，人民法院可以分案审理。

分案处理应当以有利于保障诉讼质量和效率为前提，并不得影响当事人质证权等诉讼权利的行使。

5. 分案处理的案件，公安机关、人民检察院、人民法院在分案前有管辖权的，分案后对相关案件的管辖权不受影响。根据具体情况，分案处理的相关案件可以由不同审级的人民法院分别审理。

6. 对于共同犯罪或者已并案侦查的关联犯罪案件，部分犯罪嫌疑人未到案，但不影响对已到案共同犯罪或者关联犯罪的犯罪嫌疑人、被告人的犯罪事实认定的，可以先行追究已到案犯罪嫌疑人、被告人的刑事责任。之前未到案的犯罪嫌疑人、被告人归案后，可以由原办案机关所在地公安机关、人民检察院、人民法院管辖其所涉及的案件。

7. 对于具有特殊情况，跨省（自治区、直辖市）指定异地公安机关侦查更有利于查清犯罪事实、保证案件公正处理的重大信息网络犯罪案件，以及在境外实施的信息网络犯罪案件，公安部可以商最高人民检察院和最高人民法院指定侦查管辖。

8. 人民检察院对于审查起诉的案件，按照《刑事诉讼法》的管辖规定，认为应当由上级人民检察院或者同级其他人民检察院起诉的，应当将案件移送有管辖权的人民检察院，并通知移送起诉的公安机关。人民检察院认为需要依照刑事诉讼法的规定指定审判管辖的，应当协商同级人民法院办理指定管辖有关事宜。

9. 犯罪嫌疑人被多个公安机关立案侦查的，有关公安机关一般应当协商并案处理，并依法移送案件。协商不成的，可以报请共同上级公安机关指定管辖。

人民检察院对于审查起诉的案件，发现犯罪嫌疑人还有犯罪被异地公安机关立案侦查的，应当通知移送审查起诉的公安机关。

人民法院对于提起公诉的案件，发现被告人还有其他犯罪被审查起诉、立案侦查的，可以协商人民检察院、公安机关并案处理，但可能造成审判过分迟延的除外。决定对有关犯罪并案处理，符合《刑事诉讼法》第204条规定的，人民检察院可以建议人民法院延期审理。

## 考点06 证人证言

1. 警察出庭说别人的事（即犯罪的事），是证人，应当受到安全保护。卧底警察可以不出庭，由审判人员在庭外对证据进行核实。

2. 警察出庭说自己的事（即自己如何办案的事），是侦查人员而非证人，不享受证人的特殊保护权利。庭审期间，检察院可以提请法院通知有关侦查人员或者其他人员出庭说明情况；法院可以通知有关侦查人员或者其他人员出庭说明情况。有关侦查人员或者其他人员也可以要求出庭说明情况。经法院通知，有关人员应当出庭。

3. 证人特殊保护措施针对"全怖黑毒"的案件。特殊的保护措施是"住人不暴露，禁触不公开"。

4. 翻证、拒绝出庭的处理

（1）翻证的处理：①能够合理解释的。证人当庭作出的证言与其庭前证言矛盾，证人能够作出合理解释，并有相关证据印证的，应当采信其庭审证言；②不能作出合理解释的。其庭前证言有相关证据印证的，可以采信其庭前证言。

（2）拒绝出庭的处理：经法院通知，证人没有正当理由拒绝出庭或者出庭后拒绝作证，法庭对其证言的真实性无法确认的，该证人证言不得作为定案的根据。

5. 不得作为定案根据的证人证言

（1）没个别：询问证人没有个别进行的。

（2）没核对：书面证言没有经证人核对确认的。

（3）没手势：询问聋、哑人，应当提供通晓聋、哑手势的人员而未提供的。

（4）没翻译：询问不通晓当地通用语言、文字的证人，应当提供翻译人员而未提供的。

### 考点07　犯罪嫌疑人、被告人的供述和辩解

不得作为定案根据的犯罪嫌疑人、被告人供述：（1）讯问笔录没有经被告人核对确认的；（2）讯问聋、哑人，应当提供通晓聋、哑手势的人员而未提供的；（3）讯问不通晓当地通用语言、文字的被告人，应当提供翻译人员而未提供的；（4）讯问未成年人，法定代理人或者合适成年人不在场的。

【提示】属于轻微瑕疵，允许补正或者合理解释。

### 考点08　鉴定意见

1. 多人参加鉴定的，鉴定人意见不一致时，应当分别作出鉴定意见，而非少数服从多数。

2. 侦查机关应当将用作证据的鉴定意见告知犯罪嫌疑人、被害人。当事人是未成年人的，还应当告知其法定代理人。被害人死亡的，应当告知其近亲属。如果犯罪嫌疑人、被害人提出申请，可以补充鉴定或者重新鉴定。

3. 经法院通知，鉴定人拒不出庭作证的，鉴定意见不得作为定案的根据。同时，法院应当通报司法行政机关或者有关部门。

4. 鉴定人由于不能抗拒的原因或者有其他正当理由无法出庭的，法院可以根据情况决定 [1]。

5. 因无鉴定机构，或者根据法律、司法解释的规定，指派、聘请有专门知识的人就案件的专门性问题出具的报告（譬如价格认定报告），可以作为证据使用。对前述报告的审查与认定，参照鉴定意见的有关规定。经人民法院通知，出具报告的人拒不出庭作证的，有关报告不得作为定案的根据。

6. 有关部门对事故进行调查形成的报告（譬如火灾事故调查报告），在刑事诉讼中可以作为证据使用；报告中涉及专门性问题的意见，经法庭查证属实，且调查程序符合法律、有关规定的，可以作为

---

[1] 延期审理或者重新鉴定。

定案的根据。

【提示】价格认定报告、事故调查报告等并非鉴定意见或者书证，只是可以作为证据使用，参照适用鉴定意见的审查和认定规则。

### 考点 09　非法证据排除规则

1. 采用刑讯逼供方法使犯罪嫌疑人、被告人作出供述，之后犯罪嫌疑人、被告人受该刑讯逼供行为影响而作出的与该供述相同的重复性供述，应当一并排除，但下列情形除外：

（1）调查、侦查期间，监察机关、侦查机关根据控告、举报或者自己发现等，确认或者不能排除以非法方法收集证据而更换调查、侦查人员，其他调查、侦查人员再次讯问时告知有关权利和认罪的法律后果，被告人自愿供述的。

（2）审查逮捕、审查起诉和审判期间，检察人员、审判人员讯问时告知诉讼权利和认罪的法律后果，被告人自愿供述的。

2. 看守所收押犯罪嫌疑人，应当进行身体检查。检查时，检察院驻看守所检察人员可以在场。

3. 检查发现犯罪嫌疑人有伤或者身体异常的，看守所应当拍照或者录像，分别由送押人员、犯罪嫌疑人说明原因，并在体检记录中写明，由送押人员、收押人员和犯罪嫌疑人签字确认。

4. 收集物证、书证不符合法定程序可能严重影响司法公正，不能补正或者作出合理解释的，应当予以排除，如果能够补正或者作出合理解释，可以不予排除。

5. 当事人及其辩护人、诉讼代理人申请人民法院排除以非法方法收集的证据的，应当提供涉嫌非法取证的人员、时间、地点、方式、内容等相关线索或者材料。

6. 人民法院向被告人及其辩护人送达起诉书副本时，应当告知其申请排除非法证据的，应当在开庭审理前提出，但庭审期间才发现相关线索或者材料的除外。

7. 开庭审理前，人民法院可以召开庭前会议，就非法证据排除等问题了解情况，听取意见。

8. 当事人及其辩护人、诉讼代理人在开庭审理前未申请排除非法证据，在庭审过程中提出申请的，应当说明理由。人民法院经审查，对证据收集的合法性有疑问的，应当进行调查；没有疑问的，驳回申请。驳回排除非法证据的申请后，当事人及其辩护人、诉讼代理人没有新的线索或者材料，以相同理由再次提出申请的，人民法院不再审查。

9. 依法应当对讯问过程录音录像的案件，相关录音录像未随案移送的，必要时，人民法院可以通知人民检察院在指定时间内移送。人民检察院未移送，导致不能排除属于以非法方法收集证据情形的，对有关证据应当依法排除；导致有关证据的真实性无法确认的，不得作为定案的根据。

10. 法庭对证据收集的合法性进行调查后，确认或者不能排除存在以非法方法收集证据情形的，对有关证据应当排除。

11. 人民法院排除非法证据后，案件事实清楚，证据确实、充分，依据法律认定被告人有罪的，应当作出有罪判决；证据不足，不能认定被告人有罪的，应当作出证据不足、指控的犯罪不能成立的无罪判决；案件部分事实清楚，证据确实、充分的，依法认定该部分事实。

12. 具有下列情形之一的，二审法院应当对证据收集的合法性进行审查，并作出处理：

（1）第一审人民法院对当事人及其辩护人、诉讼代理人排除非法证据的申请没有审查，且以该证据作为定案根据的。

（2）检察院或者被告人、自诉人及其法定代理人不服一审法院作出的证据收集合法性的调查结论，提出抗诉、上诉的。

（3）当事人及其辩护人、诉讼代理人在第一审结束后才发现相关线索或者材料，申请人民法院排除非法证据的。

13. 二审处理结果

（1）维持原判：一审法院对应当排除的非法证据未予排除，二审法院排除非法证据后，原判决认定事实和适用法律正确、量刑适当的，应当裁定驳回上诉或者抗诉，维持原判。

（2）[1]：一审法院对应当排除的非法证据未予审查，并以有关证据作为定案根据，可能影响公正审判的，二审法院可以裁定撤销原判，发回原审重审。原判决事实不清楚或者证据不足的，可以裁定撤销原判，发回原审法院重审。

（3）依法改判：原判决认定事实没有错误，但适用法律有错误，或者量刑不当的，应当改判。

14. 一审程序中未申请排除非法证据，在第二审程序中提出申请的，应当说明理由。第二审法院应当审查。

15. 非法证据排除标准为二元化标准，符合其中一个标准即应排除：（1）确认非法取证；（2）不能排除非法取证可能。

## 考点 10　取保候审

1. 对于采取取保候审足以防止发生社会危险性的犯罪嫌疑人，应当依法适用取保候审。

决定取保候审的，不得中断对案件的侦查、起诉和审理。严禁以取保候审变相放纵犯罪。

2. 对犯罪嫌疑人、被告人决定取保候审，应当责令其提出保证人或者交纳保证金。

对同一犯罪嫌疑人、被告人决定取保候审的，不得同时使用保证人保证和保证金保证。对未成年人取保候审的，应当优先适用保证人保证。

3. 采取保证金形式取保候审的，保证金的起点数额为人民币1000元；被取保候审人为未成年人的，保证金的起点数额为人民币500元。

---

[1] 发回重审。

决定机关应当综合考虑保证诉讼活动正常进行的需要,被取保候审人的社会危险性,案件的性质、情节,可能判处刑罚的轻重,被取保候审人的经济状况等情况,确定保证金的数额。

被取保候审人没有违反《刑事诉讼法》第71条的规定,但在取保候审期间涉嫌故意实施新的犯罪被立案侦查的,公安机关应当暂扣保证金,待人民法院判决生效后,决定是否没收保证金。对故意实施新的犯罪的,应当[1]保证金;对过失实施新的犯罪或者不构成犯罪的,应当[2]保证金。

如果保证金系被取保候审人的个人财产,且需要用以退赔被害人、履行附带民事赔偿义务或者执行财产刑的,人民法院可以书面通知公安机关移交全部保证金,由人民法院作出处理,剩余部分退还被告人。

4.对符合取保候审条件,但犯罪嫌疑人、被告人不能提出保证人也不交纳保证金的,可以监视居住。被监视居住人提出保证人或者交纳保证金的,可以对其变更为取保候审。

5.决定取保候审时,可以根据案件情况责令被取保候审人不得进入下列"特定的场所":(1)可能导致其再次实施犯罪的场所;(2)可能导致其实施妨害社会秩序、干扰他人正常活动行为的场所;(3)与其所涉嫌犯罪活动有关联的场所;(4)可能导致其实施毁灭证据、干扰证人作证等妨害诉讼活动的场所;(5)其他可能妨害取保候审执行的特定场所。

6.决定取保候审时,可以根据案件情况责令被取保候审人不得与下列"特定的人员"会见或者通信:(1)证人、鉴定人、被害人及其法定代理人和近亲属;(2)同案违法行为人、犯罪嫌疑人、被告人以及与案件有关联的其他人员;(3)可能遭受被取保候审人侵害、滋扰的人员;(4)可能实施妨害取保候审执行、影响诉讼活动的人员。

"通信"包括以信件、短信、电子邮件、通话,通过网络平台或者网络应用服务交流信息等各种方式直接或者间接通信。

[1]没收。 [2]退还。

7.决定取保候审时，可以根据案件情况责令被取保候审人不得从事下列"特定的活动"：（1）可能导致其再次实施犯罪的活动；（2）可能对国家安全、公共安全、社会秩序造成不良影响的活动；（3）与所涉嫌犯罪相关联的活动；（4）可能妨害诉讼的活动；（5）其他可能妨害取保候审执行的特定活动。

8.取保候审期限届满，决定机关应当作出解除取保候审或者变更强制措施的决定，并送交执行机关。决定机关未解除取保候审或者未对被取保候审人采取其他刑事强制措施的，被取保候审人及其法定代理人、近亲属或者辩护人有权要求决定机关解除取保候审。

对于发现不应当追究被取保候审人刑事责任并作出撤销案件或者终止侦查决定的，决定机关应当及时作出解除取保候审决定，并送交执行机关。

有下列情形之一的，取保候审自动解除，不再办理解除手续，决定机关应当及时通知执行机关：（1）取保候审依法变更为监视居住、拘留、逮捕，变更后的强制措施已经开始执行的；（2）人民检察院作出不起诉决定的；（3）人民法院作出的无罪、免予刑事处罚或者不负刑事责任的判决、裁定已经发生法律效力的；（4）被判处管制或者适用缓刑，社区矫正已经开始执行的；（5）被单处附加刑，判决、裁定已经发生法律效力的；（6）被判处监禁刑，刑罚已经开始执行的。

执行机关收到决定机关上述决定书或者通知后，应当立即执行，并将执行情况及时通知决定机关。

## 考点 11　逮捕

1.人民检察院办理审查逮捕案件，可以讯问犯罪嫌疑人；具有下列情形之一的，应当讯问犯罪嫌疑人：（1）对是否符合逮捕条件有疑问；（2）犯罪嫌疑人要求向检察人员当面陈述的；（3）侦查活动可能有重大违法行为的；（4）案情重大、疑难、复杂的；（5）犯罪嫌疑人认罪认罚的；（6）犯罪嫌疑人系未成年人的；（7）犯罪嫌疑人是盲、聋、哑人或者是尚未完全丧失辨认或者控制自己行为能力的精神病人的。

2. 对于因犯罪嫌疑人没有犯罪事实、具有《刑事诉讼法》第 16 条规定的情形之一或者证据不足，人民检察院拟作出不批准逮捕决定的，应当经检察长批准。

3. 检察院审查批准逮捕，可以询问证人等诉讼参与人，（可以）听取辩护律师的意见；辩护律师提出要求的，应当听取辩护律师的意见。

4. 逮捕外国人、无国籍人的"政全疑交"（即涉及政治、国安、法律疑难、外交）四种案件，承办案件的检察院决定批捕前，应当层报最高检审查。最高检认为需要逮捕的，批复前应征求外交部意见。层报过程中，上级（含最高）检察院认为不需要逮捕的，应当作出不批捕的批复，报送的检察院依此作出不批捕的决定。

## 考点 12　羁押必要性审查

1. 逮捕之后的羁押必要性审查由同级检察院负责捕诉的部门负责。

2. 羁押必要性审查既可以由检察院依职权主动进行，也可以因被追诉人（犯罪嫌疑人、被告人及其法定代理人、近亲属、辩护人）申请而进行，申请人应当提供不需要继续羁押的理由和证明材料。否则，检察院不予立案审查。

3. 可以公开审查。但是，涉及国家秘密、商业秘密、个人隐私的案件除外。

4. 公开审查的案件，可以邀请与案件没有利害关系的人大代表、政协委员、人民监督员、特约检察员参加。

## 考点 13　附带民事诉讼的审判

1. 法院审理附带民事诉讼案件，除《刑法》《刑事诉讼法》以及刑事司法解释已有规定的以外，适用民事法律的有关规定。

2. 法院应当结合被告人赔偿被害人物质损失的情况认定其悔罪表现，并在量刑时予以考虑。

3. 对于检察院提起的附带民事诉讼，法院对案件可以调解。

4. 原告经传唤，无正当理由拒不到庭，或者未经法庭许可中途退庭的，应当按撤诉处理。

5. 刑事被告人以外的附带民事诉讼被告人下落不明，或者用公告送达以外的其他方式无法送达，可能导致刑事案件审判过分迟延的，可以不将其列为附带民事诉讼被告人，告知附带民事诉讼原告人另行提起民事诉讼。

6. 如果刑事部分作出撤销案件、不起诉或终止审理的处理，附带民事诉讼不能继续进行，应当另行提起民事诉讼。

7. 法院准许检察院撤回起诉的，对已提起的附带民事诉讼，可以调解；不宜调解或经调解不能达成协议的，应当[1]。

8. 法院认定公诉案件被告人行为不构成犯罪的，对已经提起的附带民事诉讼，经调解不能达成协议的，应当一并作出刑事附带民事判决。

9. 二审期间才提起附带民事诉讼的，二审法院可以依法进行调解，调解不成的，告知当事人可以在刑事判决、裁定生效后[2]。

### 考点 14　勘验、检查

1. 勘验、检查的人员除了侦查人员，还可以指派或者聘请具有专门知识的人参与。

2. 勘验、检查必须持有检察院或者公安机关的证明文件，而非工作证件。

3. 进行勘验、检查应当有见证人。由于客观原因无法由符合条件的人员担任见证人的，应当在笔录材料中注明情况，并对相关活动进行全程录音录像。

4. 对妇女的人身检查应当由女工作人员或[3]进行。

---

[1] 裁定驳回起诉。　[2] 另行提起民事诉讼。　[3] 医师。

5. 对犯罪嫌疑人，经办案部门负责人批准，可以强制检查；对被害人，不能强制检查。

6. 进行侦查实验，禁止一切足以造成危险、侮辱人格、有伤风化的行为。

7. 对重大案件、特别重大案件的现场，应当录音录像。对一般案件现场，没有强制要求录像。

## 考点 15 查封、扣押物证、书证

1. 查封土地、房屋等不动产，或者船舶、航空器以及其他不宜移动的大型机器、设备等特定动产的，应当经县级以上公安机关负责人批准并制作查封决定书。

2. 查询、冻结犯罪嫌疑人的存款、汇款、证券交易结算资金、期货保证金等资金，债券、股票、基金份额和其他证券，以及股权、保单权益和其他投资权益等财产，并可以要求有关单位和个人配合。对于相关财产，不得划转、转账或者以其他方式变相扣押。

3. 犯罪嫌疑人的存款、汇款、债券、股票等财产已被冻结的，不得重复冻结，但可以轮候冻结。

4. 对冻结的债券、股票、基金份额等财产，应当告知当事人或者其法定代理人、委托代理人有权申请出售。

5. 冻结存款、汇款等财产的期限为6个月，期满可以续期6个月；冻结债券、股票、基金份额等证券的期限为2年，期满可以续期2年。逾期不办理继续冻结手续的，视为自动解除冻结。

6. 对查封、扣押的财物、文件、邮件、电子邮件、电报，经查明确实与案件无关的，应当在3日以内解除查封、扣押。

7. 侦查人员不得代为领取返还被害人的涉案财物；找不到人或者无人领取的，涉案财物随案移送；严禁由侦查人员自行保管涉案财物。

8. 对于容易腐烂变质及其他不易保管的财物，可以根据具体情况，经县级以上公安机关负责人批准，在拍照或者录像后委托有关部门变卖、拍卖,变卖、拍卖的价款暂予保存,待诉讼终结后一并处理。

9. 对违禁品,应当依照国家有关规定处理;对于需要作为证据使用的,应当在诉讼终结后处理。

10. 冻结批准机关

(1) 一般县级公安:经 [1] 批准,制作协助冻结财产通知书,明确冻结财产的信息等事项,通知金融机构等单位协助办理。

(2) 市级公安:冻结股权、保单权益的,应当经设区的市一级以上公安机关负责人批准。

(3) 省级公安:冻结上市公司股权的,应当经省级以上公安机关负责人批准。

## 考点 16　辨认

1. 辨认对象:与犯罪有关的犯罪嫌疑人、尸体、文件、物品、场所。【提示】辨认对象没有被害人、证人。

2. 辨认的数量:
公安机关:人≥7,照片(人)≥10;物≥5,照片(物)≥10。
检察机关:人≥7,照片(人)≥10;物≥5,照片(物)≥5。

3. 辨认尸体、现场没有数量限制。

4. 在组织辨认前,应当向辨认人详细询问被辨认对象的具体特征;禁止辨认人辨认前见到被辨认对象。

5. 对犯罪嫌疑人的辨认,辨认人不愿公开进行的,应当为其保守秘密。

6. 对辨认经过和结果,应当制作辨认笔录,由侦查人员、辨认人、见证人签名。必要时,应当对辨认过程进行录音录像。

## 考点 17　补充侦查

1. 在侦查阶段(审查批捕时)补充侦查,不批准逮捕的,才需要补充侦查。如果批捕,证明证据确实、充分,此阶段无须补充侦查。

---

[1] 县级以上公安机关负责人。

补充侦查期限：因处于侦查过程中，此阶段补充侦查不设期限。

2. 在审查起诉阶段补充侦查：（1）检察院对公安，既可退回公安补充侦查，也可自行补充侦查；（2）检察院对自己（负责侦查的部门）或者监察委，原则上退回补充侦查或者补充调查，必要时自行补充侦查。

补充侦查、补充调查期限：（1）如退回公安机关、检察院负责侦查的部门、监察委补充侦查或者补充调查，以 2 次为限，每次 1 个月。补充侦查或者补充调查结束后，需要重新计算审查起诉期限。（2）如检察院自行补充侦查，应当在审查起诉期限（一般案件，最长一个半月；符合速裁程序审理的案件，最长 15 天）内侦查完毕。

3. 在审判阶段补充侦查，只能退回检察院补充侦查，不能再退回公安机关或者监察机关补充侦查或者补充调查。

补充侦查期限：此阶段补充侦查以 2 次为限，每次 1 个月。补充侦查结束后，需要重新计算审判期限。

## 考点 18　不起诉

1. 犯罪嫌疑人自愿如实供述涉嫌犯罪的事实，有重大立功或者案件涉及国家重大利益的，经最高人民检察院核准，公安机关可以撤销案件，检察院可以作出不起诉决定，也可以对涉嫌数罪中的一项或者多项不起诉。

2. 对于犯罪情节轻微，依照刑法规定不需要判处刑罚或者免除刑罚的未成年犯罪嫌疑人，一般应当依法作出不起诉决定。

3. 检察院作出证据不足不起诉之后，如果有新事实、新证据的，仍然可以 [1]。

4. 不起诉决定书应当公开宣布，自宣布之日生效。不起诉决定书应送达被害人或者其近亲属及其诉讼代理人、被不起诉人及其辩护人、移送审查起诉的公安机关和被不起诉人的所在单位。

5. 被不起诉人不服不起诉决定，向作出决定的检察院申诉；被害

[1] 再行起诉。

人如果选择申诉，应向作出决定的上一级检察院申诉。

6. 被害人同时申诉和起诉的，法院受理案件后应通知检察院，检察院应当终止复查，将作出不起诉决定所依据的有关案件材料移送法院。

7. 对监察机关移送审查起诉的案件，经上一级检察院批准，依法作出不起诉的决定。监察机关认为不起诉的决定有错误的，可以向上一级检察院提请复议。

8. 根据证据认定案件事实不符合逻辑和经验法则，得出的结论明显不符合常理的，属于证据不足，不符合起诉条件。

### 考点19 二审的审理结果

1. 维持原判：原判决认定事实和适用法律正确、量刑适当的，应当裁定驳回上诉或者抗诉，维持原判。

2. 应当改判：原判决认定事实没有错误，但适用法律有错误，或者量刑不当的，应当改判。

3. 应当发回：第一审人民法院的审理有违反法律规定的诉讼程序的情形的，应当裁定撤销原判，发回原审人民法院重新审判。

4. 可改判，可发回：原判决事实不清楚或者证据不足的，可以在查清事实后改判；也可以裁定撤销原判，发回原审人民法院重新审判。

5. 第二审判决、裁定是终审的判决、裁定的，自宣告之日起发生法律效力。

### 考点20 死刑立即执行案件的复核程序

1. 死刑立即执行由最高人民法院核准。死刑缓期执行最高人民法院和高级人民法院都可以核准。

2. 对于中级人民法院报核的案件，高级人民法院经过复核不同意判处死刑的，可以：（1）提审（改判）；（2）发回。

3. 死刑复核程序不开庭审理，没有人民陪审员，但有合议庭。

4. 二审程序与复核程序竞合：如果二审法院恰好是复核死刑的法院，二审程序即为死刑复核程序，不用在二审程序之外再单独启动死刑复核程序。

5. 最高人民法院发回重审的，既可以发回二审法院，也可以发回一审法院。

6. 发回一审法院，应当开庭审理；发回二审法院，可以不开庭审理。

7. 发回二审法院，二审法院只能提审，一般不得再发回一审法院。发回复核法院，复核法院既可以提审，也可以发回一审法院。

8. 发回一审法院，重审后判处死刑立即执行或者死缓，上一级法院只能维持、改判或者核准，除因一审存在程序错误外，不得再发回一审法院。

9. 辩护律师当面反映意见，最高人民法院合议庭应当听，并制作笔录；辩护律师书面，应当附卷。

### 考点 21　依照审判监督程序对案件的重新审判

1. 上级人民法院指令下级人民法院再审的，一般应当指令原审人民法院以外的下级人民法院审理。由原审人民法院审理更有利于查明案件事实、纠正裁判错误的，可以指令原审人民法院审理。

2. 原审法院原则上不能再审，但也可以由其再审。若由其再审，应当另行更换合议庭。

3. 依照审判监督程序重新审判的案件，人民法院应当重点针对申诉、抗诉和决定再审的理由进行审理。必要时，应当对原判决、裁定认定的事实、证据和适用法律进行全面审查。

4. 再审期间原裁判效力

（1）原则上不停止执行：再审期间，不停止原判决、裁定的执行。

（2）特殊情形下可以停止执行：①可能经再审减轻原判刑罚而致

刑期届满的；②可能经再审改判无罪。

（3）要求：可以对被告人采取取保候审、监视居住措施。

（4）方式：由再审法院决定停止执行。

5. 法院决定再审的，对被告人采取强制措施由法院决定；检察院抗诉的，由检察院决定。

6. 再审时发现漏罪一般应当并案审理，但分案审理更为适宜的，可以分案审理。

7. 除[1]的以外，再审一般不得加重原审被告人的刑罚。

8. 再审决定书或抗诉书只针对部分原审被告人的，不得加重其他同案原审被告人刑罚。

## 考点 22 未成年人刑事案件

### （一）诉讼程序

1. 应当由未成年人案件审判组织审理：被告人实施被指控的犯罪时不满18周岁、人民法院立案时不满20周岁的案件，由未成年人案件审判组织审理。

2. 可以由未成年人案件审判组织审理：（1）人民法院立案时不满[2]犯罪案件；（2）强奸、猥亵、虐待、遗弃未成年人等侵害未成年人人身权利的犯罪案件；（3）由未成年人案件审判组织审理更为适宜的其他案件。

3. 共同犯罪案件：共同犯罪案件有未成年被告人的或者其他涉及未成年人的刑事案件，是否由未成年人案件审判组织审理，由院长根据实际情况决定。

4. 审理未成年人遭受性侵害或者暴力伤害案件，在询问未成年被害人、证人时，应当采取同步录音录像等措施，尽量一次完成；未成年被害人、证人是女性的，应当由女性工作人员进行。

5. 对未成年人可以使用戒具，只是一般不得使用。

6 询问未成年被害人、证人，原则上只询问一次。【提示】讯问

[1] 检察院抗诉。　　[2] 22周岁的在校学生。

未成年犯罪嫌疑人、被告人，没有次数限制。

7. 调查报告：检察院、辩护人、法院均可委托有关组织制作社会调查报告，作为办案和教育的参考。

8. 参加合议庭审理未成年人刑事案件的人民陪审员，可以从熟悉未成年人身心特点、关心未成年人保护工作的人民陪审员名单中随机抽取确定。

### （二）未成年人犯罪记录封存

1. 未成年人犯罪记录，是指国家专门机关对未成年犯罪人员情况的客观记载。应当封存的未成年人犯罪记录，包括侦查、起诉、审判及刑事执行过程中形成的有关未成年人犯罪或者涉嫌犯罪的全部案卷材料与电子档案信息。

2. 不予刑事处罚、不追究刑事责任、不起诉、采取刑事强制措施的记录，以及对涉罪未成年人进行社会调查、帮教考察、心理疏导、司法救助等工作的记录，依法进行封存。

3. 犯罪的时候不满18周岁，被判处5年有期徒刑以下刑罚以及免予刑事处罚的未成年人犯罪记录，应当依法予以封存。

对在年满18周岁前后实施数个行为，构成一罪或者一并处理的数罪，主要犯罪行为是在年满18岁周岁前实施的，被判处或者决定执行5年有期徒刑以下刑罚以及免予刑事处罚的未成年人犯罪记录，应当对全案依法予以封存。

4. 未成年人因事实不清、证据不足被宣告无罪的案件，应当对涉罪记录予以封存；但未成年被告人及其法定代理人申请不予封存或者解除封存的，经人民法院同意，可以不予封存或者解除封存。

5. 对于犯罪记录被封存的未成年人，在入伍、就业时免除犯罪记录的报告义务。

6. 被封存犯罪记录的未成年人因涉嫌再次犯罪接受司法机关调查时，应当主动、如实地供述其犯罪记录情况，不得回避、隐瞒。

7. 对被封存犯罪记录的未成年人，符合下列条件之一的，封存机关应当对其犯罪记录解除封存：（1）在未成年时实施新的犯罪，且新罪与封存记录之罪数罪并罚后被决定执行刑罚超过 5 年有期徒刑的；（2）发现未成年时实施的漏罪，且漏罪与封存记录之罪数罪并罚后被决定执行刑罚超过 5 年有期徒刑的；（3）经审判监督程序改判 5 年有期徒刑以上刑罚的。

被封存犯罪记录的未成年人，成年后又**故意犯罪**的，人民法院应当在裁判文书中载明其之前的犯罪记录。

### 考点 23　附条件不起诉

1. 检察院在作出附条件不起诉决定前，应当听取公安机关、被害人、未成年犯罪嫌疑人的法定代理人、辩护人的意见。被害人是未成年人的，还应当听取被害人的法定代理人、诉讼代理人的意见。【提示】听取意见并非征得同意。

2. 公安机关对附条件不起诉有异议的，可以向同级检察院提请复议，对复议的处理结果不服，还可以向上一级检察院提请复核。

3. 适用附条件不起诉的审查意见，应当由办案人员在审查起诉期限届满 15 日前提出，由检察长或者检察委员会决定。

4. 被害人对附条件不起诉不服的，可以向**上一级检察院**申诉，不可以向法院起诉。

5. 附条件不起诉的考验期为[1]，从决定之日起计算；根据考验期表现，可以在法定期限范围内适当缩短或延长。【提示】缩短不能突破 6 个月下限，延长不能超过 1 年的上限。

6. 由附条件不起诉转变为不起诉的，对不起诉决定不服的，可以申诉，但不得向法院起诉。

### 考点 24　适用缺席审判的案件

1. 应当缺席审判

（1）贪污贿赂案件（刑法分则第八章），犯罪嫌疑人、被告人在

---

[1] 6 个月以上 1 年以下。

境外的。

（2）需要及时进行审判，经过最高人民检察院核准的严重危害国家安全的犯罪和恐怖活动犯罪的案件，犯罪嫌疑人、被告人在境外的。

（3）被告人死亡的，法院应当裁定终止审理。但有证据证明被告人无罪（包括依法认定无罪以及证据不足不能认定有罪的情形）应当判决宣告无罪。

2. 可以缺席审判

（1）因被告人患有严重疾病无法出庭，中止审理超过6个月，被告人仍无法出庭，被告人及其法定代理人、近亲属申请或者同意恢复审理的。

（2）法院按照审判监督程序重新审判的案件，被告人已经死亡的，经缺席审理确认被告人无罪的，应当判决宣告无罪；构成犯罪，但量刑畸重，应当依法作出判决。

3. 缺席审判的程序处理

人民法院审理缺席审判案件，参照适用公诉案件第一审普通程序的有关规定。人民法院审理后应当参照一审公诉案件的相关程序规定作出判决、裁定。其中，作出有罪判决的，应当达到证据确实、充分的证明标准。经审理认定的罪名不属于缺席审判案件规定的罪名的，应当终止审理。适用缺席审判程序审理案件，可以对违法所得及其他涉案财产一并作出处理。

## 考点 25　刑事司法协助的程序

1. 人民法院请求外国提供司法协助

（1）应当层报最高人民法院，经最高人民法院审核同意后交由有关对外联系机关及时向外国提出请求。

（2）人民法院请求外国提供司法协助的请求书，应当依照刑事司法协助条约的规定提出；没有条约或者条约没有规定的，应当载明法律规定的相关信息并附相关材料。请求书及其所附材料应当以中文制作，并附有被请求国官方文字译本。

2.外国法院请求我国提供司法协助

（1）有关对外联系机关认为属于人民法院职权范围的，经最高人民法院审核同意后转有关人民法院办理。

（2）外国请求我国法院提供司法协助的请求书，应当依照刑事司法协助条约的规定提出；没有条约或者条约没有规定的，应当载明我国法律规定的相关信息并附有相关材料。请求书及所附材料应当附有中文译本。

3.人民法院通过外交途径向在中华人民共和国领域外居住的受送达人送达刑事诉讼文书

所送达的文书应当经高级人民法院审查后报最高人民法院审查。最高人民法院认为可以发出的，由最高人民法院交外交部主管部门转递。

4.外国法院通过外交途径请求人民法院送达刑事诉讼文书

由该国驻华使馆将法律文书交我国外交部主管部门转最高人民法院。最高人民法院审核后认为属于人民法院职权范围，且可以代为送达的，应当转有关人民法院办理。

# 八、行政法与行政诉讼法

## 考点01　行政法的基本原则

| 合法行政 | 行政机关实施行政管理，应当依照法律、法规、规章的规定进行。 |
| --- | --- |
| | 没有法律、法规、规章的规定，行政机关不得作出影响自然人、法人和其他组织合法权益或者增加自然人、法人和其他组织义务的决定。 |
| 合理行政 | 行政机关实施行政管理，应当遵循公平、公正的原则。要平等对待行政管理相对人，不偏私、不歧视。 |
| | 行使自由裁量权应当符合法律目的，排除不相关因素的干扰。 |
| | 合目的性，手段必须符合法律目的；适当性，手段必须能够达到目的或者至少有助于目的的达成；必要性，有多种手段可供选择时，选择侵害相对人权益最小的。 |
| 程序正当 | 行政机关实施行政管理，除涉及国家秘密和依法受到保护的商业秘密、个人隐私外，应当公开。 |
| | 决定前，告知相对人；决定中，听取陈述申辩或听证；决定后，说明理由，告知相对人依法享有复议申请或者起诉的权利。 |
| | 行政机关工作人员履行职责，与行政管理相对人存在利害关系时，应当回避，分为任职回避和公务回避。 |
| 高效便民 | 行政机关实施行政管理，应当遵守法定时限，积极履行法定职责，提高办事效率。 |
| | 行政机关实施行政管理，应当提供优质服务，方便自然人、法人和其他组织。 |

续表

| | |
|---|---|
| 诚实守信 | 行政机关公布的信息应当全面、准确、真实。 |
| | 非因法定事由并经法定程序，行政机关不得撤销、变更已经生效的行政决定；因国家利益、公共利益或者其他法定事由需要撤回或者变更行政决定的，应当依照法定权限和程序进行，并对行政管理相对人因此而受到的财产损失依法予以补偿。 |
| 权责统一 | 行政机关依法履行经济、社会和文化事务管理职责，要由法律、法规赋予其相应的执法手段。 |
| | 行政机关违法或者不当行使职权，应当依法承担法律责任，实现权力和责任的统一。 |
| | 依法做到执法有保障、有权必有责、用权受监督、违法受追究、侵权须赔偿。 |

## 考点 02　国务院行政机构职能、设置及编制

1. 国务院行政机构的类型

国务院行政机构根据职能分为国务院办公厅、国务院组成部门、国务院直属机构、国务院办事机构、国务院组成部门管理的国家行政机构和国务院议事协调机构。

2. 国务院行政机构的职能

（1）国务院办公厅协助国务院领导处理国务院日常工作。

（2）国务院组成部门依法分别履行国务院基本的行政管理职能。国务院组成部门包括各部、各委员会、中国人民银行和审计署。

（3）国务院直属机构主管国务院的某项专门业务，一般具有独立的行政管理职能。

（4）国务院办事机构协助国务院总理办理专门事项，一般不具有独立的行政管理职能。

（5）国务院组成部门管理的国家行政机构由国务院组成部门管理，主管特定业务，行使行政管理职能。

（6）国务院议事协调机构承担跨国务院行政机构的重要业务工作的组织协调任务。国务院议事协调机构议定的事项，经国务院同意，由有关的行政机构按照各自的职责负责办理。在特殊或者紧急的情况下，经国务院同意，国务院议事协调机构可以规定临时性的行政管理措施。

【提示】国务院办公厅、国务院组成部门、国务院直属机构、国务院办事机构在职能分解的基础上设立司、处两级内设机构；国务院组成部门管理的国家行政机构根据工作需要可以设立司、处两级内设机构，也可以只设立处级内设机构。

3. 国务院行政机构的设置程序

（1）国务院组成部门的设立、撤销或者合并由国务院机构编制管理机关提出方案，经国务院常务会议讨论通过后，由国务院总理提请全国人大决定；在全国人大闭会期间，提请全国人大常委会决定。

国务院组成部门确定或者调整后，由全国人民代表大会或者全国人民代表大会常务委员会公布。

（2）国务院直属机构、国务院办事机构和国务院组成部门管理的国家行政机构、国务院议事协调机构的设立、撤销或者合并由国务院机构编制管理机关提出方案，报国务院决定。

（3）国务院行政机构的司级内设机构的增设、撤销或者合并，经国务院机构编制管理机关审核方案，报国务院批准。

（4）国务院行政机构的处级内设机构的设立、撤销或者合并，由国务院行政机构根据国家有关规定决定，按年度报国务院机构编制管理机关备案。

4. 国务院行政机构的编制

（1）国务院行政机构增加或者减少编制，由国务院机构编制管理机关审核方案，报国务院批准。

（2）国务院议事协调机构不单独确定编制，所需要的编制由承担具体工作的国务院行政机构解决。

（3）国务院办公厅、国务院组成部门、国务院直属机构、国务院办事机构的司级内设机构的领导职数为[1]；国务院组成部门管理的国家行政机构的司级内设机构的领导职数根据工作需要为一正二副或者一正一副。

### 考点 03　地方各级政府行政机构设置及职能

1. 地方各级政府行政机构的设立、撤销、合并或者变更规格、名称，由本级政府提出方案，经上一级政府机构编制管理机关审核后，报上一级政府批准；其中，县级以上地方各级政府行政机构的设立、撤销或者合并，还应当依法报本级人民代表大会常务委员会备案。

2. 县级以上地方各级政府行政机构的内设机构的设立、撤销、合并或者变更规格、名称，由该行政机构报本级政府机构编制管理机关审批。

3. 地方各级政府行政机构之间对职责划分有异议的，应当主动协商解决。协商一致的，报本级政府机构编制管理机关备案；协商不一致的，应当提请本级政府机构编制管理机关提出协调意见，由机构编制管理机关报本级政府决定。

### 考点 04　公务员管理

1. 有以下情况的不得录用为公务员：（1）因犯罪受过刑事处罚的；（2）被开除公职的；（3）被开除中国共产党党籍的；（4）被依法列为失信联合惩戒对象的；（5）其他。

2. 公务员体检项目标准由中央公务员主管部门和卫生健康行政部门规定。

3. 公务员录用后试用期 1 年，不可缩短或延长；试用期考核合格，委任级别和职务；考核不合格，取消录用。

4. 领导职务和职级均可以适用聘任制。涉密职位不实行聘任制。

5. 聘任制的合同期限 1 年至 5 年，可以约定试用期 1 个月至 12

---

[1] 一正二副。

个月，实行协议工资制。

6. 专业技术职位、辅助职位经省级以上公务员主管部门批准，可以实行聘任制。

7. 职级公务员不适用公开选拔制度。

8. 公务员有下列情形的应当辞退：（1）年度考核连续 2 年不称职；（2）不胜任现职又不接受其他安排；（3）因所在机关变动需调整工作，本人拒绝合理安排；（4）不履行义务，不遵守纪律，经教育仍无转变，不适合工作又不宜开除；（5）旷工连续超过 15 天或 1 年内累计旷工超过 30 天。

9. 公务员有下列情形不得辞退：（1）因公致残，丧失或部分丧失工作能力；（2）患病或负伤，在医疗期内；（3）女性公务员在孕期、产假、哺乳期内。

10. 对公务员给予处分须由处分决定机关领导成员集体讨论决定。处分决定应以书面形式通知受处分的公务员本人，但处分决定自作出之日起生效。

11. 公务员处分解除的条件：（1）受开除以外处分；（2）受处分期间有悔改表现，且未再发生违纪行为；（3）处分期满。处分期满后处分自动解除，晋升工资档次、级别、职务、职级不再受原处分的影响；但解除降级、撤职处分的，不视为恢复原级别、原职务、原职级。

12. 交流的方式包括[1]、[2]。公务员应当服从机关的交流决定。公务员本人申请交流的，按照管理权限审批。

### 考点 05　行政法规的制定

1. 行政法规由国务院组织起草。国务院年度立法工作计划确定行政法规由国务院的一个部门或者几个部门具体负责起草工作，也可以确定由国务院法制机构起草或者组织起草。重要行政管理的行政法规草案由国务院法制机构组织起草。起草专业性较强的行政法规，起草部门可以吸收相关领域的专家参与起草工作，或者委托有关专家、教

---

[1] 调任。　[2] 转任。

学科研单位、社会组织起草。

2. 起草行政法规，起草部门应当将行政法规草案及其说明等向社会公布，征求意见，但是经国务院决定不公布的除外。向社会公布征求意见的期限一般不少于 [1]。

3. 起草行政法规，起草部门应当就涉及其他部门的职责或者与其他部门关系紧密的规定，与有关部门充分协商，涉及部门职责分工、行政许可、财政支持、税收优惠政策的，应当征得机构编制、财政、税务等相关部门同意。起草行政法规，起草部门应当对涉及有关管理体制、方针政策等需要国务院决策的重大问题，提出解决方案，报国务院决定。

4. 起草部门向国务院报送的行政法规草案送审稿，应当由起草部门主要负责人签署。几个部门共同起草的行政法规送审稿，应当由该几个部门主要负责人共同签署。起草部门将行政法规送审稿报送国务院审查时，应当一并报送行政法规送审稿的说明和有关材料。

5. 行政法规送审稿涉及重大利益调整的，国务院法制机构应当进行论证咨询，广泛听取有关方面的意见。论证咨询可以采取座谈会、论证会、听证会、委托研究等多种形式。行政法规送审稿涉及重大利益调整或者存在重大意见分歧，对自然人、法人或者其他组织的权利义务有较大影响，人民群众普遍关注的，国务院法制机构可以举行听证会，听取有关机关、组织和自然人的意见。

6. 行政法规草案由国务院常务会议审议，或者由国务院审批。国务院常务会议审议行政法规草案时，由国务院法制机构或者起草部门作说明。

7. 国务院法制机构应当根据国务院对行政法规草案的审议意见，对行政法规草案进行修改，形成草案修改稿，报请总理签署国务院令公布施行。有关国防建设的行政法规，可以由国务院总理、中央军事委员会主席共同签署国务院、中央军事委员会令公布。

[1] 30 日。

8. 行政法规签署公布后，及时在国务院公报和中国政府法制信息网以及在全国范围内发行的报纸上刊载。

## 考点 06　行政处罚的程序

1. 违法事实确凿并有法定依据，对公民处以 [1] 以下、对法人或者其他组织处以 [2] 以下罚款或者警告的行政处罚的，可以当场作出行政处罚决定。行政执法人员当场作出行政处罚决定的，应当向当事人出示**执法身份证件**，填写预定格式、编有号码的行政处罚决定书，并当场交付当事人。当事人拒绝签收的，应当在行政处罚决定书上注明。

2. 对情节复杂或者重大违法行为给予较重的行政处罚，行政机关的负责人应当**集体讨论**决定。在行政机关负责人作出决定之前，应当由从事行政处罚决定审核的人员进行审核；行政机关依照一般程序给予行政处罚的，应当制作行政处罚决定书。

3. 行政机关作出较大数额罚款，没收较大数额违法所得、没收较大价值非法财物，降低资质等级、吊销许可证件，责令停产停业、责令关闭、限制从业等行政处罚决定之前，应当告知当事人有要求举行听证的权利；当事人要求听证的，行政机关应当组织听证。当事人不承担行政机关组织听证的费用。听证结束后，行政机关应当根据听证笔录、依据一般程序的规定，作出决定。

## 考点 07　限制人身自由行政强制措施的实施

实施限制人身自由的行政强制措施，应当遵守下列规定：

1. 实施前须向行政机关负责人报告并经批准，但在紧急情况下当场实施限制人身自由行政强制措施的，在返回行政机关后，应当立即向行政机关负责人报告并补办批准手续。

2. 由 2 名以上行政执法人员实施；出示执法身份证件。

3. 通知当事人到场，当场告知当事人采取行政强制措施的理由、

---

[1] 200 元。　[2] 3000 元。

依据以及当事人依法享有的权利、救济途径；听取当事人的陈述和申辩；制作现场笔录，现场笔录由当事人和行政执法人员签名或者盖章，当事人拒绝的，在笔录中予以注明。当事人不到场的，邀请见证人到场，由见证人和行政执法人员在现场笔录上签名或者盖章。

4. 当场告知或者实施行政强制措施后立即通知当事人家属实施行政强制措施的行政机关、地点和期限。

5. 不得超过法定期限；目的已经达到或者条件已经消失，应当立即解除。

## 考点 08 查封、扣押行政强制措施的实施

1. 查封、扣押应当由法律、法规规定的行政机关，或者法律、行政法规授权的具有管理公共事务职能的组织实施，其他任何行政机关或者组织不得实施。

2. 行政机关决定实施查封、扣押的，应当履行一般程序，制作并当场交付查封、扣押决定书和清单。

3. 查封、扣押的期限不得超过 [1]；情况复杂的，经行政机关负责人批准，可以延长（延长查封、扣押的决定应当及时书面告知当事人，并说明理由），但是延长期限不得超过 30 日。法律、行政法规另有规定的除外。对物品需要进行检测、检验、检疫或者技术鉴定（该费用由行政机关承担）的，查封、扣押的期间不包括检测、检验、检疫或者技术鉴定的期间。检测、检验、检疫或者技术鉴定的期间应当明确，并书面告知当事人。

4. 对查封、扣押的场所、设施或者财物，行政机关应当妥善保管，不得使用或者损毁；造成损失的，应当承担赔偿责任。对查封的场所、设施或者财物，行政机关可以委托第三人保管，第三人不得损毁或者擅自转移、处置。因第三人的原因造成的损失，行政机关先行赔付后，有权向第三人追偿。因查封、扣押发生的保管费用由行政机关承担。

5. 不再需要采取查封、扣押措施的，行政机关应当及时作出解除

[1] 30 日。

查封、扣押决定。解除查封、扣押应当立即退还财物;已将鲜活物品或者其他不易保管的财物依法拍卖或者变卖的,退还拍卖或者变卖所得款项。变卖价格明显低于市场价格,给当事人造成损失的,应当给予补偿。

### 考点 09 代履行的实施

1. 行政机关作出要求当事人履行排除妨碍、恢复原状等义务的行政决定,当事人逾期不履行,经催告仍不履行,其后果已经或者将危害交通安全、造成环境污染或者破坏自然资源的,可以代履行。行政机关可以代履行,或者委托没有利害关系的第三人代履行。

2. 代履行一般应当遵守下列规定:

(1)代履行前送达决定书,代履行决定书应当载明当事人的姓名或者名称、地址,代履行的理由和依据、方式和时间、标的、费用预算以及代履行人。

(2)代履行[1]日前,催告当事人履行,当事人履行的,停止代履行。

(3)代履行时,作出决定的行政机关应当派员到场监督。

(4)代履行完毕,行政机关到场监督的工作人员、代履行人和当事人或者见证人应当在执行文书上签名或者盖章。

3. 需要立即清除道路、河道、航道或者公共场所的遗洒物、障碍物或者污染物,当事人不能清除的,行政机关可以决定立即实施代履行;当事人不在场的,行政机关应当在事后立即通知当事人,并依法作出处理。

4. 代履行的费用按照成本合理确定,由当事人承担;但是,法律另有规定的除外。代履行不得采用暴力、胁迫以及其他非法方式。

### 考点 10 行政许可的撤回、撤销和注销

1. 行政许可的撤回

(1)取消无"根"的已生效、合法的行政许可。

---

[1] 3。

（2）行政许可所依据的法律、法规、规章修改或废止，或准予行政许可所依据的客观情况发生重大变化的，为了公共利益的需要。

（3）给自然人、法人或者其他组织造成财产损失的，行政机关应当依法[1]。

2. 行政许可的撤销

（1）取消违法的行政许可。

（2）行政机关违法作出准予许可决定（可以撤销），或者被许可人以欺骗、贿赂等不正当手段取得行政许可（应当撤销），但撤销行政许可，可能对公共利益造成重大损害的，不予撤销。

（3）因行政机关违法而撤销许可，当事人的合法权益受到损害的，行政机关应给予赔偿；因被许可人违法而撤销许可的，被许可人基于许可取得的利益不受保护。

3. 行政许可的注销

（1）确认、宣告行政许可效力已丧失。

（2）注销原因包括：①许可有效期届满未延续的；②自然人资格许可，该自然人死亡或丧失行为能力的；③组织依法终止的；④许可被撤销、撤回，或者许可证件被吊销的；⑤因不可抗力导致许可事项无法实施的。

## 考点 11　其他具体行政行为

1. 行政征收与征用

（1）行政征收

税费征收指行政机关为取得财政收入或进行经济调控依法强制无偿取得公民、法人或者其他组织财产所有权的行政行为。包括征税和行政收费。==税费征收是无偿的。==

公益征收指行政机关为了公共利益需要依法以强制方式取得公民、法人或者其他组织财产权益，并给予相应补偿的行政行为。如房屋征收。==公益征收需要给予相对人补偿。==

[1] 给予补偿。

（2）行政征用

行政征用指行政机关为了公共利益需要依法强制性使用公民、法人或者其他组织的财产，并给予补偿的行政行为。

行政征用具有下列特征：①限制性。限制了公民、法人或者其他组织对其财产的使用，不产生所有权的转移。这是行政征用与行政征收的重大区别。②强制性。③补偿性。

2. 行政确认

行政确认主要是对法律事实和法律关系的确认，主要有下列表现形式：

（1）确定。其是指对公民、法人或者其他组织的法律地位、权利义务的确定，如颁发土地使用证。

（2）登记。其是指行政机关依法在有关登记簿册中记载公民、法人或者其他组织的特定情况或事实，并正式确认的行为，如户口登记。

（3）证明。其是指行政机关向其他人明确被证明对象的法律地位、权利义务或特定事实状况，如学历证明。

（4）认定。其是指行政机关对公民、法人或者其他组织既有的法律地位、权利义务以及请求确认的其他事项是否符合法律规定的承认和肯定，如对企业性质的认定。

（5）鉴证。其是指行政机关通过对某一事项或法律关系进行识别和判断，确认或证明其合法性或效力的行为，如文化主管部门对文化制品是否合法的鉴证。

3. 行政奖励

（1）决定性奖励与承诺性奖励。这是根据行政机关实施奖励的基础作出的分类。决定性奖励指行政机关基于自身作出的决定给予的奖励；承诺性奖励则是指行政机关为兑现之前的作出承诺而给予的奖励。即为前述的行政悬赏。

（2）赋予权益的奖励与减免义务的奖励。这是根据奖励的内容进行的分类。赋予权益的奖励是指行政机关赋予公民、法人或者其他组织某项特定权利和利益的奖励。减免义务的奖励是减少或免除公民、法人或者其他组织需承担的某种义务。

（3）外部奖励与内部奖励。这是根据授奖机关与被授奖者之间的关系作出的分类。外部奖励是指行政机关对与其不具有组织上隶属、领导关系的公民、法人或者其他组织实施的奖励。内部奖励是行政机关对其工作人员或与其有组织上隶属、领导关系的其他机构、人员所实施的行政奖励。

（4）普遍性奖励与限额奖励。这是根据奖励对象的范围作出的分类。普遍性奖励是指对符合行政奖励条件的公民、法人或者其他组织均予以奖励的奖励形式。限额奖励是指只对部分具备受奖条件的公民、法人或者其他组织予以奖励的奖励形式。普遍性行政奖励是行政奖励的主要形式，国家法律规定的行政奖励大多属于这种类型。

4. 行政协议

行政机关为了实现行政管理或者公共服务目标，与公民、法人或者其他组织协商订立的具有行政法上权利义务内容的协议。

行政协议包括：（1）[1]；（2）土地、房屋等征收征用补偿协议；（3）矿业权等国有自然资源使用权出让协议；（4）政府投资的保障性住房的租赁、买卖等协议；（5）政府与社会资本合作协议。

5. 行政裁决

行政裁决指行政机关居间对特定的民事争议作出有约束力处理的行为。行政裁决具有下列特征：

（1）解决民事争议。行政裁决旨在解决民事争议，这是行政裁决有别于其他行政行为的重要特征。

（2）主体是行政机关。行政裁决主体为行使行政职权的行政机关或法定组织，而不是司法机关或民间仲裁机关。

（3）具有法律约束力。行政裁决是行政机关依法作出的有约束力的行政行为，因此民事争议双方当事人对裁决不服，应提起行政诉讼，而不是直接提起民事诉讼。

---

[1] 政府特许经营协议。

## 考点 12  申请公开政府信息

1. 除行政机关主动公开的政府信息外，公民、法人或者其他组织可以向地方各级人民政府、对外以自己名义履行行政管理职能的县级以上人民政府部门（含派出机构、内设机构）申请获取相关政府信息。

2. 行政机关应当建立完善政府信息公开申请渠道，为申请人依法申请获取政府信息提供便利。

3. 公民、法人或者其他组织申请获取政府信息的，应当向行政机关的政府信息公开工作机构提出，并采用包括信件、数据电文在内的书面形式；采用书面形式确有困难的，申请人可以口头提出，由受理该申请的政府信息公开工作机构代为填写政府信息公开申请。

4. 政府信息公开申请书应当包括下列内容：(1) 申请人的姓名或者名称、身份证明、联系方式；(2) 申请公开的政府信息的名称、文号或者便于行政机关查询的其他特征性描述；(3) 申请公开的政府信息的形式要求，包括获取信息的方式、途径。

## 考点 13  对政府信息公开申请的答复

1. 政府信息公开申请内容不明确的，行政机关应当给予指导和释明，并自收到申请之日起 [1] 个工作日内一次性告知申请人作出补正，说明需要补正的事项和合理的补正期限。答复期限自行政机关收到补正的申请之日起计算。申请人无正当理由逾期不补正的，视为放弃申请，行政机关不再处理该政府信息公开申请。

2. 对政府信息公开申请，行政机关根据下列情况分别作出答复：

（1）所申请公开信息已经主动公开的，告知申请人获取该政府信息的方式、途径。

（2）所申请公开信息可以公开的，向申请人提供该政府信息，或者告知申请人获取该政府信息的方式、途径和时间。

（3）行政机关依据《政府信息公开条例》的规定决定不予公开的，

---

[1] 7。

告知申请人不予公开并说明理由。

（4）经检索没有所申请公开信息的，告知申请人该政府信息不存在。

（5）所申请公开信息不属于本行政机关负责公开的，告知申请人并说明理由；能够确定负责公开该政府信息的行政机关的，告知申请人该行政机关的名称、联系方式。

（6）行政机关已就申请人提出的政府信息公开申请作出答复、申请人[1]公开相同政府信息的，告知申请人不予重复处理。

（7）所申请公开信息属于工商、不动产登记资料等信息，有关法律、行政法规对信息的获取有特别规定的，告知申请人依照有关法律、行政法规的规定办理。

3. 申请公开的信息中含有不应当公开或者不属于政府信息的内容，但是能够作区分处理的，行政机关应当向申请人提供可以公开的政府信息内容，并对不予公开的内容说明理由。

4. 行政机关向申请人提供的信息，应当是已制作或者获取的政府信息。除能够作区分处理的外，需要行政机关对现有政府信息进行加工、分析的，行政机关可以不予提供。

5. 申请人以政府信息公开申请的形式进行信访、投诉、举报等活动，行政机关应当告知申请人不作为政府信息公开申请处理并可以告知通过相应渠道提出。

## 考点 14　政府信息公开行政诉讼

1. 下列情形属于行政诉讼受案范围：

（1）公民、法人或者其他组织向行政机关申请获取政府信息，行政机关拒绝提供或者逾期不予答复的。

（2）认为行政机关提供的政府信息不符合其在申请中要求的内容或者法律、法规规定的适当形式的。

（3）认为行政机关主动公开或者依他人申请公开政府信息侵犯其

---

[1] 重复申请。

商业秘密、个人隐私的。

（4）认为行政机关提供的与其自身相关的政府信息记录不准确，要求该行政机关予以更正，该行政机关拒绝更正、逾期不予答复或者不予转送有权机关处理的。

（5）认为行政机关在政府信息公开工作中的其他具体行政行为侵犯其合法权益的。

公民、法人或者其他组织认为行政机关不依法履行主动公开政府信息义务，直接向法院提起诉讼的，应当告知其先向行政机关申请获取相关政府信息。对行政机关的答复或者逾期不予答复不服的，可以向法院提起诉讼。

2. 下列情形**不属于行政诉讼受案范围**：

（1）因申请内容不明确，行政机关要求申请人作出更改、补充且对申请人权利义务不产生实际影响的告知行为。

（2）要求行政机关提供政府公报、报纸、杂志、书籍等公开出版物，行政机关予以拒绝的。

（3）要求行政机关为其制作、搜集政府信息，或者对若干政府信息进行汇总、分析、加工，行政机关予以拒绝的。

（4）行政程序中的当事人、利害关系人以政府信息公开名义申请查阅案卷材料，行政机关告知其应当按照相关法律、法规的规定办理的。

## 考点 15 行政复议申请及其处理

1. 申请人认为行政行为侵犯其合法权益的，可以自知道该行政行为之日起 [1] 日内提出复议申请；但是法律规定的申请期限超过 60 日的除外。申请复议，可以书面，也可以口头。

2. 复议机关收到复议申请后，在 5 日内进行审查，分别情形，予以处理：

（1）申请材料不齐全或者表述不清楚的，自收到该复议申请之日

---

[1] 60。

起5日内书面通知申请人补正。

（2）对不符合行政复议申请要求的，行政复议机关应当在审查期限内决定不予受理并说明理由；不属于本机关管辖的，还应当在不予受理决定中告知申请人有管辖权的行政复议机关。

（3）行政复议申请的审查期限届满，行政复议机关未作出不予受理决定的，审查期限届满之日起视为受理。

（4）对当场作出或者依据电子技术监控设备记录的违法事实作出的行政处罚决定不服申请行政复议的，可以通过作出行政处罚决定的行政机关提交行政复议申请。行政机关收到行政复议申请后，应当及时处理；认为需要维持行政处罚决定的，应当自收到行政复议申请之日起5日内转送行政复议机关。

（5）行政复议机关受理行政复议申请后，发现该行政复议申请不符合法定要求的，应当决定驳回申请并说明理由。

3.行政复议法定的受理条件包括：（1）有明确的申请人和符合本法规定的被申请人；（2）申请人与被申请行政复议的行政行为有利害关系；（3）有具体的行政复议请求和理由；（4）在法定申请期限内提出；（5）属于本法规定的行政复议范围；（6）属于本机关的管辖范围；（7）行政复议机关未受理过该申请人就同一行政行为提出的行政复议申请，并且人民法院未受理过该申请人就同一行政行为提起的行政诉讼。

## 考点 16　行政复议决定的作出

1.复议机构应当对行政行为进行审查，提出意见，经复议机关的负责人同意或者集体讨论通过后，作出复议决定。

2.复议机关应当自受理申请之日起60日内作出复议决定；但是法律规定的期限少于60日的除外；情况复杂，不能在规定期限内作出复议决定的，经行政复议机构的负责人批准，可以适当延长，并书面告知当事人，但是延长期限最多不得超过30日。

3. 行政行为有下列情形之一的，行政复议机关决定[1]该行政行为：（1）事实清楚，证据确凿，适用依据正确，程序合法，但是内容不适当；（2）事实清楚，证据确凿，程序合法，但是未正确适用依据；（3）事实不清、证据不足，经行政复议机关查清事实和证据。

行政复议机关不得作出对申请人更为不利的变更决定，但是第三人提出相反请求的除外。

4. 行政行为有下列情形之一的，行政复议机关决定**撤销或者部分撤销**该行政行为，并可以责令被申请人在一定期限内**重新作出**行政为：（1）主要事实不清、证据不足；（2）违反法定程序；（3）适用的依据不合法；（4）超越职权或者滥用职权。

行政复议机关责令被申请人重新作出行政行为的，被申请人不得以同一事实和理由作出与被申请行政复议的行政行为相同或者基本相同的行政行为，但是行政复议机关以违反法定程序为由决定撤销或者部分撤销的除外。

5. 行政行为有下列情形之一的，行政复议机关不撤销该行政行为，但是**确认该行政行为违法**：（1）依法应予撤销，但是撤销会给国家利益、社会公共利益造成重大损害；（2）程序轻微违法，但是对申请人权利不产生实际影响。

行政行为有下列情形之一，不需要撤销或者责令履行的，行政复议机关**确认该行政行为违法**：（1）行政行为违法，但是不具有可撤销内容；（2）被申请人改变原违法行政行为，申请人仍要求撤销或者确认该行政行为违法；（3）申请人不履行或者拖延履行法定职责，责令履行没有意义。

6. 被申请人不履行法定职责的，行政复议机关决定被申请人在一定期限内履行。

7. 行政行为有实施主体不具有行政主体资格或者没有依据等重大且明显违法情形，申请人申请确认行政行为无效的，行政复议机**关确认该行政行为无效**。

---

[1] 变更。

8.行政行为认定事实清楚，证据确凿，适用依据正确，程序合法，内容适当的，行政复议机关决定**维持**该行政行为。

9.行政复议机关受理申请人认为被申请人不履行法定职责的行政复议申请后，发现被申请人没有相应法定职责或者在受理前已经履行法定职责的，决定驳回申请人的行政复议请求。

10.被申请人未依法提出书面答复、提交作出行政行为的证据、依据和其他有关材料的，视为该行政行为没有证据、依据，行政复议机关决定撤销、部分撤销该行政行为，确认该行政行为违法、无效或者决定被申请人在一定期限内履行，但是行政行为涉及第三人合法权益，第三人提供证据的除外。

11.被申请人不依法订立、不依法履行、未按照约定履行或者违法变更、解除行政协议的，行政复议机关决定被申请人承担**依法订立、继续履行、采取补救措施或者赔偿损失**等责任。被申请人变更、解除行政协议合法，但是未依法给予补偿或者补偿不合理的，行政复议机关决定被申请人**依法给予合理补偿**。

12.当事人经调解达成协议的，行政复议机关应当制作行政复议调解书，经各方当事人签字或者签章，并加盖行政复议机关印章，即具有法律效力。调解未达成协议或者调解书生效前一方反悔的，行政复议机关应当依法审查或者及时作出行政复议决定。

13.当事人在行政复议决定作出前可以自愿达成和解，和解内容不得损害国家利益、社会公共利益和他人合法权益，不得违反法律、法规的强制性规定。当事人达成和解后，由申请人向行政复议机构撤回行政复议申请。行政复议机构准予撤回行政复议申请、行政复议机关决定终止行政复议的，申请人不得再以同一事实和理由提出行政复议申请。但是，申请人能够证明撤回行政复议申请违背其真实意愿的除外。

## 考点 17　行政诉讼受案范围

1. 实际影响当事人权益的行政行为均可诉，但抽象行政行为、内部行政行为、法定终局行政行为除外。

2. 非终局的具体行政行为、行政协议、实际影响当事人权益的行政事实行为以及实际影响当事人权益的行政不作为均可诉。

## 考点 18　行政诉讼级别管辖

1. 行政诉讼一审案件原则上由**基层法院**管辖，中级以上法院管辖为例外。下列第一审案件由**中级法院**管辖：（1）对国务院部门或者县级以上地方政府所作的行政行为提起诉讼的案件；（2）海关处理的案件；（3）本辖区内重大、复杂的案件（如社会影响重大的共同诉讼案件，涉外或涉港澳台案件）；（4）其他法律规定由中级法院管辖的案件。

2. 复议机关改变原行政行为的，由 [1] 作被告，以复议机关确定案件的级别管辖。

3. 复议机关决定维持原行政行为的，由 [2] 作共同被告，以原行为机关确定案件的级别管辖。其他以两个以上行政机关为共同被告的案件，以地位最高或最特殊的被告来确定案件的级别管辖。

## 考点 19　行政诉讼地域管辖

1. 行政诉讼一审案件原则上由被告所在地法院管辖，即实行"原告就被告"。

2. 复议机关改变原行政行为的，由复议机关作被告，除可以由复议机关所在地法院管辖外，也可以由原机关所在地法院管辖。

3. 被诉行政行为涉及或包含限制人身自由的行政强制措施的，除可以由被告所在地法院管辖外，也可以由原告所在地法院管辖。原告所在地，包括原告的户籍所在地、经常居住地和被限制人身自由地。

---

[1] 复议机关。　[2] 原行为机关和复议机关。

4.被诉行政行为导致不动产物权变动的，一般只能由[1]。导致不动产物权变动的行政行为主要有：（1）不动产登记；（2）对土地等自然资源所有权或使用权争议的行政裁决；（3）对不动产的行政征收、征用；（4）涉及不动产的行政许可，如土地等有限自然资源开发利用许可、建设用地或建设工程规划许可、施工许可；（5）责令限期拆除建筑物、强制拆除建筑物。

## 考点20　行政诉讼原告

1.行政行为的相对人以及其他与行政行为有利害关系的公民、法人或者其他组织，有权提起诉讼。

2.债权人以行政机关对债务人所作的行政行为损害债权实现为由提起行政诉讼的，法院应当告知其就民事争议提起民事诉讼，但行政机关作出行政行为时依法应予保护或者应予考虑的除外。

3.股份制企业的股东会、董事会等认为行政机关作出的行政行为侵犯企业经营自主权的，可以企业名义提起诉讼。联营企业、中外合资或者合作企业的联营、合资、合作各方，认为联营、合资、合作企业权益或者自己一方合法权益受行政行为侵害的，可以自己的名义提起诉讼。非国有企业被行政机关注销、撤销、合并、强令兼并、出售、分立或者改变企业隶属关系的，该企业或者其法定代表人可以提起诉讼。

4.事业单位、社会团体、基金会、社会服务机构等非营利法人的出资人、设立人认为行政行为损害法人合法权益的，可以自己的名义提起诉讼。

5.业主委员会对于行政机关作出的涉及业主共有利益的行政行为，可以自己的名义提起诉讼。业主委员会不起诉的，专有部分占建筑物总面积过半数或者占总户数过半数的业主可以提起诉讼。

---

[1] 不动产所在地法院专属管辖。

## 考点 21　涉及县级以上地方政府案件的被告确认

### （一）政府对职能部门法定职权行使予以指导

法律、法规、规章规定属于县级以上地方政府职能部门的行政职权，县级以上地方人民政府通过听取报告、召开会议、组织研究、下发文件等方式进行指导，公民、法人或者其他组织不服县级以上地方政府的指导行为提起诉讼的，法院应当释明，告知其以 [1] 为被告。

### （二）政府转送属于下级政府或者相应职能部门处理法定职责或者给付义务

公民、法人或者其他组织向县级以上地方政府申请履行法定职责或者给付义务，法律、法规、规章规定该职责或者义务属于下级政府或者相应职能部门的行政职权，县级以上地方政府已经转送下级政府或者相应职能部门处理并告知申请人，申请人起诉要求履行法定职责或者给付义务的，以 [2] 为被告。

### （三）强制拆除

1. 县级以上地方政府根据城乡规划法的规定，责成有关职能部门对违法建筑实施强制拆除，公民、法人或者其他组织不服强制拆除行为直接提起诉讼，法院应当以作出强制拆除决定的行政机关为被告，没有强制拆除决定书的以具体实施强制拆除行为的职能部门为被告。

2. 公民、法人或者其他组织对集体土地征收中强制拆除房屋等行为不服提起诉讼的，除有证据证明系县级以上地方政府具体实施外，法院应当以作出强制拆除决定的行政机关为被告，没有强制拆除决定书的，以具体实施强制拆除等行为的行政机关为被告。

3. 县级以上地方政府已经作出国有土地上房屋征收与补偿决定，公民、法人或者其他组织不服具体实施房屋征收与补偿工作中的强制拆除房屋等行为提起诉讼的，法院应当以作出强制拆除决定的行政机关为被告，没有强制拆除决定书的以县级以上地方政府确定的房屋征

---

[1] 具体实施行政行为的职能部门。　　[2] 下级政府或者相应职能部门。

收部门为被告。

(四) 不动产登记

1. 县级以上地方政府确定的不动产登记机构或者其他实际履行该职责的职能部门按照《不动产登记暂行条例》的规定办理不动产登记，公民、法人或者其他组织不服提起诉讼的，以不动产登记机构或者实际履行该职责的职能部门为被告。

2. 公民、法人或者其他组织对《不动产登记暂行条例》实施之前由县级以上地方政府作出的不动产登记行为不服提起诉讼的，以继续行使其职权的不动产登记机构或者实际履行该职责的职能部门为被告。

(五) 政府指定具体机构负责政府信息公开日常工作

县级以上地方政府根据《政府信息公开条例》的规定，指定具体机构负责政府信息公开日常工作，公民、法人或者其他组织对该指定机构以自己名义所作的政府信息公开行为不服提起诉讼的，以该指定机构为被告。

## 考点 22　特殊行政行为案件被告

1. 两个以上行政机关作出同一行政行为的，共同作出行政行为的行政机关是[1]。如原告对其中一个或者数个机关提起诉讼的，法院应当告知原告追加被告，原告不同意追加的，法院应当通知其以第三人的身份参加诉讼。

2. 当事人不服经上级行政机关批准的行政行为，向法院提起诉讼的，以在对外发生法律效力的文书上署名的机关为被告。但是，行政许可依法须经上级行政机关批准，当事人对批准或者不批准行为不服一并提起诉讼的，以作出行政许可决定的机关和上级行政机关为共同被告。

3. 行政机关统一办理行政许可的，当事人对行政许可行为不服提起诉讼的，以对当事人作出具有实质影响的不利行为的机关为被告。

[1] 共同被告。

4.行政机关应当依职权主动履行而不履行，当事人不服提起诉讼的，应当以负有法定职责的机关为被告。当事人向行政机关申请履行法定职责或给付义务，行政机关拒绝履行或者不予答复的，以作出答复的机关为被告；逾期未作出答复的，以受理申请的机关为被告。例如：行政许可依法须经下级行政机关或者管理公共事务的组织初步审查并上报，当事人对不予初步审查或者不予上报不服提起诉讼的，以下级行政机关或者管理公共事务的组织为被告。

### 考点 23　经复议案件被告

1.经复议的案件，复议机关改变原行政行为的，复议机关是被告。

"复议机关改变原行政行为"，是指复议机关改变原行政行为的处理结果，具体包括复议机关作出的以下复议决定：（1）撤销、确认无效；（2）变更原行政行为处理结果；（3）责令被申请人履行法定职责；（4）确认原行政行为违法，但以违反法定程序为由确认原行政行为违法的除外。

2.经复议的案件，复议机关决定维持原行政行为的，原行为机关和复议机关是共同被告；原告只起诉原行为机关或者复议机关的，法院应当告知原告追加被告。原告不同意追加的，法院应当将另一机关列为共同被告。行政复议决定既有维持原行政行为内容，又有改变原行政行为内容或者不予受理申请内容的，原行为机关和复议机关为共同被告。

"复议机关决定维持原行政行为"，是指复议机关未改变原行政行为的处理结果，具体包括复议机关作出的以下复议决定：（1）维持；（2）驳回复议申请或者复议请求的情形，但以复议申请不符合受理条件为由驳回的除外；（3）改变原行政行为所认定的主要事实和证据、改变原行政行为所适用的规范依据，但未改变原行政行为处理结果；（4）以违反法定程序为由确认原行政行为违法。

3.复议机关在法定期限内未作出复议决定，当事人起诉原行政行为的，原行为机关是被告；起诉复议机关不作为的，复议机关是被告。

4. 法律、法规规定行政复议为提起行政诉讼必经程序的行政案件，复议机关作出不受理复议申请的决定或者以不符合受理条件为由驳回复议申请，复议申请人不服的，应当以复议机关为被告向法院提起诉讼。法律、法规未规定行政复议为提起行政诉讼必经程序的行政案件，复议机关作出不受理复议申请的决定或者以不符合受理条件为由驳回复议申请，复议申请人起诉原行政行为的，原行为机关是被告；起诉复议机关不作为的，复议机关是被告。

## 考点 24　举证责任分配

1. 公民、法人或者其他组织向法院起诉时，应当提供其符合起诉条件的相应的证据材料。但是，被告认为原告起诉超过法定期限的，由被告承担举证责任。

2. 被告对作出的行政行为负有举证责任，应当提供作出该行政行为的证据和所依据的规范性文件。原行为机关和复议机关对原行政行为合法性共同承担举证责任，可以由其中一个机关实施举证行为。复议机关对复议决定的合法性承担举证责任。复议机关作共同被告的案件，复议机关在复议程序中依法收集和补充的证据，可以作为法院认定复议决定和原行政行为合法的依据。

3. 在起诉被告不履行法定职责的案件中，原告应当提供其向被告提出申请的证据。但有下列情形之一的除外：（1）被告应当依职权主动履行法定职责的；（2）原告因正当理由不能提供证据的。

4. 在行政赔偿、补偿的案件中，当事人对自己提出的主张，应当提供证据。但是，因被告的原因导致原告无法就损害情况举证的，应当由被告就该损害情况承担举证责任；被告采取行政拘留或者限制人身自由的强制措施期间，被限制人身自由的人死亡或者丧失行为能力的，被告的行为与被限制人身自由的人的死亡或者丧失行为能力是否存在因果关系，被告应当提供证据。

## 考点 25　规范性文件的一并审查

1. 公民、法人或者其他组织认为行政行为所依据的国务院部门和地方政府及其部门制定的规范性文件（不含规章）不合法，在对行政行为提起诉讼时，可以一并请求对该规范性文件进行审查。该一并审查请求，应当在[1]提出；有正当理由的，也可以在法庭调查中提出。该一并审查请求，由行政行为案件管辖法院一并审查。

2. 法院在对规范性文件审查过程中，发现规范性文件可能不合法的，应当听取规范性文件制定机关的意见。制定机关申请出庭陈述意见的，法院应当准许。行政机关未陈述意见或者未提供相关证明材料的，不能阻止法院对规范性文件进行审查。

3. 法院对规范性文件进行一并审查时，可以从规范性文件制定机关是否超越权限或者违反法定程序、作出行政行为所依据的条款以及相关条款等方面进行。有下列情形之一的，属于"规范性文件不合法"：

（1）超越制定机关的法定职权或者超越法律、法规、规章的授权范围的。

（2）与法律、法规、规章等上位法的规定相抵触的。

（3）没有法律、法规、规章依据，违法增加自然人、法人和其他组织义务或者减损公民、法人和其他组织合法权益的。

（4）未履行法定批准程序、公开发布程序，严重违反制定程序的。

（5）其他违反法律、法规以及规章规定的情形。

4. 法院经审查认为行政行为所依据的规范性文件合法的，应当作为认定行政行为合法的依据；经审查认为规范性文件不合法的，不作为法院认定行政行为合法的依据，并在裁判理由中予以阐明。作出生效裁判的法院应当向规范性文件的制定机关提出处理建议，并可以抄送制定机关的同级政府、上一级行政机关、监察机关以及规范性文件的备案机关。规范性文件不合法的，法院可以在裁判生效之日起3个月内，向规范性文件制定机关提出修改或者废止该规范性文件的司法

---

[1] 第一审开庭审理前。

建议。规范性文件由多个部门联合制定的，法院可以向该规范性文件的主办机关或者共同上一级行政机关发送司法建议。接收司法建议的行政机关应当在收到司法建议之日起60日内予以书面答复。情况紧急的，法院可以建议制定机关或者其上一级行政机关立即停止执行该规范性文件。

### ☐ 考点 26　起诉不作为案件的一审裁判

1. 原告请求被告履行法定职责的理由成立，被告违法拒绝履行或者无正当理由逾期不予答复的，法院判决被告在一定期限内依法履行原告请求的法定职责；尚需被告调查或者裁量的，应当判决被告针对原告的请求 [1]。

2. 原告申请被告依法履行支付抚恤金、最低生活保障待遇或者社会保险待遇等给付义务的理由成立，被告依法负有给付义务而拒绝或者拖延履行义务的，法院判决被告在一定期限内履行相应的给付义务。

3. 被告不履行或者拖延履行法定职责，判决履行没有意义的，法院 [2]。

4. 原告申请被告履行法定职责或者给付义务理由不成立的，法院判决驳回原告的诉讼请求。

5. 原告请求被告履行法定职责或者依法履行支付抚恤金、最低生活保障待遇或者社会保险待遇等给付义务，原告未先向行政机关提出申请的，法院裁定驳回起诉。

6. 法院经审理认为原告所请求履行的法定职责或者给付义务明显不属于行政机关权限范围的，可以 [3]。

### ☐ 考点 27　确认无效判决

1. 行政行为有实施主体不具有行政主体资格或者没有依据等重大且明显违法情形，原告申请确认行政行为无效的，法院判决确认无效。

---

[1] 重新作出处理。　[2] 判决确认违法。　[3] 裁定驳回起诉。

2.公民、法人或者其他组织起诉请求撤销行政行为,法院经审查认为行政行为无效的,应当作出确认无效的判决。

3.公民、法人或者其他组织起诉请求确认行政行为无效,法院审查认为行政行为不属于无效情形,经释明,原告请求撤销行政行为的,应当继续审理并依法作出相应判决;原告请求撤销行政行为但超过法定起诉期限的,裁定驳回起诉;原告拒绝变更诉讼请求的,判决驳回其诉讼请求。

### 考点28 确认违法判决

1.行政行为有下列情形之一的,法院判决确认违法,但不撤销行政行为:

(1)行政行为依法应当撤销,但撤销会给国家利益、社会公共利益造成重大损害的。

(2)行政行为程序轻微违法,但对原告权利不产生实际影响的。有下列情形之一,且对原告依法享有的听证、陈述、申辩等重要程序性权利不产生实质损害的,属于"程序轻微违法":①处理期限轻微违法;②通知、送达等程序轻微违法;③其他程序轻微违法的情形。

(3)婚姻关系双方或一方当事人未亲自到婚姻登记机关进行婚姻登记,但能证明被诉婚姻登记系男女双方的真实意思表示的。

(4)被诉准予行政许可决定违反当时的法律规范但符合新的法律规范,且损害公共利益和利害关系人合法权益的。

(5)被诉房屋登记行为违法,但房屋已为第三人善意取得的。

2.行政行为有下列情形之一,不需要撤销或者判决履行的,法院判决确认违法:

(1)被诉行政行为违法,但不具有可撤销内容的。

(2)被告改变原违法行政行为,原告仍要求确认原行政行为违法的。

(3) 被告不履行或者拖延履行法定职责，判决履行没有意义的。

(4) 被告已经公开的政府信息涉及原告商业秘密、个人隐私且不存在公共利益等法定事由。

### 考点 29　经复议案件的判决

1. 复议决定改变原行政行为错误，法院判决撤销复议决定时，可以一并责令复议机关重新作出复议决定或者判决恢复原行政行为的法律效力。

2. 复议机关决定维持原行政行为的，法院对原行政行为作出判决的同时，应当对复议决定一并作出相应判决；法院依职权追加作出原行政行为的行政机关或者复议机关为共同被告的，对原行政行为或者复议决定可以作出相应判决。

3. 复议机关决定维持原行政行为的，法院判决撤销原行政行为和复议决定的，可以判决作出原行政行为的行政机关重新作出行政行为；法院判决作出原行政行为的行政机关履行法定职责或者给付义务的，应当同时判决撤销复议决定：原行政行为合法、复议决定违法的，法院可以判决撤销复议决定或者确认复议决定违法，同时判决驳回原告针对原行政行为的诉讼请求。原行政行为不符合复议或者诉讼受案范围等受理条件，复议机关作出维持决定的，法院应当裁定一并驳回对原行政行为和复议决定的起诉。

### 考点 30　行政赔偿范围

行政机关及其工作人员在行使行政职权时有下列侵犯合法权益情形之一的，受害人有取得赔偿的权利：

1. 违法拘留，违法采取限制人身自由的行政强制措施，非法拘禁或者以其他方法非法剥夺自然人人身自由的。

2. 以殴打、虐待等行为或者唆使、放纵他人以殴打、虐待等行为，违法使用武器、警械，或者以其他违法行为造成自然人身体伤害或者死亡的。

3.违法实施罚款、吊销许可证和执照、责令停产停业、没收财物等行政处罚，违法对财产采取查封、扣押、冻结等行政强制措施，违法征收、征用财产，或者以其他违法行为造成财产损害的。

## 考点31 刑事赔偿范围

1.行使侦查、检察、审判职权的机关以及看守所、监狱管理机关及其工作人员在行使职权时有下列侵犯人身自由、生命健康权、财产权情形之一的，受害人有取得赔偿的权利：

（1）违反刑事诉讼法的规定对自然人采取刑事拘留措施，或者依照刑事诉讼法规定的条件和程序对自然人采取刑事拘留措施，但是拘留时间超过刑事诉讼法规定的时限，其后终止追究刑事责任的。

（2）对公民采取逮捕措施后，终止追究刑事责任的。

（3）依照审判监督程序再审改判无罪，原判拘役、有期徒刑、无期徒刑、死刑、罚金、没收财产的刑罚已经执行的。

（4）刑讯逼供或者以殴打、虐待等行为或者唆使、放纵他人以殴打、虐待等行为造成自然人身体伤害或者死亡的。

（5）违法使用武器、警械造成自然人身体伤害或者死亡的。

2.属于下列情形之一的，国家不承担赔偿责任：

（1）因公民自己故意作虚伪供述，或者伪造其他有罪证据被刑事拘留、逮捕或者被判处刑罚的。

（2）依照刑法不负刑事责任的人被刑事拘留、逮捕的。

（3）依照刑事诉讼法不追究刑事责任的人被刑事拘留、逮捕的。

（4）行使侦查、检察、审判职权的机关以及看守所、监狱管理机关的工作人员与行使职权无关的个人行为。

（5）因公民[1]等故意行为致使损害发生的。

（6）法律规定的其他情形。

---

[1] 自伤、自残。

# 九、民法

## 考点01  不属于民事法律事实的现象

| | |
|---|---|
| 好意施惠 | 1. 搭便车。 |
| | 2. 答应到站叫醒。 |
| | 3. 顺路代为投递信件。 |
| | 4. 各种社交邀请(请人吃饭、看电影、旅游)。 |
| | 5. 为人指路。 |
| | 6. 缔约过程中的商谈约定(如约定看房子、约定谈判之类)。 |
| 法外空间 | 日出、日落、刮风下雨等自然现象(假设未构成不可抗力)。 |
| | 散步、睡觉等不具有法律意义的行为均不能引起民事法律关系的变动,不属于法律事实;引发同乡关系、师生关系等的客观情况,亦不属于法律事实。 |

## 考点02  滥用权利

1. 行为人以损害国家利益、社会公共利益、他人合法权益为主要目的行使民事权利的,人民法院应当认定构成滥用民事权利。

2. 滥用权利的构成要件与判断

(1) 权利人行使了其权利

滥用权利以权利的存在为前提,如果权利人并不享有相关权利,因此造成他人损害,则可能直接构成侵权,而无法构成滥用权利;而只有在存在权利的情形下,才能进一步判断权利人行使权利是否超出应有的范围,是否构成滥用权利的问题。

(2)以加损害于他人为主要目的

判断是否构成滥用权利,关键应从权利行使的表象上,看权利人是否有加损害于他人的主要目的。权利人在行使权利时如果是为了实现自己的利益,但因此侵害了他人的利益,则通常不宜认定构成滥用权利。

(3)行为人的行为侵害了他人的合法权益。

3.滥用权利的法律后果

(1)权利行使超过合理界限的部分不具有法律约束力。

(2)如果滥用权利造成他人损害,已经构成侵权的,应承担侵权责任。

## 考点 03 自然人的民事权利能力与民事行为能力

### (一)自然人的民事权利能力

1.起止

(1)自然人从出生时起到死亡时止,具有民事权利能力,依法享有民事权利,承担民事义务。(始于出生,终于死亡)

(2)自然人的出生时间和死亡时间,以 [1] 记载的时间为准;没有出生证明、死亡证明的,以 [2] 或者其他有效身份登记记载的时间为准。

(3)有其他证据足以推翻以上记载时间的,以该证据证明的时间为准。

2.生理死亡的推定

民法上的自然人的死亡有生理死亡与宣告死亡之分。生理死亡的推定:相互有继承关系的几个人在同一事件中死亡,难以确定死亡先后时间的(前提),推定没有其他继承人的人先死亡。都有其他继承人,辈份不同的,推定长辈先死亡;辈份相同的,推定同时死亡,相互不发生继承。

[1] 出生证明、死亡证明。 [2] 户籍登记。

## (二)胎儿利益和死者利益的保护

1. 胎儿利益:涉及遗产继承、接受赠与等胎儿利益保护的,胎儿视为具有民事权利能力。但是,胎儿娩出时为死体的,其民事权利能力自始不存在。

2. 死者利益

(1)客体:死者的人格利益而非人格权(即姓名、肖像、名誉、荣誉、隐私、遗体、遗骨)。

(2)原告:近亲属以 [1] 的名义。

(3)死亡赔偿金:直接归原告而非死者遗产。

3. 英烈条款:侵害英雄烈士等的姓名、肖像、名誉、荣誉,损害社会公共利益的,应当承担民事责任。

## (三)自然人的民事行为能力

| 类型 | 年龄(岁) | 精神健康状况 | 民事法律行为的效力 | |
|---|---|---|---|---|
| 无民事行为能力人 | X<8 | 完全不(能辨认自己行为的成年人) | 无效 | |
| 限制民事行为能力人 | 8≤X<18 | 不(能)完全(辨认自己行为的成年人) | 有效 | (1)纯获利益的民事法律行为(接受赠与)。 |
| | | | | (2)与其年龄、智力相适应的民事法律行为(零用钱行为)。 |
| | | | 无效 | 与其意思能力不相适应的 [2](订立遗嘱)。 |
| | | | 待定 | 与其意思能力不相适应的双方民事法律行为(签订委托合同)。 |
| 完全民事行为能力人 | X≥18 | 精神正常 | 有效 | |
| | 16周岁以上的未成年人,以自己的劳动收入为主要生活来源的,视为完全民事行为能力人。 | | | |

[1] 自己。 [2] 单方民事法律行为。

## 考点04 监护

### (一)监护的种类

1. 法定监护:由法律直接规定监护人范围和顺序的监护。法定监护人可以由一人或多人担任。包括对未成年人的监护与对不能辨认、不能完全辨认自己行为的成年人的监护。

2. 指定监护:指定监护只有在法定监护人有争议时才产生。所谓争议:(1)对于未成年人而言,是其父母以外的监护人范围内的人,争抢担任监护人或互相推诿都不愿意担任监护人;(2)对于成年的行为能力欠缺者而言,是其监护范围内的任何人之间的争议,互相争抢或者互相推诿。

3. 遗嘱监护:遗嘱指定监护仅适用于[1]的情形,至于指定对象则未作限制。由于遗嘱属于死因民事法律行为,故遗嘱监护于遗嘱人死亡时生效。

4. 协议监护:协议确定监护人应当尊重被监护人的真实意愿。从最有利于监护和尊重被监护人意愿考虑,具有监护资格的人之间可以协商确定监护人,作为法定监护的补充。

5. 委托监护:监护人通过与他人签订委托合同,将监护权限转委托给他人的监护。委托人仍要对被监护人的侵权行为承担民事责任,被委托人(受托人)有过错的,承担相应的责任。

### (二)监护人的职责

1. 代理被监护人实施民事法律行为。

2. 保护监护人的人身权利、财产权利以及其他合法权益等。应当最大程度地尊重被监护人的真实意愿。除为维护被监护人利益外,不得处分被监护人的财产。未成年人的监护人履行监护职责,在作出与被监护人权益有关的决定时,应当根据被监护人的年龄和智力状况,尊重被监护人的真实意愿。

---

[1] 父母担任监护人。

### (三)监护资格的撤销与恢复

1. 撤销

(1)监护人有下列情形之一的,人民法院根据有关个人或者组织的申请,撤销其监护人资格,安排必要的临时监护措施,并按照最有利于被监护人的原则依法指定监护人:①实施严重损害被监护人身心健康的行为;②怠于履行监护职责,或者无法履行监护职责并且拒绝将监护职责部分或者全部委托给他人,导致被监护人处于危困状态;③实施严重侵害被监护人合法权益的其他行为。

(2)上述规定的有关个人和组织包括:其他依法具有监护资格的人,居民委员会、村民委员会、学校、医疗机构、妇女联合会、残疾人联合会、未成年人保护组织、依法设立的老年人组织、民政部门等。

(3)上述规定的个人和民政部门以外的组织未及时向法院申请撤销监护人资格的,[1]应当向法院申请。

(4)依法负担被监护人抚养费、赡养费、扶养费的父母、子女、配偶等,被人民法院撤销监护人资格后,应当继续履行负担的义务(监护资格撤销并不能免除义务)。

2. 恢复

被监护人的父母或者子女被法院撤销监护资格后,除对被监护人实施故意犯罪的外,确有悔改表现的,经其申请,人民法院可以在尊重被监护人真实意愿的前提下,视情况恢复其监护资格,人民法院指定的监护人与被监护人的监护关系同时终止。

### 考点 05　宣告失踪与宣告死亡

1. 宣告失踪的效力和撤销

(1)效力:①法院在宣告失踪的判决中,为失踪人指定财产代管人。有资格任财产代管人的,应是失踪人的[2]或关系密切的其他亲属、朋友;②财产代管人负有保管失踪人财产的职责,对于失踪人所欠的税款、债务和其他费用,可从代管财产中支付。财产代管人不履

---

[1] 民政部门。　[2] 配偶、父母、成年子女。

行代管职责或者侵犯失踪人财产的，要负侵权之民事责任。

（2）撤销：当失踪人复出或者有人确知其下落时，经本人或利害关系人申请，由法院撤销对他的失踪宣告。法院的撤销失踪宣告作出后，财产代管人资格消灭，财产代管人应交还代管财产并汇报管理情况、提交收支账目等。

2. 宣告死亡的效力

| 妻离 | 与配偶的婚姻关系自动消灭。 |
| --- | --- |
| 子散 | 单方有权送养子女。 |
| 家破 | 个人合法财产按遗产开始继承。 |
| 人亡 | 丧失民事主体资格。被宣告死亡的人，法院宣告死亡的判决作出之日视为其死亡日期；因意外事件下落不明宣告死亡的，意外事件发生之日视为其死亡的日期。 |

3. 死亡宣告的撤销（亡者归来）

| 撤销事由 | 被宣告死亡的人重新出现，经本人或者利害关系人申请，法院应当撤销死亡宣告。 |
| --- | --- |
| 财产关系 | （1）被撤销死亡宣告的人有权请求依照《民法典》继承编取得其财产的民事主体返还财产。无法返还的，应当给予适当补偿。<br>（2）利害关系人隐瞒真实情况，致使他人被宣告死亡取得其财产的，除应当返还财产外，还应当对由此造成的损失承担赔偿责任。 |
| 夫妻关系 | （1）死亡宣告被撤销的，婚姻关系自撤销死亡宣告之日起[1]。<br>（2）例外：其配偶再婚或者向婚姻登记机关书面声明不愿意恢复的婚姻关系不恢复。 |
| 子女关系 | 被撤销死亡宣告的人的子女在被宣告死亡期间被他人依法收养的，该收养关系有效，被撤销死亡宣告的人仅以未经本人同意而主张收养关系无效的，一般不应准许，但收养人和被收养人同意的除外。 |

---

[1] 自行恢复。

## 考点 06 意思表示

### （一）意思表示的构成要件

1. 客观要件：表示行为。
2. 主观要件
（1）行为意思：控制自己行为的意思。
（2）表示意思：明了自己的行为具有某种法律意义的意思。
（3）效果意思：行为所追求的法律效果之内容。

### （二）意思表示的类型

向相对人作出的意思表示，为有相对人的意思表示，如要约与承诺、债务免除、合同解除等。意思表示有相对人时，如果意思表示到达相对人有传递的在途时间，则该意思表示以到达相对人时生效。

无相对人的意思表示，如遗嘱、捐助行为等，该意思表示自完成时生效。

有相对人的意思表示还可以进一步划分为：

1. 对特定人的表示：须以特定人为相对人的意思表示是对特定人的表示，如承诺、允许、撤销等。

2. 对不特定人的表示：无须向特定人实施的意思表示是对不特定人的表示，如[1]等。区分的意义在于须以特定人为相对人的意思表示，对于非特定人不生效。

3. 对话表示：有相对人的双方表示，依其相对人是否处于可同步受领和直接交换意思表示的状态，而划分为对话表示和非对话表示。口头或者打电话直接订立合同是对话表示。以对话方式作出的意思表示，相对人知道其内容时生效。

4. 非对话表示：通过信函交往或者经使者传达而订立合同，则属非对话表示。以非对话方式作出的意思表示，到达相对人时生效。以非对话方式作出的采用数据电文形式的意思表示，相对人指定特定系

---

[1] 悬赏广告。

统接收数据电文的,该数据电文进入该特定系统时生效;未指定特定系统的,相对人知道或者应当知道该数据电文进入其系统时生效。当事人对采用数据电文形式的意思表示的生效时间另有约定的,按照其约定。

### (三) 意思表示瑕疵:意思表示不真实

1. **真意保留**:是指行为人故意隐瞒其真意,而表示其他意思的意思表示。通说认为,基于真意保留所为的法律行为,效力不受影响;但如果相对人知晓真意保留时,法律行为不发生效力。

2. **戏谑行为**:又称缺乏真意的表示行为,指行为人作出的意思表示并非出于真意,并且期待对方立即了解该表示并非出自真意。

3. **虚伪表示**:又称伪装表示,指行为人与相对人共谋为虚假的意思表示,实际上并不期待法律行为产生效力。

## 考点07 民事法律行为

### (一) 民事法律行为的成立与生效

| 成立的含义 | 意思表示的完成即为法律行为的成立。(事实判断) |
| --- | --- |
| 生效的含义 | 当事人的意思表示具有合法性。(价值判断) |
| 生效的条件 | 1. 行为人具有相应的民事行为能力——欠缺者会导致行为的无效或者效力待定。<br>2. 意思表示真实——违反者会导致行为的可撤销。<br>3. 内容合法——违反者会导致行为的无效。<br>4. 部分行为要求形式合法。 |
| 成立与生效的关系 | 一般关系:成立即生效。<br>特殊情况:<br>1. 先成立后生效:(1)须批准的合同;(2)附延缓条件的合同;(3)附始期的合同。<br>2. 成立但不生效:(1)无效的行为;(2)被撤销的行为;(3)被拒绝追认的效力待定行为;(4)附条件未实现的行为。 |

## (二) 民事法律行为的效力分类 (以合同为例)

1. 无效合同

(1) 恶意串通, 损害国家、集体或第三人的利益。(回扣)

(2) 虚伪表示和隐藏行为。(阴阳合同, 阳合同无效)

(3) 违背公序良俗。

(4) 违反法律、行政法规强制性规定。(毒品买卖合同)

(5) 无民事行为能力人实施的民事法律行为。

2. 可撤销合同

| | |
|---|---|
| 胁迫 | (1) 故意预告实施危害。<br>(2) 对方因此陷入恐惧。<br>(3) 对方因恐惧作出不真实的意思表示。<br>(4) 胁迫具有不正当性。 |
| 重大误解 | (1) 表意人对合同的要素发生重大误解 (行为的性质; 对方当事人; 标的物的品种、质量、规格和数量)。<br>(2) 因为误解, 致使表意人表示的意思与内心真意不一致。<br>(3) 表意人因误解遭受较大损失。 |
| 显失公平 | (1) 合同当事人的权利义务明显不对等, 违反公平、等价有偿原则。<br>(2) 显失公平的事实发生在合同订立之时。<br>(3) 一方当事人利用自己的优势或者利用对方没有经验、轻率 (乘人之危)。 |
| 撤销权 | (1) 有下列情形之一的, 撤销权消灭: ①当事人自知道或者应当知道撤销事由之日起 1 年内、重大误解的当事人自知道或者应当知道撤销事由之日起 [1] 没有行使撤销权; ②当事人受胁迫, 自胁迫行为终止之日起 1 年内没有行使撤销权; ③当事人知道撤销事由后明确表示或者以自己的行为表明放弃撤销权。<br>(2) 当事人自民事法律行为发生之日起 5 年内没有行使撤销权的, 撤销权消灭。<br>(3) 行使方式: 起诉或仲裁。 |

3. 效力待定的合同

(1) 限制行为能力人实施的超越其能力范围的行为 (由法定代理人追认)。

---

[1] 90 日内。

（2）无权代理行为（由被代理人追认）。

4. 附条件民事法律行为

| 条件的分类 | 延缓条件、解除条件；肯定条件、否定条件。 |
|---|---|
| 条件的要件 | 将来事实、不确定事实、合法事实、约定事实。 |
| 不得附条件的民事法律行为 | （1）依其性质不许附条件：如票据行为；撤销、抵销、承认、解除及选择权的行使等单方行为。<br>（2）附条件有违公序良俗，主要跟身份有关，如结婚、离婚、收养、收养关系的解除，继承之承认与抛弃，对非婚生子女的承认与否认等。 |
| 条件与期限的区别 | 确定性（附条件是可能实现，附期限是一定实现）。 |
| 效力 | （1）条件作为意思表示的组成部分，当然地具有意思表示的效力，对于当事人具有约束力。<br>（2）附生效条件的民事法律行为，在条件成就时，就会使当事人一方取得权利，而他方则负担义务；附解除条件的民事法律行为，在条件成就时，就会使当事人一方丧失权利，他方则解除义务。<br>（3）条件拟制效力。条件必须要自然成就，当事人恶意促成或者阻止作为条件的事实发生，法律拟制条件成就或不成就的效力。（适得其反） |

### （三）民事法律行为宣告无效或者被撤销的效果

1. 无效的或者被撤销的民事法律行为自始没有法律约束力。

2. 民事法律行为部分无效，不影响其他部分效力的，其他部分仍然有效。

3. 民事法律行为无效、被撤销或者确定不发生效力后，行为人因该行为取得的财产，应当予以返还；不能返还或者没有必要返还的，应当折价补偿。有过错的一方应当赔偿对方由此所受到的损失；各方都有过错的，应当各自承担相应的责任。法律另有规定的，依照其规定。

## 考点08 代理

1. 复代理

（1）代理人需要转委托第三人代理的，应当取得被代理人的同意或者追认。

（2）转委托代理经被代理人同意或者追认的，被代理人可以就代理事务直接指示转委托的第三人，代理人仅就第三人的选任以及对第三人的指示承担责任。

（3）转委托代理未经被代理人同意或者追认的，代理人应当对转委托的第三人的行为承担责任；但是，在紧急情况下代理人为了维护被代理人的利益需要转委托第三人代理的除外。

2. 利己代理：监护人除为维护被监护人的利益外，不得处分被监护人的财产。

3. 恶意代理：代理人和相对人恶意串通，损害被代理人合法权益的，代理人和相对人应当承担连带责任。

4. 无权代理

（1）行为人没有代理权、超越代理权或者代理权终止后，仍然实施代理行为，未经被代理人追认的，对被代理人不发生效力。

（2）相对人可以催告被代理人自收到通知之日起 [1] 日内予以追认。被代理人未作表示的，视为拒绝追认。行为人实施的行为被追认前，善意相对人有撤销的权利。撤销应当以通知的方式作出。

（3）行为人实施的行为未被追认的，善意相对人有权请求行为人履行债务或者就其受到的损害请求行为人赔偿。但是，赔偿的范围不得超过被代理人追认时相对人所能获得的利益。

（4）相对人知道或者应当知道行为人无权代理的，相对人和行为人按照各自的过错承担责任。

5. 表见代理（表见代理 = 无权代理 + 权利外观 + 被代理人有一定过错）：行为人没有代理权、超越代理权或者代理权终止后，仍

[1] 30。

然实施代理行为，相对人有理由相信行为人有代理权的，代理行为有效。

关于举证责任的分配，应当由相对人就存在代理权外观承担举证责任，相对人的举证责任完成后，被代理人如果主张即使存在代理权外观但相对人知道或应当知道无权代理人没有获得授权，此时被代理人要对此承担举证责任。

### 考点 09　诉讼时效

1. 向人民法院请求保护民事权利的诉讼时效期间为[1]。法律另有规定的，依照其规定。

2. 诉讼时效期间自权利人知道或者应当知道权利受到损害以及义务人之日起计算。法律另有规定的，依照其规定。但是，自权利受到损害之日起超过20年的，人民法院不予保护，有特殊情况的，人民法院可以根据权利人的申请决定延长。

3. 当事人约定同一债务分期履行的，诉讼时效期间自最后一期履行期限届满之日起计算。

4. 无民事行为能力人或者限制民事行为能力人对其法定代理人的请求权的诉讼时效期间，自该法定代理终止之日起计算。

5. 未成年人遭受性侵害的损害赔偿请求权的诉讼时效期间，自受害人年满18周岁之日起计算。

6. 诉讼时效期间届满后，义务人同意履行的，不得以诉讼时效期间届满为由抗辩；义务人已经自愿履行的，不得请求返还。

7. 在诉讼时效期间的最后6个月内，因下列障碍，不能行使请求权的，诉讼时效中止：（1）不可抗力；（2）无民事行为能力人或者限制民事行为能力人没有法定代理人，或者法定代理人死亡、丧失民事行为能力、丧失代理权；（3）继承开始后未确定继承人或者遗产管理人；（4）权利人被义务人或者其他人控制；（5）其他导致权利人不能行使请求权的障碍。

[1] 3年。

8.有下列情形之一的,诉讼时效中断,从中断、有关程序终结时起,诉讼时效期间重新计算:(1)权利人向义务人提出履行请求;(2)义务人同意履行义务;(3)权利人提起诉讼或者申请仲裁;(4)与提起诉讼或者申请仲裁具有同等效力的其他情形。

9.下列请求权不适用诉讼时效的规定:(1)请求停止侵害、排除妨碍、消除危险;(2)不动产物权和登记的动产物权的权利人请求返还财产;(3)请求支付抚养费、赡养费或者扶养费;(4)依法不适用诉讼时效的其他请求权。

## 考点 10 物权变动

### (一)物权变动模式一:意思主义／登记对抗主义模式

| 土地承包经营权 | 自承包合同生效时取得,无须登记。但是在流转的场合下(互换、转让),自相应的流转合同生效时发生效力,未登记不发生对抗善意第三人的效力。<br>有效的土地承包经营合同=土地承包经营权(+登记>第三人) |
|---|---|
| 地役权 | 地役权自地役权合同生效时设立。未经登记,不得对抗善意第三人。<br>有效的地役权合同=地役权(+登记>第三人) |
| 动产抵押 | 自抵押合同生效时发生效力,但是未登记不得对抗善意第三人。<br>有效的动产抵押合同=动产抵押权(+登记>第三人) |

### (二)物权变动模式二:形式主义

| 债权形式主义 | 物权变动只需在债权的意思表示之外加上登记或交付即可,不需要另有物权的合意,故无物权行为的独立性。物权变动的效力受其原因行为即债权行为的影响,故承认物权行为的有因性。此处登记或交付是一种法律行为。<br>有效债权行为+交付/登记(法律行为)=物权变动(居住权、建设用地使用权) |
|---|---|
| 我国的立法例 | 我国的物权变动模式以债权形式主义为原则,以意思主义为例外。即我国立法原则上采用登记/交付生效主义模式,例外采用登记对抗主义模式。 |

### (三) 物权行为与区分原则

物权行为指发生物权变动效果的法律行为。《民法典》第215条规定："当事人之间订立有关设立、变更、转让和消灭不动产物权的合同，除法律另有规定或者当事人另有约定外，自合同成立时生效；未办理物权登记的，不影响合同效力。"据此，我国《民法典》物权编严格区分了物权行为与债权行为的效力，但不承认物权行为无因性理论。

### (四) 基于法律行为的物权变动

1. 动产：有权处分 + 有效的合同 + 交付 = 动产物权变动。

2. 不动产：有权处分 + 有效的合同 + 登记 = 不动产物权变动。

3. 例外的对抗主义：土地承包经营权；地役权；动产抵押权（包括动产浮动抵押）；机动交通工具。

### (五) 非基于法律行为的物权变动一般规定

非基于法律行为的物权变动，既不以登记或者交付为生效要件，也不以登记或者交付为对抗要件，而以公法行为生效或者事件、事实行为的发生为准。具体情形为：

1. 因人民法院、仲裁机构的法律文书或者人民政府的征收决定等，导致物权设立、变更、转让或者消灭的，自法律文书或者征收决定等生效时发生效力。

2. 因继承取得物权的，自[1]发生效力。

3. 因合法建造、拆除房屋等事实行为设立或者消灭物权的，自事实行为成就时发生效力。

4. 处分上述不动产物权，依照法律规定需要办理登记的，未经登记，不发生物权效力（但发生债权效力）。

---

[1] 继承开始时。

## 考点 11　登记及其法律效果

1. 更正登记

| 条件 | （1）不动产登记簿出现登记错误（包括权利主体、内容、客体错误）。<br>（2）权利人或者利害关系人提出更正申请。<br>（3）登记名义人书面同意更正或者申请人确有证据证明登记错误。 |
|---|---|
| 效力 | 符合更正登记条件的，登记机关应当办理更正登记，消除错误登记。以更正后的登记确定不动产物权的归属与内容。 |

2. 预告登记（阻止物权发生，不阻止债权）

| 类型 | （1）商品房预售登记。<br>（2）在建工程抵押的预告登记。 |
|---|---|
| 效力 | （1）办理了预告登记后，未经预告登记权利人的同意，处分该不动产的，不发生物权效力（但不影响合同的效力）。<br>（2）预告登记在下列两种情形下自动失效，即使没有涂销预告登记，预告登记亦不再具有前述效力：<br>①债权消灭：买卖不动产物权的协议被认定无效、被撤销、被解除，或者预告登记的权利人放弃债权的。<br>②自能够进行不动产登记之日起 90 日内未申请本登记。 |

3. 异议登记（阻止发生善意取得）

| 条件 | （1）不动产登记簿出现登记错误（包括权利主体、内容、客体错误）。<br>（2）权利人或者利害关系人提出更正申请。<br>（3）登记名义人不同意更正。 |
|---|---|

续表

| | |
|---|---|
| 效力 | （1）减损错误登记的公信力，阻碍善意取得的发生。<br>（2）申请人在异议登记之日起[1]日内不起诉，异议登记失效。须注意：此时异议登记是自动失去效力。即异议登记失效后，即使没有被涂销，也不再发生阻碍善意取得的效果。<br>（3）若登记名义人为真正的物权人，真正物权人之处分行为不受异议登记的影响。<br>（4）异议登记不当给权利人造成损害的，异议登记申请人应当赔偿损失。 |

## 考点 12　动产交付的具体形式

| | |
|---|---|
| **简易交付**<br>（先借/租后买） | 1. 受让人已经占有动产，如受让人已经通过租赁、借用等方式实际占有了动产，则于物权变动的合意成立时，视为交付（占有在先，物权在后）。<br>2. 物权自法律行为（后一个法律行为）生效时发生效力。 |
| **指示交付**<br>（先借/租后卖） | 1. 动产由第三人占有时，出让人将其对于第三人的返还请求权让与受让人，以代替交付（物权在先，占有在后）。<br>2. 物权自达成让与对第三人返还原物请求权的合意时发生效力。（通知占有人后，才对占有人产生效力） |
| **占有改定**<br>（先卖后借/租） | 1. 动产物权的让与人与受让人之间特别约定，标的物仍然由出让人继续占有，这样，在物权让与的合意成立时，视为交付，受让人取得间接占有（物权在先，占有在后）。<br>2. 物权自该约定（后一个约定）生效时发生效力。通知第三人是对第三人生效的要件（类似于债权让与）。 |

[1] 15。

## 考点 13 物权的保护

**1. 返还原物请求权**

| 特征 | （1）请求人为物权人。包括所有权人和他物权人，但是不包括抵押权人。 |
|---|---|
| | （2）被请求权人为（相对于请求人的）现实的无权占有人。包括无权占有的直接占有人和间接占有人。如果占有人已经丧失占有，则不能对其主张返还请求权。 |
| | （3）原物必须存在，即有返还的可能性。 |
| 范围 | 被请求人应返还原物及孳息。 |

**2. 返还原物请求权与占有回复请求权**

| 区别 | 返还原物请求权 | 占有回复请求权 |
|---|---|---|
| 权利人 | 请求人为物权人。包括所有权人和他物权人，但是不包括抵押权人。 | 占有人（是否为物权人在所不问）。 |
| 构成要件 | 仅要求相对人为无权占有人，其无权占有的原因在所不问。 | 要求占有人的占有被"侵夺"（法律禁止的私力。偷、抢、错拿等属于"侵夺"；欺诈、胁迫、租、借等不属于"侵夺"），无侵夺则无占有回复请求权。 |
| 期间限制 | 普通动产适用诉讼时效期间，但登记动产与不动产不适用诉讼时效期间。 | 适用1年的除斥期间，应自侵占之日起1年内行使。 |
| 功能与效力 | 返还原物请求权的功能在于保护物权人对物的圆满支配状态，具有保护的终局性。 | 占有回复请求权的功能在于维护财产秩序，限制以法律禁止的私力剥夺他人的占有。 |

**3. 排除妨害请求权**

（1）特征：①请求人为[1]。②妨害人以无权占有以外的方式妨

---

[1] 物权人。

害物权的行使。妨害既可由妨害人的行为造成，亦可由妨害人的物件造成。如在他人土地上堆放垃圾等。③被请求人是对妨害的排除有支配力的人。④提出请求之时，妨害仍在持续中。⑤妨害具有不法性或者超出正常的容忍限度。

（2）效力：①除去妨害。妨害人须采取措施排除妨害。②排除妨害费用的承担：妨害人具有过错的，应独自承担排除妨害的费用；妨害人对妨害无过错的（如地震震倒围墙于邻居院中），由双方合理分担排除妨害的费用。

4. 消除危险请求权

（1）消除危险请求权是指物权人对尚未发生但确有发生危险的妨害可以请求有关的当事人采取预防措施加以防止。

（2）特征：①请求人为物权人。②物权的行使具有受到妨害的现实危险。如邻人所有的大树欲倾倒于自己房屋上。③被请求人为对危险的除去具有支配力的人。④提出请求之时，危险仍现实存在。

（3）效力：①消除危险。制造危险的相对人应采取预防措施，除去现实危险。消除危险的行为既可以是作为，也可以是不作为。②消除危险的费用，原则上应由相对人负担。若危险的产生系由不可抗力所致，或者危险的原因与请求权人自身具有客观上的关联时，则应参酌个案的具体情况，可以确定由请求人与相对人合理分担。

## 考点 14　共有

1. 按份共有的推定和内外部关系

| 推定 | （1）除共有人具有家庭关系等外，对共有物没有约定或者约定不明确的，视为按份共有。<br>（2）对共有物的份额，没有约定或者约定不明确的，按照出资额确定；不能确定出资额的，视为等额享有。 |
| --- | --- |

| | | | |
|---|---|---|---|
| 内部关系 | 占有、使用、收益 | (1) 权利的行使及于共有物的全部。<br>(2) 协商一致处理，不一致按照拥有共有份额 [1] 以上的共有人的意见办理，但不得损害其他共有人的利益。 | |
| | 处分 | (1) 有权行使对自己所有的份额转让、设定担保、抛弃其份额等处分行为。<br>(2) 处分共有物或者对共有物进行重大修缮，除另有约定，须经 2/3 以上按份共有人同意。 | |
| | 管理 | 保存行为 | 共有人皆可行使。 |
| | | 改良行为 | 需要拥有共有份额 2/3 以上共有人同意。 |
| | 费用负担 | 对共有物的管理费用以及其他负担，有约定的，按照约定；没有约定或者约定不明确的，按份共有人按照其份额负担。 | |
| | 优先购买权 | 当共有人将自己的份额转让给共有人以外的人时，其他共有人在同等条件下享有优先购买权。<br>(1) 不适用优先购买权的情形<br>①共有份额的权利主体因继承、遗赠等原因发生变化时，其他按份共有人不得主张优先购买权，共有人之间另有约定的除外。<br>②按份共有人之间转让共有份额，其他按份共有人不得主张优先购买权，共有人之间另有约定的除外。<br>(2) "同等条件"的认定<br>应综合共有份额的转让价格、价款履行方式及期限等因素确定。<br>(3) 多个按份共有人主张优先购买权的处理<br>两个以上按份共有人主张优先购买且协商不成时，应按照转让时各自的份额比例行使优先购买权。 | |
| 外部关系 | 共有人享有连带债权、承担连带债务，但法律另有规定或者第三人知道共有人不具有连带债权债务关系的除外。 | | |

[1] 2/3。

## 2.共同共有的一般规定

| | |
|---|---|
| 特征 | （1）共同共有是不分份额的共有。在共同共有关系存续期间，各共有人对共有物享受的权利与承担的义务没有份额之分。<br>（2）共同共有的发生以共有人之间存在共同关系为前提。如夫妻关系、家庭关系、遗产分割前的共同继承人关系。<br>（3）共同共有人平等地享有权利和承担义务。 |
| 内部关系 | （1）使用收益：共有人之间享有平等的权利和义务。<br>（2）共有财产的处分和重大修缮：须经全体共有人一致同意。需要明确两点：①这里的处分是指导致物权变动的原因行为，包括法律处分行为，如买卖、设立抵押等行为，也包括事实处分行为，如消费、毁灭等。但不包括出租、出借等设立债权的负担行为。②共有人违反法律规定擅自对共有物进行处分，构成无权处分，适用善意取得制度。<br>（3）共同管理：共有人按照约定管理共有物，没有明确约定的，各共有人都有管理的权利，也有管理的义务。<br>（4）不得分割共有物：共同共有在共同关系存续中，各共有人不得请求分割共有物，有重大理由的除外。 |
| 外部关系 | 因共有的不动产或者动产产生的债权债务，在对外关系上，共有人享有连带债权、承担连带债务，但法律另有规定或者第三人知道共有人不具有连带债权债务关系的除外。 |
| 分割 | （1）共有人约定不得分割共有的不动产或者动产，以维持共有关系的，应当按照约定。但共有人有重大理由需要分割的，仍然可以请求分割。<br>（2）没有约定或者约定不明确的，共同共有人在共有的基础丧失或者有重大理由需要分割时可以请求分割。因分割对其他共有人造成损害的，应当给予赔偿。 |

## 考点 15 善意取得

### 1.法律效果

（1）物权效果：善意受让人取得不动产或者动产后，原有权利消灭。受让人善意取得不动产或者动产的所有权，此时原所有权人无权请求善意第三人返还原物。

（2）债权效果：原所有权人有权向无处分权人请求赔偿损失。

（3）扩张适用：善意取得不限于所有权，其他物权也可以善意取得。

2. 例外

对盗赃物、遗失物、漂流物、埋藏物这些占有脱离物，其占有人实施无权处分的，原则上不发生善意取得的效果。但有两个例外：（1）货币、无记名有价证券适用"占有即取得所有权"的规则。（2）遗失物可以善意取得留置权。

### 考点 16　拾得遗失物

1. 遗失物是指非基于遗失人的意志而丧失占有的物。拾得遗失物属于法律事实中的事实行为，不以拾得人有行为能力为构成要件。

2. 义务

（1）拾得遗失物，应当返还失主。公告之日起 [1] 年内无人认领，收归国有。若拾得人据为己有的，就其获利构成不当得利，需要返还原物及孳息。（不当得利之债）

（2）拾得人负有妥善保管的义务，因**故意或者重大过失**导致遗失物毁损、灭失的，构成侵权，需要承担赔偿责任。（侵权之债）

3. 权利

（1）必要费用求偿：失主领取遗失物时，应当向拾得人或者有关部门支付保管遗失物等支出的必要费用。

（2）单方允诺之债：拾得人原则上不得主张报酬，但是基于失主发布的**悬赏广告**，可以主张单方允诺之债。

（3）权利丧失：拾得人侵占遗失物的，无权请求保管遗失物等支出的费用，也无权请求失主按照承诺履行义务。

4. 归属：（1）有权利人的，物归原主；（2）遗失物自发布招领公告之日起 1 年内无人认领的，归国家所有。

[1] 1。

5. 法律效果：遗失物如果通过转让被第三人占有的，权利人有权向无处分权人请求损害赔偿，或者自知道或应当知道受让人（第三人）之日起 [1] 年内向第三人请求返还原物，但第三人通过拍卖或者向具有经营资格的经营者购得该遗失物的，权利人请求返还原物时应当支付第三人所付的费用。权利人向第三人支付所付费用后，有权向无处分权人追偿。

6. 拾得漂流物、发现埋藏物或者隐藏物的，参照拾得遗失物的有关规定。

## 考点 17 用益物权

### （一）土地承包经营权

1. 设立

（1）土地承包经营权自 [2] 时设立。

（2）县级以上地方政府应向土地承包经营权人发放土地承包经营权证，并登记造册，以确认土地承包经营权。

（3）承包方式：家庭方式承包（针对已开发土地）和其他方式承包（包括招标、拍卖、公开协商等方式，针对"四荒地"，即荒山、荒沟、荒丘、荒滩）。

2. 转让：可以转让，实行意思主义。

3. 继承：（1）林地承包经营权可以继承；（2）承包收益可以继承。

### （二）居住权

1. 概念：指对他人的住宅占有、使用，以满足生活居住需要的用益物权。

2. 设立

（1）设立方式：居住权合同（必须是书面形式；必须是无偿的，当事人另有约定的除外）。

（2）登记：设立居住权的，应当向登记机构申请居住权登记。居住权自登记时设立。

[1] 2。　[2] 合同生效。

### 3. 规则

（1）居住权不得转让、继承。设立居住权的住宅不得[1]，但是当事人另有约定的除外。

（2）居住权期限届满或者居住权人死亡的，居住权消灭。居住权消灭的，应当及时办理注销登记。

### （三）地役权与相邻关系

| 区分 | 地役权 | 相邻关系 |
| --- | --- | --- |
| 法律性质 | 独立的用益物权。 | 不是一种独立的物权类型，体现的是所有权的扩张或限制。 |
| 发生依据 | 基于当事人合同约定产生。 | 基于法律的直接规定产生。 |
| 内容 | 当事人超出相邻关系限度而设定的权利，可以有偿，也可以无偿。 | 对相邻各方权利义务的最低限度的调节，通常是无偿的。 |
| 前提条件 | 不以不动产相邻为条件。 | 以不动产相邻为条件。 |
| 期限有无 | 期限为地役权合同的有效期。 | 期限为物权的存续期限。 |

## 考点 18 物权担保

1. 反担保

第三人为债务人向债权人提供担保的，可以要求债务人提供反担保。在设立反担保之后，如果担保人代主债务人作出清偿，在清偿后，担保人有权向主债务人追偿，其可以依据反担保实现其求偿权。当然，即便不存在反担保，担保人在承担担保责任后，也有权依法向债务人求偿。

2. 担保财产的范围：（1）从物；（2）从权利；（3）添附物；（4）孳息；（5）代位物；（6）新增建筑物。

3. 物的担保和人的担保并存的处理规则

在物的担保和人的担保并存的情形下，主要应当依据以下规则确立债权实现的顺序：

（1）当事人之间就债权实现的顺序有约定的，从其约定。即使存在人的担保与债务人自己提供的物的担保，但当事人约定先就人的担

---

[1] 出租。

保实现债权的，也应当认可其效力。

（2）当事人没有就债权实现的顺序作出约定的，如果债务人自己提供物的担保的，债权人应当先就该物的担保实现债权。

（3）在当事人没有就债权实现顺序作出约定的情形下，既有第三人提供物的担保又有保证时，债权人应当平等地对待物上担保人和保证人，不存在所谓"物保优先于人保"的问题。

（4）物上担保人或保证人在承担担保责任之后，有权向债务人追偿。无论是物上担保人还是保证人，在承担担保责任之后，都有权向债务人追偿。

4. 抵押权的设定采取"合意+公示"的方法。

5. 同一财产之上设立多个抵押

在多重抵押的情形下，应当依据《民法典》第414条确立各个抵押权之间的权利顺位规则，即抵押权已经登记的，按照[1]确定清偿顺序；抵押权已经登记的先于未登记的受偿；抵押权均未登记的，按照债权比例清偿。

6. 禁止抵押的财产：（1）土地所有权；（2）宅基地、自留地、自留山等集体所有土地的使用权，但是法律规定可以抵押的除外；（3）学校、幼儿园、医疗机构等为公益目的成立的非营利法人的教育设施、医疗卫生设施和其他公益设施；（4）所有权、使用权不明或者有争议的财产；（5）依法被查封、扣押、监管的财产；（6）法律、行政法规规定不得抵押的其他财产。

7. 房地一并抵押：以建筑物抵押的，该建筑物占用范围内的建设用地使用权一并抵押。以建设用地使用权抵押的，该土地上的建筑物一并抵押。抵押人未依法一并抵押的，未抵押的财产视为一并抵押。

8. 当事人约定禁止或者限制转让抵押财产但是未将约定登记，抵押人违反约定转让抵押财产，抵押权人请求确认转让合同无效的，人民法院不予支持；抵押财产已经交付或者登记，抵押权人请求确认转让不发生物权效力的，人民法院不予支持，但是抵押权人有证据证明受让人知道

---

[1] 登记的时间先后。

的除外；抵押权人请求抵押人承担违约责任的，人民法院依法予以支持。

## 考点 19　普通抵押

1. 抵押权的设立

（1）以动产设立抵押

①抵押合同生效 = 抵押权成立

②动产抵押权的对抗效力问题：以动产抵押的，不得对抗正常经营活动中已经支付合理价款并取得抵押财产的买受人。

（2）以不动产或不动产之上的权利设立抵押

①抵押合同生效 + 完成抵押登记 = 抵押权成立

②建设用地使用权抵押后，土地上新增的建筑物不属于抵押物。但抵押权人应当将该土地上新增的建筑物与建设用地使用权一并处分，新增建筑物所得的价款，抵押权人无权优先受偿。

2. 抵押权当事人的权利

（1）抵押权人的权利

抵押权人之间可以协议变更抵押权顺位内容，但未经其他抵押权人书面同意，不得对其他抵押权人产生不利影响。

（2）抵押人的权利

①抵押期间，抵押人可以转让抵押财产。当事人另有约定的，按照其约定。抵押财产转让的，抵押权不受影响。

②抵押人转让抵押财产的，应当及时通知抵押权人。

③抵押权人能够证明抵押财产转让可能损害抵押权的，可以请求抵押人将转让所得的价款向抵押权人提前清偿债务或者提存。转让的价款超过债权数额的部分归抵押人所有，不足部分由债务人清偿。

3. 抵押权的实现：折价、拍卖、变卖。

4. 流押：抵押权人在债务履行期限届满前，与抵押人约定债务人不履行到期债务时抵押财产归债权人所有的，只能依法就抵押财产优先受偿。

## 考点 20　特殊抵押

### （一）共同抵押的类型

共同抵押是为同一债权就数个物设定的抵押。共同抵押所担保的债权已届清偿期而未受清偿时，债权人可以就供担保的不动产或其他财产进行清偿。债权人这种受清偿的权利因是否限定各个抵押物的负担金额而有所不同。

1. 按份共同抵押：如果限定了各个抵押物的负担金额时，应当按照当事人的约定，就各个抵押物的卖得价金分别就其负担金额进行清偿。

2. 连带共同抵押：如果未限定各个抵押物的负担金额时，抵押权人原则上可以任意就设定共同抵押的某个抵押物的卖得价金受偿。此种抵押每个不动产都担保债权的全部。

### （二）动产浮动抵押

1. 特点

（1）主体的特定性：抵押人限于企业、个体工商户、农业生产经营者。

（2）财产的集合性：抵押财产是经营者所有的集合动产，包括现有或者将有的生产设备、原材料、半成品、产品。

（3）财产的不特定性：抵押财产的范围和价值具有变动性。

（4）财产的可让与性：在抵押期间，未出现实现抵押权的情形时，抵押人可以不经抵押权人的允许，在正常的经营活动中转让抵押物。

2. 抵押财产确定

（1）债务履行期届满，债权未实现。

（2）抵押人被宣告破产或者被撤销。

（3）当事人约定的实现抵押权的情形。

（4）严重影响债权实现的其他情形。

3. 规则

（1）应当向抵押人住所地的市场监督管理部门办理登记。

（2）抵押权自 [1] 时设立；未经登记，不得对抗善意第三人。

（3）不得对抗正常经营活动中已支付合理价款并取得抵押财产的买受人。

## 考点 21 质权

1. 权利客体：质权的客体包括动产和权利，不动产不能设定质权。

2. 质押合同：动产质押合同应当采用书面形式，当事人是质权人与出质人。

3. 质权设立：出质人交付质物时，质押权成立即生效，债权人始终对质物享有优先受偿的权利，即动产质权的生效采交付主义要件。以汇票、支票、本票、公司债券设立权利质权的，自交付权利凭证时设立。但是，若未在权利凭证上背书"质押"字样，已经成立的权利质权不得对抗善意第三人。需要指出的是，以占有改定的方式完成交付的，不发生质权设立的效果。

4. 先质押后抵押：《民法典》第415条并未对同一财产之上设立抵押权与质权的顺序作出限定，因此，当事人应当可以在同一财产之上先设立质权，后设立抵押权。同时，依据该条规定，在此情形下，由于质权的设立时间在先，因此，质权的效力应优先于抵押权，不问该抵押权是否办理抵押权的登记。

## 考点 22 留置权

1. 概述

（1）留置权是债权人就其依法占有的债务人的动产，在债务人逾期不履行债务时，有留置该财产以迫使债务人履行债务，并在债务人仍不履行债务时就该财产优先受偿的权利。

（2）留置权是以动产为标的物的担保物权。

（3）留置权的作用在于担保债权受偿，而不在于对物的使用、收益，因此留置权是一种担保物权。

[1] 抵押合同生效。

（4）留置权是一种[1]。留置权在符合一定的条件时，依法律的规定产生，而不是依当事人之间的协议设定。

2. 成立要件

（1）积极要件：①债务人未履行到期债务。例外规定：债务人丧失支付能力或者被宣告破产的，即使债务的履行期尚未届至，债权人可以提前行使留置权，这种留置权称为"紧急留置权"；②债权人合法占有债务人的动产；③债权人占有的动产与所担保的债权属于同一法律关系。

（2）消极要件：①因侵权行为取得动产占有的；②当事人约定不得留置的；③留置不得违反公共秩序或善良风俗；④留置不得与留置人所承担的义务相抵触。

3. 商事留置

（1）双方必须均为企业。

（2）留置权人必须基于营业关系而占有对方的动产。

（3）留置的动产与所担保的债权可以不属于同一法律关系。

4. 效力：同一动产上已设立抵押权或者质权，该动产又被留置的，留置权人优先受偿。

5. 消灭：（1）主债权消灭；（2）留置权实现；（3）留置物灭失；（4）债务人另行提供担保并被债权人接受；（5）留置权人对留置财产丧失占有。

## 考点23　担保物权的竞合与混合担保

### （一）担保物权的竞合

1. 抵押权与抵押权的竞合：（1）抵押权已经登记的，按照登记的时间先后确定清偿顺序；（2）抵押权已经登记的先于未登记的受偿；（3）抵押权均未登记的，按照债权比例清偿。

2. 抵押权与质权的竞合：同一财产既设立抵押权又设立质权的，拍卖、变卖该财产所得的价款按照登记、交付的时间先后确定清偿

[1] 法定担保物权。

顺序。

3.抵押权与留置权、质押权与留置权的竞合：同一动产上已经设立抵押权或者质权，该动产又被留置的，留置权人优先受偿。

4.抵押权、质押权、留置权的竞合：留置权最优先，抵押权与质权之间，按抵押权与质权竞合时的规则处理。

5.动产抵押担保的主债权是抵押物的价款，标的物交付后 [1] 日内办理抵押登记的，该抵押权人优先于抵押物买受人的其他担保物权人受偿，但是留置权人除外。

### （二）混合担保

1.债权实现规则

（1）物保与保证并存时的处理

同一债权之上既有物保也有保证的，当事人有约定的一律依约定，无约定时，若保证与债务人提供的物保并存，则先执行物保，后执行保证；若保证与另一第三人提供的物保并存，则既可以先执行物保，也可以先执行保证。

（2）债务人物保、第三人物保、第三人保证并存时的处理

同一债权之上既有债务人提供的物保，也有第三人提供的物保，且有另一第三人提供的保证的，则债权人应先执行债务人提供的物保；第三人物保和第三人保证之间，则既可以先执行物保，也可以先执行保证。

2.担保人之间的追偿问题

（1）担保人之间关于内部追偿及各自承担的份额，有约定的按约定。

（2）担保人之间约定为连带共同担保，或者约定相互追偿但是未约定分担份额的，则担保人承担了担保责任后，应先向债务人追偿；对于不能追偿的部分，则由各担保人按照人数比例分担各自的份额，超过了自己份额的担保人，可以向其他担保人追偿。若为按份共同担保，则各担保人均在各自份额范围内承担责任，不存在相互追偿的问题。

[1] 10。

（3）担保人之间未对相互追偿作出约定且未约定承担连带共同担保，但是各担保人在同一份合同书上签字、盖章或者按指印，承担了担保责任的担保人，可以根据前述第（2）项规则进行追偿。

## 考点 24 合同效力的特殊规则

1. 无权代理合同的默示追认：无权代理人以被代理人的名义订立合同，被代理人已经开始履行合同义务或者接受相对人履行的，视为对合同的追认。

2. 法定代表人等越权订立合同的效力：法人的法定代表人或者非法人组织的负责人超越权限订立的合同，除相对人知道或者应当知道其超越权限外，该代表行为有效，订立的合同对法人或者非法人组织发生效力。

3. 超越经营范围订立合同的效力：当事人超越经营范围订立的合同的效力，应当依照有关规定确定，不得仅以超越经营范围确认合同无效。

4. 无效免责条款：（1）造成对方人身损害的；（2）因故意或者重大过失造成对方财产损失的。

5. 争议解决方法条款的效力：合同不生效、无效、被撤销或者终止的，不影响合同中有关解决争议方法的条款的效力。

6. 多份合同的效力认定

当事人之间就同一交易订立多份合同，人民法院应当认定其中以虚假意思表示订立的合同无效。当事人就同一交易订立的多份合同均系真实意思表示，且不存在其他影响合同效力情形的，人民法院应当在查明各合同成立先后顺序和实际履行情况的基础上，认定合同内容是否发生变更。法律、行政法规禁止变更合同内容的，人民法院应当认定合同的相应变更无效。

当事人为规避法律、行政法规的强制性规定，以虚假意思表示隐藏真实意思表示的，人民法院应当依据《民法典》第 153 条第 1 款的规定认定被隐藏合同的效力；当事人为规避法律、行政法规关于合同应当办理批准等手续的规定，以虚假意思表示隐藏真实意思表示的，人民法院应当依据《民法典》第502条第2款的规定认定被隐藏合同的效力。

7.无权处分与合同效力

以转让或者设定财产权利为目的订立的合同，当事人或者真正权利人仅以让与人在订立合同时对标的物没有所有权或者处分权为由主张合同无效的，人民法院不予支持；因未取得真正权利人事后同意或者让与人事后未取得处分权导致合同不能履行，受让人主张解除合同并请求让与人承担违反合同的赔偿责任的，人民法院依法予以支持。

前述合同被认定有效，且让与人已经将财产交付或者移转登记至受让人，真正权利人请求认定财产权利未发生变动或者请求返还财产的，人民法院应予支持。但是，受让人依据《民法典》第311条等规定善意取得财产权利的除外。

8.印章与合同效力（"看人不看章"）

法定代表人、负责人或者工作人员以法人、非法人组织的名义订立合同且未超越权限，法人、非法人组织仅以合同加盖的印章不是备案印章或者系伪造的印章为由主张该合同对其不发生效力的，人民法院不予支持。

合同系以法人、非法人组织的名义订立，但是仅有法定代表人、负责人或者工作人员签名或者按指印而未加盖法人、非法人组织的印章，相对人能够证明法定代表人、负责人或者工作人员在订立合同时未超越权限的，人民法院应当认定合同对法人、非法人组织发生效力。但是，当事人约定以加盖印章作为合同成立条件的除外。

合同仅加盖法人、非法人组织的印章而无人员签名或者按指印，相对人能够证明合同系法定代表人、负责人或者工作人员在其权限范围内订立的，人民法院应当认定该合同对法人、非法人组织发生效力。

在前三种情形下，法定代表人、负责人或者工作人员在订立合同时**虽然**超越**代表**或者**代理**权限，但是依据《民法典》第504条的规定构成**表见代表**，或者依据《民法典》第172条的规定构成**表见代理**的，人民法院应当认定合同对法人、非法人组织发生效力。

## 考点 25　缔约过失责任

1. 概念：在订立合同过程中，当事人一方因违反其依据诚实信用原则所产生的先合同义务，而导致他方信赖利益遭受损失时所应承担的损害赔偿责任。

2. 情形

（1）假借订立合同，恶意进行磋商。

（2）故意隐瞒与订立合同有关的重要事实或者提供虚假情况。

（3）有其他违背诚实信用原则的行为。

3. 构成要件

（1）当事人一方违反其依据诚实信用原则所产生的先合同义务。

（2）他方信赖利益遭受损失。

（3）一方违反先合同义务与他方遭受损失之间有因果关系。

（4）违反先合同义务的一方具有过错。

4. 赔偿范围：信赖利益的损失。一般包括：缔约费用、准备履行合同所支出的费用、丧失与第三人另订合同的机会所遭受的损失。

## 考点 26　双务合同履行抗辩权

### （一）同时履行抗辩权（双方都享有）

当事人互负债务，没有先后履行顺序的，应当同时履行。一方在对方履行之前有权拒绝其履行请求。一方在对方履行债务不符合约定时，有权拒绝其相应的履行请求。

### （二）先履行抗辩权（后履行方享有）

又称为"顺序履行抗辩权"：当事人互负债务，有先后履行顺序，应当先履行债务一方未履行的,后履行一方有权拒绝其履行要求。先履行一方履行债务不符合约定的,后履行一方有权拒绝其相应的履行要求。即在任何情况下,只要先履行一方不履行,后履行一方就可以不履行,且不需要承担违约责任。

### (三) 不安抗辩权 (先履行方享有)

1. 主体:先履行方。

2. 时间:履行期限届满前。

3. 条件:举证对方可能失信的情形:(1) 经营状况严重恶化;(2) 转移财产、抽逃资金,以逃避债务;(3) 丧失商业信誉;(4) 有丧失或者可能丧失履行债务能力的其他情形。

4. 效力

(1) 中止履行:当事人中止履行的,应当及时通知对方。对方提供适当担保时,应当恢复履行(变中止为履行)。

(2) 解除合同:中止履行后,对方在合理期限内未恢复履行能力并且未提供适当担保的,中止履行的一方可以解除合同(变中止为解除)。

5. 责任:当事人没有确切证据中止履行的,应当承担违约责任。

## 考点27  合同的保全

### (一) 债权人代位权 (应当增加而不增加)

1. 成立要件

(1) 须有合法、有效的债权债务关系。①非法的债权(如赌债),债权人无代位权。②若债权人对债务人的债权已过诉讼时效,则债权人无代位权。

(2) 须债权人与债务人之间的债务及债务人与第三人(次债务人)之间的债权均到清偿期。

(3) 须债务人怠于行使其对次债务人的金钱债权,并因此影响到债权人的债权实现。

（4）债务人对次债务人的债权**不具有专属性**。专属于债务人自身的债权，是指：①基于人身伤害产生的赔偿请求权；②基于身份关系产生的债权，如基于扶养关系、抚养关系、赡养关系、继承关系产生的给付请求权；③基于劳动关系产生的债权，如劳动报酬、退休金、养老金、抚恤金、安置费等债权；④人寿保险合同的保险金请求权。

2.债权人代位权的行使

（1）原告：债权人（以自己的名义）。

（2）被告：次债务人。

（3）无独立请求权第三人：债务人。债权人以次债务人为被告向法院提起代位权诉讼，未将债务人列为第三人的，法院可以追加债务人为第三人。

（4）管辖：由被告住所地法院管辖。债务人与次债务人的管辖法院协议、仲裁协议（相对性），对提起代位之诉的债权人无约束力。

（5）保全：在代位权诉讼中，债权人请求人民法院对次债务人的财产采取保全措施的，应当提供相应的财产担保。

（6）费用：债权人胜诉的，诉讼费由 [1] 负担（谁败诉，谁承担），从实现的债权中优先支付。代位权的行使范围以债权人的到期债权为限。债权人行使代位权的必要费用（律师费用、差旅费），由债务人负担。

（7）抗辩：次债务人的抗辩权援引。在债权人的代位权诉讼中，次债务人可以主张债务人对债权人的抗辩和次债务人对债务人的抗辩。

（8）法律效果：债权人提起代位权诉讼的，应当认定对债权人的债权和债务人债权均发生诉讼时效中断的效力。

（二）债权人撤销权（不应减少而减少）

1.成立要件

（1）债权人对债务人的债权合法、有效（无须到期）。

（2）债务人在负担债务之后又实施了处分其财产的行为：放弃债

[1] 次债务人。

权、放弃债权担保、恶意延长到期债权的履行期、无偿转让财产、以明显不合理的低价转让财产、以明显不合理的高价收购他人财产、为他人的债务提供担保。

（3）债务人处分其财产的行为影响债权人的债权实现。

（4）在债务人以明显不合理的低价转让财产、以明显不合理的高价收购他人财产以及为他人的债务提供担保这三种场合下，还需要第三人存在恶意。

2. 撤销权的行使

（1）原告：债权人。

（2）被告：债务人。

（3）无独立请求权第三人：可以追加受让人或者受益人为第三人。

（4）管辖法院：被告住所地人民法院。

（5）除斥期间：撤销权自债权人知道或者应当知道撤销事由之日起 1 年内行使。自债务人的行为发生之日起 [1] 年内没有行使撤销权的，该撤销权消灭。

3. 法律效果

（1）实体效果：自人民法院依法撤销债务人的处分行为之日起，债务人的行为 [2]。财产尚未给付的，无须再给付；受益人已经受领债务人财产的，负有返还义务，原物不能返还的，应折价赔偿；受益人支付对价的，享有对债务人的不当得利返还请求权。债权人对其所撤销的财产没有优先受偿权。

（2）程序效果：债权人行使撤销权所支出的诉讼费用、必要费用，由债务人负担。对于上述费用，受益人或者受让人有过错的，应适当分担。

## 考点 28　合同的变更和转让

1. 债权让与

（1）通知主义。

[1] 5。　[2] 自始无效。

（2）抗辩权转移。

（3）债权让与协议自签订时生效，未通知债务人不影响其生效，但对债务人不发生法律效力。

2.债务承担

（1）同意主义。

（2）抗辩权转移。

（3）债务承担协议自签订时生效。

（4）债务承担生效后，受让人成为新的债务人，原债务人退出；若原债务人偿还，则构成第三人代为清偿；偿还后原债务人可向新受让人追偿。

3.合同权利的法定概括移转

（1）法人合并和分立。法人合并的，其权利和义务由合并后的法人享有和承担。法人分立的，其权利和义务由分立后的法人享有连带债权，承担连带债务，但是债权人和债务人另有约定的除外。

（2）营业转让。

（3）继承。继承可导致被继承人生前所订立合同权利义务的概括移转，但以该合同权利义务不具有人身专属性为前提。继承人放弃继承的，对被继承人生前所负债务不负清偿责任。

（4）买卖不破租赁。租赁物在承租人按照租赁合同占有期限内发生所有权变动的，不影响租赁合同的效力。租赁房屋在承租人按照租赁合同占有期限内发生所有权变动，承租人有权请求房屋受让人继续履行原租赁合同。

## 考点29 违约责任

### （一）违约责任概述

| 归责原则 | 无过错归责原则。法定的免责事由只有[1]，因意外事件不能履行合同义务的，不能作为免责事由。 |

---

[1] 不可抗力。

续表

| 构成要件 | 违约行为 | 单方违约与双方违约；双方违约，应当各自承担相应的责任。 |  |
|---|---|---|---|
| | | 实际违约 | 不履行。包括履行不能（客观没有履行能力）和拒绝履行（故意不履行合同义务）。拒绝履行的，对方可以在履行期限届满之前要求其承担违约责任。 |
| | | | 迟延履行：到期后，能履行但是不履行。 |
| | | | 不适当履行：履行不符合合同约定和加害给付。 |
| | | 预期违约 | 包括明示毁约与默示毁约。 |
| 免责事由 | 不可抗力 | 不能预见、不能避免并不能克服的客观情况。如：自然灾害、政府行为、罢工、骚乱等。 |  |
| | | 不可抗力作为免责条款具有强制性，当事人不可约定排除。 |  |
| | 免责条款 | 合同中的下列免责条款无效：<br>1.造成对方人身损害的。<br>2.因故意或者重大过失造成对方财产损失的。 |  |

1. 有违约行为。2. 无免责事由。

（二）违约责任的形式

| 继续履行 | 继续履行以违约为前提。继续履行守约方须提出请求，法院不得径行判决。 |
|---|---|
| | 适用：金钱债务无条件适用。非金钱债务原则上适用，除履行不能；继续履行不适合或强制履行费用过高；债权人在合理期限内未请求履行。 |
| 采取补救措施 | 修理、更换、重作、退货、减少价款或者报酬等。 |
| 赔偿损失 | 也称违约损害赔偿，以支付金钱方式弥补受害方的损失。其他的任何责任形式都可以转化为损害赔偿。 |
| 违约金 | 违约金的调整 | 约定的违约金低于造成的损失的，人民法院或者仲裁机构可以根据当事人的请求予以增加。<br>违约金过分高于造成的损失的，人民法院或仲裁机构可以根据当事人的请求予以适当减少。 |

续表

| 违约金 | 违约金的适用 | 1. 违约金和定金不能同时适用。<br>2. 实际履行不能代替支付违约金。<br>3. 违约金和损害赔偿金不可并用。 |
|---|---|---|

## 考点 30　买卖合同

1. 动产买卖中的交付问题

| 交付的法律效果 | | （1）所有权转移买受人（保留所有权的买卖除外）。<br>（2）风险同时转移买受人。<br>（3）孳息所有权移转买受人。 |
|---|---|---|
| 约定交付地点 | 目的地交货 | 买受人来目的地提货，出卖人把货物交给来提货的人占有之时。 |
| | 指定地点交付承运人 | 双方明确了交付地点，出卖人一方把货物交给指定地点的承运人占有之时。 |
| 没有约定交付地点 | 标的物不需要运输 | （1）出卖人和买受人订立合同时知道标的物在某一地点，买受人上门提货。<br>（2）订立合同时不知道标的物在某一地点的，应当在出卖人订立合同时的营业地交付标的物，买受人上门提货。 |
| | 标的物需要运输 | 买受人把货物交给第一承运人占有之时，完成现实交付。 |

2. 买卖合同风险负担概述及移转规则

| 限定 | （1）风险的发生应该在合同生效之后、终止之前。<br>（2）风险负担仅存在于标的物是特定物或者标的虽是种类物但已经被特定化的场合，即出卖人必须以装运单据、加盖标记、通知买受人等可以识别的方式清楚地将标的物特定于买卖合同，才有风险转移的问题。 |
|---|---|

续表

| 风险负担转移规则 | （1）动产<br>原则：交付主义，有约从约，无约货交第一承运人风险转移。<br>例外：①所有权保留买卖；②一方违约，违约人承担；③在途货物买卖，若为特定物，合同成立，风险转移；若为种类物，合同成立＋种类物特定化＝风险转移。<br>（2）不动产：交付主义<br>注意：①承担风险后，仍可追究违约责任；②风险与所有权没有必然联系。 |
|---|---|

### 3. 普通动产多重买卖所有权移转规则

先交付＞先付款（不要求付全款）＞先成立

| 第一层次看交付 | 至起诉日止，只有交付，依交付取得标的物获得所有权。 |
|---|---|
| 第二层次看付款 | 至起诉日止，谁先付款，谁取得所有权。 |
| 第三层次看先来后到 | 至起诉日止，无交付无付款，合同成立在先优先。 |

### 4. 特殊动产多重买卖所有权移转规则

先交付＞先登记＞先成立

| 交付优先于登记 | 交付给一人，又登记于另一人，交付优先登记。 |
|---|---|
| 第一层次看交付 | 至起诉日止，只有交付，依交付取得标的物获得所有权。 |
| 第二层次看登记 | 至起诉日止，只有登记，给谁登记谁取得所有权。 |
| 第三层次看先来后到 | 至起诉日止，无交付无登记，合同成立在先优先。 |

## 考点 31　特种买卖合同与商品房买卖合同

### （一）保留所有权的买卖合同

| 概念 | 当事人在买卖合同中约定买受人未履行支付价款或者其他义务的，标的物的所有权属于出卖人。 |
|---|---|

续表

| 适用范围 | 仅适用动产买卖，不适用不动产买卖。 | |
|---|---|---|
| 出卖人特殊权利 | 取回权 | 在标的物所有权转移前，买受人有下列情形之一，对出卖人造成损害，出卖人有权主张取回标的物：<br>1. 未按约定支付价款的，经催告后在合理期限内仍未支付。<br>2. 未按约定完成特定条件的。<br>3. 将标的物出卖、出质或者作出其他不当处分的。 |
| | | 例外：<br>1. 买受人已经支付的价款达到标的额总价款的[1]的。<br>2. 买受人实施无权处分后，受让人已经善意取得标的物所有权、质权的。 |
| | 再次出卖权 | 买受人在回赎期限内没有回赎标的物，出卖人可以合理价格将标的物出卖给第三人，出卖所得价款扣除买受人未支付的价款以及必要费用后仍有剩余的，应当返还买受人；不足部分由买受人清偿。 |
| 买受人回赎权 | 适用情形 | 出卖人行使取回权后，买受人在回赎期内享有回赎权。 |
| | 回赎权行使 | 买受人须消除自己的违约行为。未按约定支付价款的，须按约定支付拖欠价款。对标的物实施处分的，须消除标的物上的负担。 |
| | 效力 | 买受人行使赎回权后，出卖人的取回权消灭，出卖人应将标的物返还给买受人。 |
| | 回赎期 | 当事人双方可约定回赎期，不能约定的，由出卖人指定一个合理的期间；买受人必须在回赎期才能行使回赎权。 |

### （二）分期付款买卖合同

| 概念 | 买受人将其应付的总价款，在一定期限内至少分3次向出卖人支付的买卖合同。 |
|---|---|

---

[1] 75%以上。

| | 续表 |
|---|---|
| 出卖人的权利 | 买受人未支付到期价款的金额达到全部价款的 [1] 的，出卖人有权择一行使下列权利：<br>1. 要求买受人一次性支付剩余的全部价款（加速到期权）。<br>2. 行使法定解除权解除合同，并要求买受人支付标的物的使用费（按租金标准支付）。 |
| 买受人保护 | 《民法典》第634条规定的1/5以上这一比例，是强制性规范，且是法定最低比例。当事人的约定违反该比例，损害买受人利益的，约定无效（即约定低于1/5的，损害买受人利益，无效；约定高于1/5的，有效），仍按照1/5以上的比例调整。 |

### （三）试用买卖合同：买受人的认可权与拒绝权

| 性质 | 买受人认可权与拒绝权均属于 [2]。 |
|---|---|
| 期限 | 买受人行使认可权的时间在试用期内。（试用期的长短有约定的按照约定，没有约定且根据合同漏洞填补规则仍不能确定的，由出卖人确定） |
| 方式 | 明示认可 | 以书面或者口头的方式通知出卖人为购买或拒绝购买。 |
| | 默示认可 | 约定有试用期的，试用期届满买受人未作认可表示的，视为购买。 |
| | 推定认可 | 买受人以其行为表示同意购买：<br>1. 标的物因试用交付给买受人后，出卖人请求返还，而买受人拒不返还的。<br>2. 买受人交付一部分或者全部价款的。<br>3. 买受人就标的物行使了出卖、出租、设定担保等非试用行为的。 |
| 效力 | 1. 买受人作出同意购买的，买卖合同生效。<br>2. 买受人拒绝认可的：一是买卖合同确定不发生效力；二是买受人应当返还标的物，并不支付标的物的使用费。 |

### （四）商品房买卖合同

1. 合同的成立与效力

商品房买卖合同是指房地产开发企业将尚未建成或已竣工的房屋

[1] 1/5（20%）以上。 [2] 形成权。

向社会销售并转移房屋所有权于买受人，买受人支付价款的合同。

| | | |
|---|---|---|
| 合同的成立 | 销售广告性质认定 | 商品房的销售广告和宣传资料为要约邀请，但是出卖人就商品房开发规划范围内的房屋及相关设施所作的说明和允诺具体确定，并对商品房买卖合同的订立以及房屋价格的确定有重大影响的，应当视为要约。 |
| | 预约合同与本合同的认定 | 商品房的认购、订购、预订等协议具备商品房买卖合同的主要内容，并且出卖人已经按照约定收受购房款的，该协议应当认定为商品房买卖合同。 |
| 预售许可证 | | 出卖人未取得商品房预售许可证明，与买受人订立的商品房预售合同，应当认定无效，但是在起诉前取得商品房预售许可证明的，可以认定有效。 |
| 预售备案登记 | | （1）商品房预售合同未按照法律、行政法规规定办理登记备案，不因此确认合同无效。<br>（2）当事人约定以办理登记备案手续为商品房预售合同生效条件的，从其约定，但当事人一方已经履行主要义务、对方接受的除外。 |
| 过户登记 | | 在商品房买卖合同中，当事人没有约定的，出卖人应当在下列期限内为买受人办理标的房屋所有权登记手续：<br>（1）商品房买卖合同的标的物为尚未建成的房屋的，自房屋交付使用之日起 90 日。<br>（2）商品房买卖合同的标的物为已竣工的房屋的，自合同订立之日起 90 日。 |

2. 根本违约与合同法定解除权

| | | |
|---|---|---|
| 根本违约情形 | | （1）因房屋主体结构质量不合格不能交付使用，或者房屋交付使用后，房屋主体结构质量经核验确属不合格。<br>（2）因房屋质量问题严重影响正常居住使用。<br>（3）出卖人迟延交付房屋，经催告后在[1]个月的合理期限内仍未履行。<br>（4）合同约定或者法律规定的办理房屋所有权登记的期限届满后超过1年，由于出卖人的原因，导致买受人无法办理房屋所有权登记的。 |
| 效果 | 单方解除权 | 根据《民法典》第563条的规定，非违约方均取得法定解除权。解除合同时有权要求赔偿损失。 |

[1] 3。

## 考点 32　赠与合同

1. 赠与合同的一般规定

| 性质 | 无偿合同 | 在赠与合同中，赠与人依约无偿转移其赠与物的所有权于受赠人，受赠人取得赠与物的所有权而不必向赠与人为相应的对待给付。 |
|---|---|---|
| | 单务合同 | 赠与人只承担将赠与物无偿地交付给受赠人的义务，而受赠人只享受接受赠与物的权利。即使受赠人依约定负有一定义务，该义务与给予赠与物之间不存在对待给付关系，因而不构成双务合同。 |
| | 诺成合同 | 赠与合同为诺成合同，自当事人意思表示一致时成立。 |
| 效力 | 交付赠与财产 | （1）赠与人应按约定将赠与物之所有权交付给受赠人，在赠与物为不动产时，还应协助办理有关登记手续。在具有救灾、扶贫、助残等社会公益、道德义务性质的赠与合同，以及经过公证的赠与合同中，受赠人可以请求交付。<br>（2）赠与人因故意或重大过失致使赠与财产毁损、灭失的，应负损害赔偿责任。 |
| | 瑕疵担保义务 | （1）赠与的财产有瑕疵的，赠与人不承担责任。<br>（2）附义务的赠与，赠与的财产有瑕疵的，赠与人在附义务的限度内承担与出卖人相同的责任。<br>（3）赠与人故意不告知瑕疵或者保证无瑕疵，造成受赠人损失的，应当承担损害赔偿责任。 |

2. 赠与合同的终止

| 任意撤销 | （1）赠与人在赠与财产的权利转移（动产交付、不动产登记）之前可以撤销赠与。 |
|---|---|
| | （2）具有救灾、扶贫、助残等社会公益、道德义务性质的赠与合同或者经过公证的赠与合同，赠与人不得任意撤销。 |

续表

| | |
|---|---|
| 法定撤销 | （1）受赠人有下列情形之一的，赠与人可以撤销赠与：①严重侵害赠与人或者赠与人的近亲属。②对赠与人有扶养义务而不履行。③不履行赠与合同约定的义务。<br>赠与人的撤销权，自知道或者应当知道撤销原因之日起 1 年内行使。<br>（2）因受赠人的违法行为致使赠与人死亡或者丧失民事行为能力的，赠与人的继承人或者法定代理人可以撤销赠与。<br>赠与人的继承人或者法定代理人的撤销权，自知道或者应当知道撤销原因之日起 [1] 个月内行使。<br>（3）撤销权人撤销赠与的，可以向受赠人要求返还赠与的财产。 |
| 穷困抗辩 | 赠与人的经济状况显著恶化，严重影响其生产经营或者家庭生活的，可以不再履行赠与义务。 |

### 考点 33 民间借贷合同

1. 特征

原则上民间借贷合同是诺成合同，但自然人之间的借款合同为实践合同。

2. 当事人的主要义务

（1）贷款人的主要义务：不得预先在本金中扣除利息。预先扣除的，按实际借款数额返还借款并计算利息。

（2）借款人的主要义务：借款人应按照约定期限还款。

①借款人未按照约定的期限还款：应按照约定或有关规定支付逾期利息。

②未约定还款期限或约定不明：借款人可以随时返还；贷款人可以催告借款人在合理期限内返还。

3. 民间借贷合同的无效情形

（1）套取金融机构贷款转贷的。

（2）以向其他营利法人借贷、向本单位职工集资，或者以向公众

[1] 6。

非法吸收存款等方式取得的资金转贷的。

（3）未依法取得放贷资格的出借人，以营利为目的向社会不特定对象提供借款的。

（4）出借人事先知道或者应当知道借款人借款用于违法犯罪活动仍然提供借款的。

（5）违反法律、行政法规强制性规定的。

（6）违背公序良俗的。

4.利息的有无

（1）借贷双方没有约定利息的，出借人一律不得主张支付借期内利息。

（2）借贷双方对利息约定不明的，若为自然人之间的借款合同，出借人不得主张支付利息；在其他的民间借贷合同中，借贷双方对利息约定不明的，出借人可以主张利息，具体利息标准人民法院应当结合民间借贷合同的内容，并根据当地或者当事人的交易方式、交易习惯、市场报价利率等因素确定。

5.利率

（1）出借人请求借款人按照合同约定利率支付利息的，人民法院应予支持，但是双方约定的利率超过合同成立时一年期贷款市场报价利率（LPR）4倍的除外。

（2）借贷双方对逾期利率有约定的，从其约定，但是以不超过合同成立时一年期贷款市场报价利率4倍为限。

（3）既未约定借期内利率，也未约定逾期利率，出借人可以主张借款人自逾期还款之日起参照当时一年期贷款市场报价利率标准计算的利息承担逾期还款的违约责任。

（4）约定了借期内利率但是未约定逾期利率，出借人可以主张借款人自逾期还款之日起按照借期内利率支付资金占用期间的利息。

## 考点34 普通租赁合同

### （一）租赁合同的一般规定

1. 概念：租赁合同是指出租人将租赁物交付给承租人使用、收益，承租人支付租金的合同。租赁物须为法律允许流通的动产和不动产。租赁物为特定的非消耗物。

2. 形式要求：租赁期限 6 个月以上的，应当采用书面形式。当事人未采用书面形式的，视为[1]。

3. 租赁期限：租赁期限不得超过 20 年。超过 20 年的，超过部分无效。

4. 维修义务

（1）出租人应当履行租赁物的维修义务，但当事人另有约定的除外。

（2）承租人在租赁物需要维修时可以要求出租人在合理期限内维修。

出租人未履行维修义务的，承租人可以自行维修，维修费用由出租人负担。因维修租赁物影响承租人使用的，应当相应减少租金或者延长租期。

5. 备案：城镇房屋租赁合同备案并非合同法定有效要件，可以约定为生效要件，但是可以"履行补正瑕疵"。

6. 法定承受：承租人在房屋租赁期内死亡，生前共同居住人可继续按照原合同租赁。

### （二）租赁合同解除权

1. 出租人的法定解除权

（1）未按约使用：承租人未按照约定的方法或者租赁物的性质使用租赁物，致使租赁物受到损失的。

（2）擅自改建或者扩建：承租人擅自变动房屋建筑主体和承重结构或者扩建，在出租人要求的合理期限内仍不予恢复原状的。

---

[1] 不定期租赁。

（3）**非法转租或擅自出租**：承租人未经出租人同意转租的（但出租人知道或者应当知道擅自转租之日起6个月未提出异议的，解除权消灭）。

（4）迟延支付租金：承租人无正当理由未支付或者迟延支付租金，经出租人催告后在合理期间内仍未支付的。

2. 承租人的法定解除权

（1）未依约交付：出租人未依约交付租赁物的。

（2）租赁物毁损、灭失：因不可归责于承租人的事由，致使租赁物部分或者全部毁损、灭失的。

（3）未告知租赁物缺陷：租赁物危及承租人的安全或者健康的，即使承租人订立合同时明知该租赁物质量不合格的。

（4）**一房数租：出租人就同一房屋订立数份租赁合同，在合同均有效的情况下，不能取得租赁房屋的承租人可请求解除合同。**

（5）目的不能实现：租赁房屋被司法机关或者行政机关依法查封的或者租赁房屋权属有争议的。

3. 任意解除权

不定期租赁合同：出租人和承租人均有权随时解除合同，出租人解除合同应当在合理期限之前通知承租人。

## 考点 35 房屋租赁合同

### （一）无效的房屋租赁合同

1. 违法、违章建筑物：违法建筑（无证房）、违章建筑（未取得批准或者超过有效期）的租赁合同无效。如果在一审辩论终结前违法情节消失的，合同转为有效。

2. 提起确认无效之诉：未经出租人同意擅自转租的房屋租赁合同，出租人提起无效之诉或者撤销之诉，受到法院支持，合同转为无效。

3. 转租超期：转租合同期限超过承租人剩余租赁期限，超过部分无效。

### (二) 一房数租

1. 债权具有相容性，一房数租订立多重租赁合同，数份合同在均不存在效力瑕疵的情况下，当然有效。

**2. 合法占有＞依法备案＞成立在先**

（1）出租人就同一房屋订立数份租赁合同，在合同均有效的情况下，承租人均主张履行合同的，法院按照下列顺序确定履行合同的承租人：①已经合法占有租赁房屋的；②已经办理登记备案手续的；③合同成立在先的。

（2）不能取得租赁房屋的承租人可以请求承担解除合同、赔偿损失等违约责任。

### (三) 买卖不破租赁

1. 含义：在租赁合同有效期间，租赁物因买卖等使租赁物的所有权发生变更的，租赁合同对新所有权人仍然有效。

2. 一般构成：（1）租赁合同有效；（2）租赁期间内，租赁物的所有权因买卖、赠与等发生变更。

3. 例外情形：（1）租赁物被没收、征收的；（2）先抵押后出租，或者动产抵押已办理抵押登记，因抵押权人实现抵押权发生所有权变动的；（3）房屋在出租前已被法院依法查封的。

### (四) 承租人的优先购买权

1. 一般规定：出租人出卖租赁房屋的，应当在出卖之前的合理期限内（提前15日，拍卖场合下提前5日）通知承租人，承租人享有以同等条件优先购买的权利。

2. 排除适用

具有下列情形之一，承租人主张优先购买房屋的，法院不予支持：

（1）房屋共有人行使优先购买权的。

（2）出租人将房屋出卖给近亲属，包括配偶、父母、子女、兄弟姐妹、祖父母、外祖父母、孙子女、外孙子女的。

（3）出租人履行通知义务后，承租人在15日内未明确表示购买的。

（4）第三人善意购买租赁房屋并已经办理登记手续的。

【提示】房屋所有权人在租赁期内，侵害承租人优先购买权的处分房屋行为，仍为有权处分，第三人善意购买租赁房屋不适用善意取得。

3.承租人的救济：侵害承租人优先购买权的，承租人不能主张侵权损害赔偿。

### （五）转租问题

1.合法转租

（1）构成要件：①须经出租人同意；②出租人同意转租的推定：出租人知道或者应当知道承租人转租，但在6个月内未提出异议的，推定为同意转租，该转租合同有效；出租人不得再行主张转租合同无效或者主张解除租赁合同；③超期转租未经出租人同意的，超期部分的转租合同无效。

（2）法律效果：①承租人就次承租人的行为对出租人负责，承担损害赔偿责任；②承租人向出租人承担责任之后，承租人可以向次承租人主张违约损害赔偿；③出租人可以基于其所有权向次承租人主张侵权损害赔偿或者物上请求权。

2.非法转租

（1）含义：非法转租，是指承租人未经出租人同意，擅自签订转租合同。

（2）法律效果：①出租人可以对承租人主张解除合同；②租赁期间，承租人非法转租取得的租金不构成不当得利，因为承租人依据合法的租赁关系，对租赁物享有收益权能；出租人若解除租赁合同，则解除之后承租人继续出租取得的租金才构成不当得利；③出租人有权向次承租人主张返还原物请求权。

## 考点 36　融资租赁合同租赁物的归属

1. 出租人和承租人可以约定租赁期限届满租赁物的归属；对租赁物的归属没有约定或者约定不明确，依法仍不能确定的，租赁物的所有权归[1]。

2. 当事人约定租赁期限届满租赁物归承租人所有，承租人已经支付大部分租金，但是无力支付剩余租金，出租人因此解除合同收回租赁物，收回的租赁物的价值超过承租人欠付的租金以及其他费用的，承租人可以请求相应返还。

3. 当事人约定租赁期限届满租赁物归出租人所有，因租赁物毁损、灭失或者附合、混合于他物致使承租人不能返还的，出租人有权请求承租人给予合理补偿。

4. 当事人约定租赁期限届满，承租人仅需向出租人支付象征性价款的，视为约定的租金义务履行完毕后租赁物的所有权归[2]。

5. 融资租赁合同无效，当事人就该情形下租赁物的归属有约定的，按照其约定；没有约定或者约定不明确的，租赁物应当返还出租人。但是，因承租人原因致使合同无效，出租人不请求返还或者返还后会显著降低租赁物效用的，租赁物的所有权归承租人，由承租人给予出租人合理补偿。

## 考点 37　建设工程合同

### （一）无效情形

1. 建设工程施工合同具有下列情形之一的，应当认定无效：
（1）承包人未取得建筑施工企业资质或者超越资质等级的。
（2）没有资质的实际施工人借用有资质的建筑施工企业名义的。
（3）建设工程必须进行招标而未招标或者中标无效的。

2. 关于合同无效与借用资质承包工程的后果：
（1）发包人未取得规划许可证等规划审批手续，当事人可主张施

---

[1] 出租人。　[2] 承租人。

工合同无效，发包人在起诉前取得许可证等规划审批手续的除外；发包人能够办理审批手续而未办理，不得以未办理审批手续为由请求确认施工合同无效。

（2）借用资质承包工程的，若工程质量出现问题需要承担责任，发包方可请求出借人与借用人承担连带责任。

（3）同一建设工程订立的数份建设工程施工合同均无效，但建设工程质量合格，一方当事人有权请求参照实际履行的合同关于工程价款的约定折价补偿承包人；实际履行的合同难以确定，当事人有权请求参照最后签订的合同关于工程价款的约定折价补偿承包人。

### （二）工程价款

1. 验收合格：建设工程施工合同无效，但是建设工程经验收合格的，可以参照合同关于工程价款的约定折价补偿承包人。

2. 验收不合格

（1）建设工程施工合同无效，且建设工程经竣工验收不合格的，按照以下情形分别处理：

①修复后的建设工程经验收合格的，发包人可以请求承包人承担修复费用。

②修复后的建设工程经验收不合格的，承包人无权请求参照合同关于工程价款的约定折价补偿。

（2）发包人对因建设工程不合格造成的损失有过错的，应当承担相应的责任。

### （三）对实际施工人的保护

1. 实际施工人以发包人为被告主张权利：（1）法院应当追加转包人或者违法分包人为本案第三人；（2）发包人在欠付建设工程价款范围内对实际施工人承担责任。

2. 实际施工人在转包人或违法分包人怠于向发包人主张权利时，可向发包人提起 [1]。

---

[1] 代位诉讼。

## 考点 38　行纪合同与中介合同之比较

|  | 合同当事人 | 效力 | 报酬与费用 |
|---|---|---|---|
| 行纪合同 | 行纪人以自己的名义与第三人签订合同 | 归属于行纪人 | 1. 低买或者高卖，可以增加报酬。<br>2. 除另有约定，行纪人处理委托事务支出的费用，由行纪人负担。 |
| 中介合同 | 委托人与第三人签订合同 | 归属于委托人 | 1. 促成合同成立的，自行承担中介活动支出的费用。<br>2. 未促成合同成立的，不得要求支付报酬，但可以要求委托人支付从事中介活动支出的必要费用。 |

## 考点 39　保理合同

1. 概念：保理合同是应收账款债权人将现有的或者将有的应收账款转让给保理人，保理人提供资金融通、应收账款管理或者催收、应收账款债务人付款担保等服务的合同。

2. 特征：(1) [1]（书面形式）；(2) 可以准用债权转让的有关规定。

3. 虚构应收账款的法律后果：应收账款债权人与债务人虚构应收账款作为转让标的，与保理人订立保理合同的，应收账款债务人不得以应收账款不存在为由对抗保理人，但是保理人明知虚构的除外。

4. 基础交易合同行为对保理合同的影响：应收账款债务人接到应收账款转让通知后，应收账款债权人与债务人无正当理由协商变更或者终止基础交易合同，对保理人产生不利影响的，对保理人不发生效力。

5. 保理的分类

（1）有追索权保理：当事人约定有追索权保理的，保理人可以向应收账款债权人主张返还保理融资款本息或者回购应收账款债权，也可以向应收账款债务人主张应收账款债权。保理人向应收账款债务人主张应收账款债权，在扣除保理融资款本息和相关费用后有剩余的，

---

[1] 要式合同。

剩余部分应当返还给应收账款债权人。

（2）**无追索权保理**：当事人约定无追索权保理的，保理人应当向应收账款债务人主张应收账款债权，保理人取得超过保理融资款本息和相关费用的部分，无须向应收账款债权人返还。

6.多重保理的顺位规则：应收账款债权人就同一应收账款订立多个保理合同，致使多个保理人主张权利的：（1）已经登记的先于未登记的取得应收账款；（2）均已经登记的，按照登记时间的先后顺序取得应收账款；（3）均未登记的，由最先到达应收账款债务人的转让通知中载明的保理人取得应收账款；（4）既未登记也未通知的，按照保理融资款或者服务报酬的比例取得应收账款。

## 考点 40　技术合同技术成果权益的归属

1.职务技术成果

（1）职务技术成果是执行本单位的工作任务，或者主要是利用本单位的物质技术条件所完成的技术成果。

（2）职务技术成果归[1]。

（3）完成人的三项权利：署名权；优先受让权；获得物质奖励权。

2.委托技术成果

（1）委托开发的专利归属：有约从约，无约专利权归[2]。

（2）委托人的两权利：免费实施与优先受让权。

3.合作技术成果

合作开发所完成的发明创造，除当事人另有约定的外，申请专利的权利属于合作开发的各方共有。当事人一方转让其专利申请权的，其他各方可优先受让其共有的专利申请权。合作开发的一方声明放弃其共有的专利申请权的，可由另一方单独或其他各方共同申请。申请人取得专利权的，放弃专利权的一方可免费实施该项专利。但合作开发的一方不同意申请专利的，另一方或其他各方不得申请专利。

4.委托开发或者合作开发完成的技术秘密成果的使用权、转让权

[1]单位。　[2]受托人。

以及利益的分配办法,由当事人约定。没有约定或者约定不明确,依照合同漏洞填补规则仍不能确定的,在没有相同技术方案被授予专利权前,当事人均有使用和转让的权利。但是,委托开发的研究开发人不得在向委托人交付研究开发成果之前,将研究开发成果转让给第三人。

5. 其他技术成果的归属,谁完成归谁。

## 考点 41 保证合同

### (一) 保证的种类

1. 当事人约定,债务人不能履行债务时,由保证人承担保证责任的,为一般保证;当事人约定,保证人与债务人对债务承担连带责任的,为连带保证。

2. 当事人在保证合同中约定了保证人在债务人不能履行债务或者无力偿还债务时才承担保证责任等类似内容,具有债务人应当先承担责任的意思表示的,应当将其认定为一般保证。

3. 当事人在保证合同中约定了保证人在债务人不履行债务或者未偿还债务时即承担保证责任、无条件承担保证责任等类似内容,不具有债务人应当先承担责任的意思表示的,应当将其认定为[1]。

4. 当事人对保证方式没有约定或约定不明,一律认定为一般保证。

### (二) 保证合同

1. 保证合同的特征

(1) 保证合同属于要式、单务、无偿、诺成合同。

(2) 债务人与债权人之间的债权合同为主合同,保证合同为从合同。

(3) 保证人责任的无限性:保证人以其全部财产对债务人的债务承担责任。

2. 表现形式

(1) 单独的书面保证合同。

---

[1] 连带责任保证。

（2）在主合同上有保证条款，保证人签字。

（3）在主合同上没有保证条款，但第三人以保证人身份签字。

（4）第三人单方以书面形式向债权人出具担保书，债权人接受且未提出异议。

### （三）一般保证的先诉抗辩权

1. 一般保证的先诉抗辩权指在主合同纠纷未经审判或者仲裁，并就债务人财产依法强制执行仍不能履行债务前，对债权人可以拒绝承担保证责任。

2. 例外：在下列四种情况下一般保证人丧失先诉抗辩权：（1）债务人住所变更，致使债权人要求其履行债务发生重大困难的；（2）债务人下落不明、移居境外，且无财产可供执行；（3）法院受理债务人破产案件，中止执行程序的；（4）保证人以书面形式放弃（要求必须是保证人向债权人或者债务人表明放弃）前述权利的。

### （四）保证期间

1. 性质：除斥期间。

2. 起算点：主债务的履行期限届满。

3. 时长：（1）无约定的，6个月；（2）有约定的，按约定。

约定的保证期间早于主债务履行期限或与主债务履行期限同时届满，或约定保证人承担保证责任直至主债务本息还清时为止，保证期间为6个月。

4. 保证债务的诉讼时效的起算

（1）一般保证：判决或仲裁裁决生效之日起。

（2）连带保证：债权人要求保证人承担保证责任之日起。

## 考点 42　无因管理

1. 构成要件

（1）无因管理须是管理他人事务（误把他人事务当成自己事务管理，不构成无因管理）。

(2)管理人须有为他人管理的意思(利他兼利己,成立无因管理)。

(3)就管理的事务,没有受委托或无法律上原因(无因)。

(4)管理利于本人,且不违反本人明示或者可推知的意思。

2.法律后果

| | | |
|---|---|---|
| 正当的无因管理 | 不成立不当得利 | 正当的无因管理虽使被管理人受益,但有无因管理法定之债,故即使管理人因此而遭受损失,在二者之间也不成立不当得利。 |
| | 与侵权责任的竞合 | 无因管理成立后,管理人在管理事务过程中违反了善良管理人的注意义务,因故意或过失不法侵害被管理人权利的,侵权行为仍可成立。 |
| | 管理人之义务 | (1)必须尽到善良管理人的注意义务。<br>(2)通知义务。<br>(3)计算义务。 |
| | 管理人之权利 | (1)支付必要费用偿还请求权。<br>(2)清偿负担债务请求权。<br>(3)损害赔偿请求权。(不以产生管理结果为前提,不以所受利益范围为限)管理人无报酬请求权。 |
| 不当的无因管理 | | 不当的无因管理,就其管理事务之承担而言不具有违法阻却性,属于不当干预他人事务,为保护被管理人的利益,适用《民法典》侵权责任编的规定。 |

## 考点 43 不当得利

不当得利是指一方无法律上的原因而受有利益,致他方受损害的事实。其中,取得不当利益的人为受益人,财产受到损失的人为受损人。

1.一般构成

(1)一方取得财产利益(一方受益)。一方受有利益是不当得利的前提,该利益包括财产积极增加与财产消极增加。财产积极增加,指财产本不应该增加而增加。财产消极增加,指财产本应减少而未减少。

(2)一方受有损失(一方受损)。此处损失包括财产积极减少与财产消极减少。财产积极减少,指财产本不应该减少而减少。财产消极减少,指财产本应增加而未增加。

(3)取得利益与所受损失间有因果关系。

(4)获得利益没有法律上的根据。

2.排除适用

(1)**强迫得利**:指受损人因其行为使受益人享有利益,但违反了受益人的意思,不符合其经济计划的情形。

(2)反射利益(一方受益,无人受损):指一方的财产因另一方的行为而增值,但并未致另一方损害,故不属于不当得利。

(3)[1]:超过诉讼时效期间,当事人自愿履行的,不受诉讼时效限制,不产生不当得利之债。

(4)履行正当义务:①履行道德上义务;②提前履行未到期债务而丧失期限利益;③明知无债务(无给付义务)而为清偿。

(5)非法利益:基于不法原因而给付(如支付赌债、行贿等)。对于非法所得应追缴国库,而非以不当得利返还。

## 考点 44 人格权

1.生命权、身体权、健康权

| 生命权 | 自然人享有的生命安全不受非法侵害的权利。生命权是自然人作为权利主体的前提条件,也是行使其他权利的基础。故为自然人**最基本的人格权**。 |
|---|---|
| 身体权 | 自然人享有的对其肢体、器官和其他组织进行支配并维护其安全与完整,从而享有一定利益的权利。 |
| 健康权 | 自然人依法享有的维护其健康,保持与利用其劳动能力并排除他人非法侵害的权利。 |

---

[1] 自然债务。

## 2. 姓名权、名称权、肖像权

| | |
|---|---|
| 姓名权 | 侵犯姓名权主要包括以下三类：<br>（1）干涉他人决定、使用、改变姓名。<br>（2）盗用他人姓名。即未经他人同意或授权，擅自以他人的名义实施某种活动，以抬高自己身价或谋求不正当的利益。<br>（3）冒用他人姓名。即使用他人的姓名，冒充他人进行活动，以达到某种目的。 |
| 名称权 | 法人及非法人组织依法享有的决定、使用、改变其名称并排除他人非法干涉的权利。人格权具有专属性，一般不得转让，但是名称权往往具有直接财产利益，所以商业名称权可以转让。名称权的转让是人格权的一个例外。 |
| 肖像权 | 肖像使用权（擅自＋营利）＋肖像利益维护权（恶意损毁、丑化、玷污他人肖像）。 |

## 3. 名誉权、隐私权、荣誉权、个人信息

| | |
|---|---|
| 名誉权 | 公民或法人对自己在社会生活中获得的社会评价、人格尊严享有的不可侵犯的权利。侵犯名誉权具有以下构成要件：<br>（1）主观上具有贬低他人人格的故意。<br>（2）客观上实施了贬损他人人格的行为，即：①新闻报道、书刊进行真人真事的报道都与事实不符；②以侮辱、诽谤的方法损害他人名誉；③捏造事实，陷害他人。上述行为导致他人社会评价降低。<br>（3）上述行为为社会不特定的第三人所知晓。<br>（4）侵权对象指向特定的个人或者群体。 |
| 隐私权 | 自然人享有的对自己拥有的与社会公共生活无关的私人生活信息进行支配并排除他人非法干涉的人格权。一般认为，侵犯他人隐私权的方式主要是未经权利人同意而披露隐私。 |
| 荣誉权 | （1）公民、法人享有荣誉权，禁止非法剥夺公民、法人的荣誉称号。<br>（2）荣誉权的取得可以有多种原因，如因为对科学技术事业作出杰出贡献被授予国家荣誉称号。如国家最高科学技术奖等。<br>（3）公民、法人或其他组织的荣誉权受到侵害的，有权要求停止侵害，恢复名誉，消除影响，赔礼道歉。公民的荣誉权受到侵害的，还可以主张精神损害赔偿。 |

| | 续表 |
|---|---|
| 个人信息 | 自然人的个人信息受法律保护。任何组织和个人需要获取他人个人信息的，应当依法取得并确保信息安全，不得非法收集、使用、加工、传输他人个人信息，不得非法买卖、提供或者公开他人个人信息。<br>个人在个人信息处理活动中的权利有：（1）知情权；（2）决定权；（3）查阅权；（4）复制权；（5）可携带权；（6）提出异议权；（7）更正权；（8）补充权；（9）删除权；（10）解释说明权。 |

### 4. 精神损害赔偿

| | |
|---|---|
| 适用范围 | 下列人格利益和身份利益遭受侵害，情节严重的，受害人或者其近亲属可主张精神损害赔偿：<br>（1）一般人格权。<br>（2）具体人格权（生命权、健康权、身体权、姓名权、肖像权、名誉权、荣誉权、隐私权）。<br>（3）特定身份权：荣誉权、亲权、配偶权。<br>（4）死者的姓名、肖像、名誉、荣誉、隐私、遗体、遗骨等人格利益。<br>（5）具有人格象征意义的特定纪念物品因侵权行为而永久毁损、灭失的。 |
| 排除情形 | （1）法人、非法人组织的人格权受到侵害的。<br>（2）在侵权之诉中未提出精神损害赔偿，诉讼终结后基于同一事实另行起诉请求精神损害赔偿的。<br>（3）加害给付中，受害人提起违约之诉而非提起侵权之诉的，不能主张精神损害赔偿。<br>（4）因侵权致人精神损害，但未造成严重后果，受害人请求赔偿精神损害的，一般不予支持。 |
| 边缘问题 | 侵权致人死亡或者侵害死者利益，有权主张精神损害赔偿的近亲属具有顺序上的限制：<br>（1）第一顺序为[1]（可以作为共同原告）。<br>（2）第二顺序为其他近亲属。仅在没有第一顺序的近亲属时，第二顺序的近亲属才有权主张精神损害赔偿。需要注意的是，如果不是主张精神损害赔偿，则所有的近亲属都可以作为原告起诉。 |

---

[1] 配偶、父母、子女。

续表

| | |
|---|---|
| 边缘问题 | 精神损害抚慰金的请求权，不得让与或者继承。但赔偿义务人已经以书面方式承诺给予金钱赔偿，或者赔偿权利人已经向法院起诉的除外。 |

## 考点 45　结婚

### 1. 结婚的条件

| | |
|---|---|
| 实质条件 | （1）必须男女双方完全自愿。<br>（2）必须达到法定婚龄，即男不得早于 22 周岁，女不得早于 20 周岁。<br>（3）必须符合一夫一妻制，不得重婚。<br>（4）有禁止结婚的亲属关系的（直系血亲和三代以内的旁系血亲）。 |
| 形式条件 | （1）男女双方必须亲自到婚姻登记机关办理结婚登记。<br>（2）我国不承认 1994 年 2 月 1 日之后的事实婚姻，没有登记的只能视为同居（同居期间的财产按共有关系处理）。 |
| 彩礼问题 | 当事人请求返还按照习俗给付的彩礼的，如果查明属于以下三种情形，应当予以支持：<br>（1）双方未办理结婚登记手续的。<br>（2）双方办理结婚登记手续但确未共同生活的。<br>（3）婚前给付并导致给付人生活困难的。<br>适用第（2）（3）项的规定，应当以双方离婚为条件。 |

### 2. 无效婚姻

| | |
|---|---|
| 情形 | （1）重婚的。<br>（2）有禁止结婚的亲属关系的（直系血亲或三代以内旁系血亲）。<br>（3）未到法定婚龄的（男 22 周岁，女 20 周岁）。 |
| 宣告机关 | 法院。 |

3. 可撤销婚姻

| 撤销原因 | （1）因胁迫导致可撤销。<br>（2）因隐瞒疾病导致可撤销。 |
|---|---|
| 撤销机构 | 婚姻登记机关或法院。 |
| 时间 | （1）因胁迫结婚的，受胁迫的一方可以向人民法院请求撤销婚姻。请求撤销婚姻的，应当自胁迫行为终止之日起1年内提出。<br>（2）一方患有重大疾病的，应当在结婚登记前如实告知另一方；不如实告知的，另一方可以向人民法院请求撤销婚姻。请求撤销婚姻的，应当自知道或者应当知道撤销事由之日起1年内提出。 |
| 后果 | 自始无效。当事人不具有夫妻的权利和义务。 |

## 考点 46　法定财产制

1. 共同财产

（1）工资、奖金、劳务报酬。

（2）生产、经营、投资的收益。夫妻一方个人财产在婚后产生的收益，除孳息和自然增值外，应认定为夫妻共同财产。

（3）知识产权收益（婚姻关系存续期间，实际取得或明确可以取得的财产性收益）。

（4）继承或受赠的财产。

（5）其他应当归共同所有的财产。

（6）当事人结婚后，父母为双方购置房屋出资的，依照约定处理；没有约定或者约定不明确的，作为继承或者受赠的财产，为夫妻的共同财产，归夫妻共同所有，但是遗嘱或者赠与合同中确定只归一方的财产除外。

2. 个人财产

（1）一方的婚前财产。

（2）一方因受到人身损害获得的赔偿或者补偿。

（3）遗嘱或赠与合同中确定只归夫或妻一方的财产。

（4）一方专用的生活用品。

（5）当事人结婚前，父母为双方购置房屋出资的，该出资应当认定为对自己子女个人的赠与，但父母明确表示赠与双方的除外。

## 考点 47　离婚

| | |
|---|---|
| 离婚冷静期 | 1. 自婚姻登记机关收到离婚登记申请之日起 30 日内，任何一方不愿意离婚的，可以向婚姻登记机关撤回离婚登记申请。<br>2. 上述期限届满后 30 日内，双方应当亲自到婚姻登记机关申请发给离婚证；未申请的，视为撤回离婚登记申请。 |
| 离婚后的子女抚养 | 1. 离婚后，不满 2 周岁的子女，以由 [1] 为原则。<br>2. 已满 2 周岁的子女，父母双方对抚养问题协议不成的，由人民法院根据双方的具体情况，按照最有利于未成年子女的原则判决。<br>3. 子女已满 8 周岁的，应当尊重其真实意愿。<br>4. 离婚后，子女由一方直接抚养的，另一方应当负担部分或者全部抚养费。 |
| 夫妻共同债务 | 1. 夫妻双方共同签名或者夫妻一方事后追认等共同意思表示所负的债务，以及夫妻一方在婚姻关系存续期间以个人名义为家庭日常生活需要所负的债务，属于夫妻共同债务。<br>2. 夫妻一方在婚姻关系存续期间以个人名义超出家庭日常生活需要所负的债务，不属于夫妻共同债务；但是，债权人能够证明该债务用于夫妻共同生活、共同生产经营或者基于夫妻双方共同意思表示的除外。<br>3. 夫妻对婚姻关系存续期间所得的财产约定归各自所有，夫或者妻一方对外所负的债务，相对人知道该约定的，以夫或者妻一方的个人财产清偿。 |
| 离婚经济补偿 | 夫妻一方因抚育子女、照料老年人、协助另一方工作等负担较多义务的，离婚时有权向另一方请求补偿，另一方应当给予补偿。具体办法由双方协议；协议不成的，由人民法院判决。 |
| 离婚损害赔偿适用情形 | 夫妻一方因下列情形之一导致离婚，对方有权请求损害赔偿：<br>1. 重婚；2. 与他人同居；3. 实施家庭暴力；4. 虐待、遗弃家庭成员；5. 有其他重大过错。 |

[1] 母亲直接抚养。

## 考点 48　法定继承

### （一）法定继承的一般规定

1. 适用

有下列情形之一的，遗产中的有关部分按照法定继承办理：

（1）遗嘱继承人放弃继承或者受遗赠人放弃受遗赠的。

（2）遗嘱继承人丧失继承权的。

（3）**遗嘱继承人、受遗赠人先于遗嘱人死亡的。**

（4）遗嘱无效部分所涉及的遗产。

（5）遗嘱未处分的遗产。

2. 顺位

（1）遗产按照下列顺序继承：①第一顺序：配偶、子女、父母；②第二顺序：[1]。

（2）丧偶儿媳对公、婆，丧偶女婿对岳父、岳母，尽了主要赡养义务的，作为**第一顺序继承人**。

（3）继承开始后，由第一顺序继承人继承，第二顺序继承人不继承。没有第一顺序继承人继承的，由第二顺序继承人继承。

### （二）代位继承条件

1. 须被代位继承人先于被继承人死亡。

2. 须被代位继承人为被继承人的**子女**。

3. 须被代位继承人未丧失继承权。继承人丧失继承权的，其晚辈直系血亲不得代位继承。如该代位继承人缺乏劳动能力又没有生活来源，或对被继承人尽赡养义务较多的，可适当分给遗产。

4. 须代位继承人是被继承人子女的晚辈直系血亲。晚辈直系血亲既包括自然血亲，也包括拟制血亲。晚辈直系血亲的范围不受辈数的限制。

### （三）转继承

1. 概念：指继承人在**被继承人死亡后、遗产分割前死亡**，本该由

---

[1] 兄弟姐妹、祖父母、外祖父母。

该继承人继承的遗产份额转由其法定继承人继承的法律制度。

2.条件：(1)继承人于被继承人死亡后、遗产分割前死亡；(2)继承人未丧失继承权，也未放弃继承权。

## 考点 49　遗嘱

### (一)遗嘱的特征、形式、要件

| | | |
|---|---|---|
| 特征 | 遗嘱是单方民事法律行为，只需遗嘱人一方意思表示即可成立。 | |
| | 遗嘱是死因法律行为，在遗嘱人死后生效。 | |
| | 遗嘱行为必须由遗嘱人亲自独立进行，不得由他人代理。 | |
| | 遗嘱是**要式法律行为**，遗嘱的形式必须符合《民法典》继承编的规定。 | |
| 形式 | 公证 | 公证遗嘱由遗嘱人经公证机关办理。 |
| | 自书 | 自书遗嘱必须由立遗嘱人全文亲笔书写、签名，注明制作的年、月、日。自书遗嘱不需要见证人在场见证即具有法律效力。 |
| | 代书 | 代书遗嘱是指因遗嘱人不能书写而委托他人代为书写的遗嘱。代书遗嘱应当有两个以上见证人在场见证，由其中一人代书，注明年、月、日，并由代书人、其他见证人和遗嘱人签名。 |
| | 录音录像 | 录音录像遗嘱是指遗嘱人用录音的形式制作的自己口述的遗嘱。以录音录像形式设立的遗嘱，应当有两个以上的见证人在场见证。遗嘱人和见证人应当在录音录像中记录其姓名或者肖像以及年、月、日。 |
| | 口头 | 遗嘱人在危急情况下，可以立口头遗嘱。口头遗嘱应当有两个以上见证人在场见证。**危急情况解除后，遗嘱人能够用书面或者录音形式立遗嘱的，所立的口头遗嘱无效。** |
| 遗嘱的有效要件 | 1.立遗嘱人必须有遗嘱能力，即立遗嘱时必须具有完全民事行为能力。<br>2.遗嘱人在立遗嘱时必须意思表示真实。<br>3.遗嘱内容必须合法，即遗嘱的内容不得违反法律、社会公德。<br>4.遗嘱的形式必须符合《民法典》继承编的规定。 | |

续表

| 遗嘱的无效要件 | 1. 伪造的遗嘱无效。<br>2. 遗嘱被篡改的,篡改的内容无效。<br>3. 受胁迫、欺诈所立的遗嘱无效。<br>4. 无行为能力人或者限制行为能力人所立的遗嘱无效。<br>5. 处分了属于国家、集体或他人所有的财产的遗嘱无效。 |
|---|---|

### (二)遗嘱的变更和撤销

| 遗嘱的变更 | 遗嘱的变更,指遗嘱人依法改变原先所立遗嘱的部分内容。遗嘱的撤销,指遗嘱人取消原先所立遗嘱的全部内容。遗嘱是遗嘱人单方意思表示,因此,在遗嘱发生效力前,遗嘱人可以变更、撤销自己所立的遗嘱。 |
|---|---|
| 遗嘱的变更与撤销有两种方式 | 1. 明示方式,即另立新遗嘱,在新遗嘱中声明变更或者撤销原先所立的遗嘱。需要注意的是,自书、代书、录音、口头遗嘱,不得撤销、变更公证遗嘱。所以,如果被变更或者被撤销的遗嘱是公证遗嘱,那么新遗嘱必须重新公证,否则不能发生变更、撤销的效力。<br>2. 默示方式,即通过行为变更、撤销原遗嘱:<br>(1)遗嘱人以不同形式立有数份内容相抵触的遗嘱,以[1]为准。<br>(2)遗嘱人生前的行为与遗嘱的意思表示相反,而使遗嘱处分的财产在继承开始前灭失、部分灭失或所有权转移、部分转移的,遗嘱视为被撤销或部分被撤销。<br>(3)遗嘱人销毁原来所立遗嘱的,视为撤销遗嘱。 |

## 考点 50  共同侵权行为

| 概述 | 共同侵权行为是指二人以上共同故意或者共同过失侵害他人,依法承担连带责任的情形。 |
|---|---|
| 共同侵权行为 | 应当承担连带责任。 |

---

[1] 最后所立的遗嘱。

续表

| | |
|---|---|
| 教唆、帮助他人实施侵权行为 | 1. 应当与行为人承担连带责任。<br>2. 教唆、帮助无民事行为能力人、限制民事行为能力人实施侵权行为的，应当承担侵权责任；该无民事行为能力人、限制民事行为能力人的监护人未尽到监护责任的，应当承担相应的责任。 |
| 共同危险行为 | 1. 连带责任。<br>2. 构成要件：（1）行为的共同危险性；均实施了可能危及他人的违法行为；（2）实际侵权人不明；（3）共同危险行为与损害后果之间具有关联性。<br>3. 免责事由：能证明具体加害人行为所致。<br>4. 责任：（1）外部：连带责任；（2）内部：平均承担。 |
| 无意思联络的数人侵权 | 每个人的侵权行为都足以造成全部损害的，行为人承担连带责任。 |
| | 能够确定责任大小的，各自承担相应的责任；难以确定责任大小的，平均承担赔偿责任。间接结合——根据过失大小或者原因力比例各自承担相应的赔偿责任。 |

## 考点51 特殊主体的侵权责任

### （一）监护人责任

1. 无民事行为能力人、限制民事行为能力人造成他人损害的，由监护人承担侵权责任。监护人尽到监护职责的，可以减轻其侵权责任。

2. 监护人责任是 [1]。

3. 监护人在承担赔偿责任时，有财产的被监护人造成他人损害的，从本人财产中支付赔偿费用。不足部分，由监护人赔偿。

4. 夫妻离婚后，未成年子女侵害他人权益的，同该子女共同生活的一方应当承担民事责任；如果独立承担民事责任确有困难的，可以责令未与该子女共同生活的一方共同承担民事责任。【提示】未成年子女造成他人损害，被侵权人有权请求离异夫妻共同承担侵权责任。

---

[1] 替代责任、无过错责任。

一方不得以未与该子女共同生活为由主张不承担或者少承担责任。未与该子女形成抚养教育关系的继父或者继母不承担监护人的侵权责任。

（二）学校、幼儿园等教育机构的责任

1. 无民事行为能力人在幼儿园、学校或者其他教育机构学习、生活期间受到人身损害的，幼儿园、学校或者其他教育机构应当承担侵权责任；但是，能够证明尽到教育、管理职责的，不承担侵权责任。

2. 限制民事行为能力人在学校或者其他教育机构学习、生活期间受到人身损害，学校或者其他教育机构未尽到教育、管理职责的，应当承担侵权责任。

3. 无民事行为能力人或者限制民事行为能力人在幼儿园、学校或者其他教育机构学习、生活期间，受到幼儿园、学校或者其他教育机构以外的第三人人身损害的，由第三人承担侵权责任；幼儿园、学校或者其他教育机构未尽到管理职责的，承担相应的补充责任。幼儿园、学校或者其他教育机构承担补充责任后，可以向第三人追偿。

（三）用人单位责任

1. 用人单位的工作人员因执行工作任务造成他人损害的，由用人单位承担侵权责任。用人单位承担侵权责任后，可以向有故意或者重大过失的工作人员追偿。【提示】工作人员构成犯罪承担刑事责任的，不影响用人单位依法承担民事责任。

2. 劳务派遣期间，被派遣的工作人员因执行工作任务造成他人损害的，由接受劳务派遣的用工单位承担侵权责任；劳务派遣单位有过错的（如不当选派工作人员、未依法履行培训义务等），承担相应的责任。

3. 个体工商户的从业人员因执行工作任务造成他人损害的，适用《民法典》关于用人单位的工作人员侵权责任的规定认定民事责任。

（四）个人之间劳务产生的侵权责任

1. 个人之间形成劳务关系，提供劳务一方因劳务造成他人损害的，由接受劳务一方承担侵权责任。接受劳务一方承担侵权责任后，可以向有故意或者重大过失的提供劳务一方追偿。提供劳务一方因劳务受到损害的，根据双方各自的过错承担相应的责任。

2. 提供劳务期间，因第三人的行为造成提供劳务一方损害的，提供劳务一方有权请求第三人承担侵权责任，也有权请求接受劳务一方给予补偿。接受劳务一方补偿后，可以向第三人追偿。

（五）违反安全保障义务的侵权责任

1. 宾馆、商场、银行、车站、机场、体育场馆、娱乐场所等经营场所、公共场所的经营者、管理者或者群众性活动的组织者，未尽到安全保障义务，造成他人损害的，应当承担侵权责任。

2. 因第三人的行为造成他人损害的，由第三人承担侵权责任；经营者、管理者或者组织者未尽到安全保障义务的，承担相应的补充责任。经营者、管理者或者组织者承担补充责任后，可以向第三人追偿。

## 考点 52　产品责任

1. 因产品存在缺陷造成他人损害的，生产者应当承担侵权责任。

2. 因产品存在缺陷造成他人损害的，被侵权人可以向产品的生产者请求赔偿，也可以向产品的销售者请求赔偿。产品缺陷由生产者造成的，销售者赔偿后，有权向生产者追偿。因销售者的过错使产品存在缺陷的，生产者赔偿后，有权向销售者追偿。

3. 因运输者、仓储者等第三人的过错使产品存在缺陷，造成他人损害的，产品的生产者、销售者赔偿后，有权向第三人追偿。

4. 因产品缺陷危及他人人身、财产安全的，被侵权人有权请求生产者、销售者承担停止侵害、排除妨碍、消除危险等侵权责任。

5. 产品投入流通后发现存在缺陷的，生产者、销售者应当及时采取停止销售、警示、召回等补救措施；未及时采取补救措施或者补救措施不力造成损害扩大的，对扩大的损害也应当承担侵权责任。生产者、销售者应当负担被侵权人采取召回措施支出的必要费用。

6. 明知产品存在缺陷仍然生产、销售，或者没有依法采取有效补救措施，造成他人死亡或者健康严重损害的，被侵权人有权请求相应的[1]。

[1] 惩罚性赔偿。

## 考点 53　机动车交通事故责任

1. 因租赁、借用等情形机动车所有人、管理人与使用人不是同一人时，发生交通事故造成损害，属于该机动车一方责任的，由机动车[1]承担赔偿责任；机动车所有人、管理人对损害的发生有过错的，承担相应的赔偿责任。

2. 当事人之间已经以买卖或者其他方式转让并交付机动车但是未办理登记，发生交通事故造成损害，属于该机动车一方责任的，由[2]承担赔偿责任。

3. 以挂靠形式从事道路运输经营活动的机动车，发生交通事故造成损害，属于该机动车一方责任的，由挂靠人和被挂靠人承担连带责任。

4. 未经允许驾驶他人机动车，发生交通事故造成损害，属于该机动车一方责任的，由机动车使用人承担赔偿责任；机动车所有人、管理人对损害的发生有过错的，承担相应的赔偿责任，但是法律另有规定的除外。

5. 机动车发生交通事故造成损害，属于该机动车一方责任的，先由承保机动车强制保险的保险人在强制保险责任限额范围内予以赔偿；不足部分，由承保机动车商业保险的保险人按照保险合同的约定予以赔偿；仍然不足或者没有投保机动车商业保险的，由侵权人赔偿。

6. 以买卖或者其他方式转让拼装或者已经达到报废标准的机动车，发生交通事故造成损害的，由转让人和受让人承担连带责任。【提示】不知道且不应当知道该机动车系拼装或者已经达到报废标准不构成抗辩理由。

7. 盗窃、抢劫或者抢夺的机动车发生交通事故造成损害的，由盗窃人、抢劫人或者抢夺人承担赔偿责任。盗窃人、抢劫人或者抢夺人与机动车使用人不是同一人，发生交通事故造成损害，属于该机动车一方责任的，由盗窃人、抢劫人或者抢夺人与机动车使用人承担连带

---

[1] 使用人。　[2] 受让人。

责任。保险人在机动车强制保险责任限额范围内垫付抢救费用的,有权向交通事故责任人追偿。

8.非营运机动车发生交通事故造成无偿搭乘人损害,属于该机动车一方责任的,应当减轻其赔偿责任,但是机动车使用人有故意或者重大过失的除外。

### 考点 54 医疗损害责任

1.患者在诊疗活动中受到损害,医疗机构或者其医务人员有过错的,由医疗机构承担赔偿责任。

2.医务人员在诊疗活动中应当向患者说明病情和医疗措施。需要实施手术、特殊检查、特殊治疗的,医务人员应当及时向患者具体说明医疗风险、替代医疗方案等情况,并取得其明确同意;不能或者不宜向患者说明的,应当向患者的近亲属说明,并取得其明确同意。医务人员未尽到前述义务,造成患者损害的,医疗机构应当承担赔偿责任。

3.因抢救生命垂危的患者等紧急情况,不能取得患者或者其近亲属意见的,经医疗机构负责人或者授权的负责人批准,可以立即实施相应的医疗措施。

4.医务人员在诊疗活动中未尽到与当时的医疗水平相应的诊疗义务,造成患者损害的,医疗机构应当承担赔偿责任。

5.患者在诊疗活动中受到损害,有下列情形之一的,推定医疗机构有过错:

(1)违反法律、行政法规、规章以及其他有关诊疗规范的规定。

(2)隐匿或者拒绝提供与纠纷有关的病历资料。

(3)遗失、伪造、篡改或者违法销毁病历资料。

6.因药品、消毒产品、医疗器械的缺陷,或者输入不合格的血液造成患者损害的,患者可以向药品上市许可持有人、生产者、血液提供机构请求赔偿,也可以向医疗机构请求赔偿。患者向医疗机构请求赔偿的,医疗机构赔偿后,有权向负有责任的药品上市许可持有人、生产者、血液提供机构追偿。

7.患者在诊疗活动中受到损害,有下列情形之一的,医疗机构不承担赔偿责任:

(1)患者或者其近亲属不配合医疗机构进行符合诊疗规范的诊疗(医疗机构或者其医务人员也有过错的,应当承担相应的赔偿责任)。

(2)医务人员在抢救生命垂危的患者等紧急情况下已经尽到合理诊疗义务。

(3)限于当时的医疗水平难以诊疗。

### 考点 55　饲养动物损害责任

1.饲养的动物造成他人损害的,动物饲养人或者管理人应当承担侵权责任;但是,能够证明损害是因被侵权人[1]造成的,可以不承担或者减轻责任。

2.违反管理规定,未对动物采取安全措施造成他人损害的,动物饲养人或者管理人应当承担侵权责任;但是,能够证明损害是因被侵权人故意造成的,可以减轻责任。

3.禁止饲养的烈性犬等危险动物造成他人损害的,动物饲养人或者管理人应当承担侵权责任。(无过错责任)

4.动物园的动物造成他人损害的,动物园应当承担侵权责任;但是,能够证明尽到管理职责的,不承担侵权责任。

5.遗弃、逃逸的动物在遗弃、逃逸期间造成他人损害的,由动物原饲养人或者管理人承担侵权责任。

6.因第三人的过错致使动物造成他人损害的,被侵权人可以向动物饲养人或者管理人请求赔偿,也可以向第三人请求赔偿。动物饲养人或者管理人赔偿后,有权向第三人追偿。

### 考点 56　物件损害责任

1.建筑物、构筑物或者其他设施倒塌、塌陷造成他人损害的,由

---

[1] 故意或者重大过失。

建设单位与施工单位承担连带责任，但是建设单位与施工单位能够证明不存在质量缺陷的除外。建设单位、施工单位赔偿后，有其他责任人的，有权向其他责任人追偿。

2. 因所有人、管理人、使用人或者第三人的原因，建筑物、构筑物或者其他设施倒塌、塌陷造成他人损害的，由所有人、管理人、使用人或者第三人承担侵权责任。

3. 建筑物、构筑物或者其他设施及其搁置物、悬挂物发生脱落、坠落造成他人损害，所有人、管理人或者使用人**不能证明自己没有过错的**，应当承担侵权责任。所有人、管理人或者使用人赔偿后，有其他责任人的，有权向其他责任人追偿。

4. 从建筑物中抛掷物品或者从建筑物上坠落的物品造成他人损害的，由侵权人依法承担侵权责任；**经调查难以确定具体侵权人的，除能够证明自己不是侵权人的外，由可能加害的建筑物使用人给予补偿**。可能加害的建筑物使用人补偿后，有权向侵权人追偿。物业服务企业等建筑物管理人应当采取必要的安全保障措施防止该情形的发生；未采取必要的安全保障措施的，应当依法承担未履行安全保障义务的侵权责任（承担与其过错相应的责任）。

5. 堆放物倒塌、滚落或者滑落造成他人损害，堆放人不能证明自己没有过错的，应当承担侵权责任。

6. 在公共道路上堆放、倾倒、遗撒妨碍通行的物品造成他人损害的，由行为人承担侵权责任。公共道路管理人不能证明已经尽到清理、防护、警示等义务的，应当承担相应的责任。

# 十、民事诉讼法与仲裁制度

## 考点 01 基本原则

1. 当事人诉讼权利平等原则：原被告平等。体现在诉讼权利相同或者相对。

2. 同等与对等原则

（1）【同等】在我国民事诉讼中，赋予外国人或无国籍人与我国当事人同等的诉讼权利义务（国民待遇）。

（2）【对等】外国法院限制我国当事人权利的，我国法院也对该国当事人予以限制（报复）。

3. 辩论原则

（1）辩论贯穿始终，包括但不限于法庭辩论。

（2）当事人是辩论权主体，法院与再审抗诉检察院不是辩论权主体。

（3）辩论原则适用于诉讼程序，不适用于非讼程序和执行程序。

（4）辩论原则对法院裁判具有约束性，法庭审理应围绕当事人争议的事实、证据和法律适用等焦点问题进行。

【提示】未传唤被告出庭，法院直接缺席判决，违反了辩论原则；法院超出当事人主张的事实进行裁判的行为，违反了辩论原则。

4. 处分原则：当事人有权在法律规定的范围内处分自己的民事权利与诉讼权利。

【提示】法院的判决超出了原告的诉讼请求，违反了处分原则。

5. 诚信原则：诚信原则适用于当事人、其他诉讼参与人、法官等所有主体。

6. 检察监督原则

（1）检察院有权对民事诉讼活动（包括审判与执行）实行法律监督。

（2）检察监督的方式包括抗诉与检察建议两种。

7. 支持起诉原则：支持主体不是原告。【提示】检察院自己提起公益诉讼的，不体现支持起诉原则。

8. 在线诉讼原则：经当事人同意，民事诉讼活动可以通过信息网络平台在线进行。在线诉讼与线下诉讼具有同等效力。

## 考点 02　基本制度

### （一）合议制度

1. 法院审理第一审民事案件，由审判员、陪审员共同组成合议庭或者由审判员组成合议庭。合议庭的成员人数，必须是单数。

2. 法院审理第二审民事案件，由审判员组成合议庭。合议庭的成员人数，必须是单数。

3. 发回重审的案件，原审人民法院应当按照第一审程序另行组成合议庭。

4. 审理再审案件，原来是第一审的，按照第一审程序另行组成合议庭；原来是第二审的或者是上级人民法院提审的，按照第二审程序另行组成合议庭。

### （二）回避制度

1. 回避人员：审判人员（包括审判员和陪审员）、执行员、检察人员（出庭抗诉的检察人员+当事人申请检察监督进行审查的检察人员+公益诉讼中的检察人员）、法官助理、书记员、司法技术人员、翻译人员、鉴定人、勘验人员。

2. 回避决定权

（1）院长担任审判长或者独任审判员时的回避，由[1]决定。

（2）审判人员（含陪审员）的回避，由院长决定。

[1] 审判委员会。

（3）其他人员（法官助理、书记员、司法技术人员、翻译人员、鉴定人、勘验人）的回避，由审判长或者独任审判员决定。

（4）检察长的回避，由检察委员会决定。

（5）检察人员和其他人员（书记员、翻译人员、鉴定人、勘验人等）的回避，由检察长决定。

3. 回避事由

（1）是本案当事人或者当事人、诉讼代理人近亲属的。

（2）与本案有利害关系的。

（3）与本案当事人、诉讼代理人有其他关系，可能影响对案件公正审理的。

（4）本人或者其近亲属持有本案非上市公司当事人的股份或者股权的。

（5）担任过本案的证人、鉴定人、辩护人、诉讼代理人、翻译人员的。

（6）审判人员接受当事人、诉讼代理人请客送礼，或者违反规定会见当事人、诉讼代理人的。

（7）接受本案当事人及其受托人宴请，或者参加由其支付费用的活动的。

（8）索取、接受本案当事人及其受托人财物或者其他利益的。

（9）为本案当事人推荐、介绍诉讼代理人，或者为律师、其他人员介绍代理本案的。

（10）向本案当事人及其受托人借用款物的。

（11）在一个审判程序中参与过本案审判工作的审判人员，不得再参与该案其他程序的审判。

发回重审的案件，在一审法院作出裁判后又进入第二审程序的，原第二审程序中的审判人员不受前述限制。

4. 申请回避的时间：[1] 提出。

---

[1] 法庭辩论终结前。

### (三) 公开审判制度

1. 公开审判制度是指人民法院审理民事案件，除法院规定的情况外，审判过程及结果应当向群众、社会公开。

2. 公开审判只包括开庭审理的过程以及法院判决宣告过程的公开，合议庭的评议过程不得公开。公开审理和不公开审理的案件都必须公开宣判。

【提示】诉讼以公开开庭审理为原则，以不公开开庭审理为例外。仲裁以不公开开庭审理为原则，以公开开庭审理和书面审理为例外。

3. 不公开审判的案件

（1）应当不公开审理的案件：涉及国家秘密、个人隐私或法律另有规定的案件，人民法院应当不公开审理。

（2）可以不公开审理的案件：涉及商业秘密、离婚案件，经当事人申请的，人民法院可以决定不公开审理。

4. 裁判文书的公开

（1）公众可以查阅发生法律效力的判决书、裁定书，但涉及国家秘密、商业秘密和个人隐私的内容除外。

（2）向作出该生效裁判的人民法院书面提出，并提供具体的案号或者当事人姓名、名称。

### (四) 两审终审制度

1. 两审终审制，是指一个民事案件经过两级人民法院审判后即宣告终结的制度。

2. 作为两审终审制的例外，下列案件和程序实行一审终审：

（1）最高人民法院所作的一审判决、裁定，为终审判决、裁定。

（2）适用[1]、特别程序、督促程序、公示催告程序和破产程序审理的案件（非讼案件）。

（3）不予受理、驳回起诉、管辖权异议、驳回破产申请裁定以外的所有裁定；所有的决定；一审以民事调解书结案的案件。

---

[1] 小额诉讼程序。

## 考点 03　诉的分类

| 确认之诉 | 原告请求法院确认与被告之间是否存在某种法律关系。 |
|---|---|
| 给付之诉 | 原告请求法院判令被告履行一定给付义务（分为物和行为的给付）。（只有给付之诉的生效判决才有强制执行力） |
| 变更之诉 | 原告请求法院消灭或者变更某种既存的法律关系。 |

## 考点 04　反诉

| 当事人条件 | 由本诉被告对本诉原告提起（反诉当事人限于本诉当事人范围之内）。 |
|---|---|
| 管辖条件 | 与本诉同一个法院，同一个程序。 |
| 时间条件 | 一审程序中，被告应在法庭辩论结束前提出反诉。 |
| 牵连性条件 | 反诉与本诉之间存在事实或法律上的牵连关系。 |
| 独立性条件 | 反诉独立于本诉，不同于反驳。本诉与反诉皆可以独立撤诉。 |

## 考点 05　管辖

1. 级别管辖

| 基层法院 | 绝大多数一审案件。 |
|---|---|
| 中级法院 | （1）重大的涉外案件；（2）本辖区有重大影响的案件；（3）最高院确定的其他案件：[1]（三大知产案件可能在基层）。 |
| 高级法院 | 本辖区内有重大影响的民事案件。 |
| 最高法院 | （1）在全国有重大影响的案件；（2）认为应当由本院审理的案件。 |

---

[1]海事、知产、公益、仲裁。

## 2. 地域管辖

| 原则<br>（原告就被告） | 一般案件。 |
|---|---|
| 例外<br>（被告就原告） | 对不在中国领域内居住的人提起的有关身份关系的诉讼。 |
| | 对下落不明或者宣告失踪的人提起的有关身份关系的诉讼。 |
| | 对被监禁的人或者被采取强制性教育措施的人提起的诉讼。 |
| | 被告被注销户籍的诉讼（双方均被注销户籍的，由被告居住地法院管辖）。 |

## 3. 特殊地域管辖——合同纠纷：被告住所地或合同履行地管辖

| 合同没有实际履行 | （1）合同没有实际履行，但一方当事人的住所地在约定的履行地，被告住所地和合同履行地均有管辖权。<br>（2）合同没有实际履行且约定履行地不在一方当事人住所地的，约定履行地无管辖权。 |
|---|---|
| 合同已经实际履行 | （1）合同约定履行地的，以约定履行地为合同履行地。<br>（2）没有约定或约定不明的，按照法定：<br>①争议标的为给付货币的→接收货币一方所在地（权利方）<br>②交付不动产的→不动产所在地<br>③其他标的→履行义务一方所在地<br>④财产租赁合同、融资租赁合同→租赁物使用地<br>⑤信息网络买卖合同→通过信息网络交付标的的（线上交易），以买受人住所地为合同履行地；通过其他方式交付标的的（线下交易），收货地为合同履行地。（有约定的按约定） |

## 4. 协议管辖

| 案件范围 | 适用于合同纠纷或其他财产权益纠纷。 |
|---|---|
| 适用方式 | 必须采用书面方式。 |
| 可选法院 | 与争议有实际联系的地点的法院。<br>【关于选择法院的数量】管辖协议约定两个以上与争议有实际联系地点的法院有效，原告可选择其中一个法院起诉。 |
| 消极要件 | 不得违反级别管辖和专属管辖。 |

5. 专属管辖

| | |
|---|---|
| 不动产纠纷 | 不动产所在地法院管辖。<br>不动产纠纷是指因不动产的权利确认、分割、相邻关系等引起的物权纠纷。农村土地承包经营合同纠纷、房屋租赁合同纠纷、建设工程施工合同纠纷、政策性房屋买卖合同纠纷，按照不动产纠纷确定管辖。 |
| 港口作业纠纷 | 港口所在地法院管辖。 |
| 继承遗产纠纷 | 被继承人死亡时住所地或主要遗产所在地法院管辖。 |

6. 移送管辖与管辖权转移

| 区别 | 移送管辖 | 管辖权转移 | 相同点 |
|---|---|---|---|
| 性质 | 无管辖权，故将案件移送。 | 有管辖权，将管辖权和案件转移。 | 都是以裁定方式实现管辖，是对法定管辖的补充。 |
| 目的 | 纠正管辖错误（包括地域管辖和级别管辖的错误）。 | 对级别管辖的变通。 | |
| 程序 | 单方行为，无须受移送法院的同意。 | 包括向上转移（提审、报请）和向下转移（经上级法院批准）。 | |

7. 当事人未提出管辖异议，并应诉答辩或者提出反诉的，视为受诉人民法院有管辖权，但违反级别管辖和专属管辖规定的除外。

## 考点 06 共同诉讼、代表人诉讼、公益诉讼

1. 共同诉讼

| 区别 | 必要共同诉讼 | 普通共同诉讼 |
|---|---|---|
| 诉讼标的 | 共同的一个。 | 同一种类的多个。 |
| 是否可分 | 必须合并审理，合一判决。 | 经法院和当事人都同意，可合并审理；但分别判决。 |
| 共同诉讼人之间关系 | 一人诉讼行为经他人承认，即对他人有效，否则只及于本人。 | 一人诉讼行为只对自己有效，效力不及于他人。 |

## 2. 代表人诉讼

| 代表人的人数 | 一方或者双方 10 人以上，从中选出 [1] 人。 |
|---|---|
| 代表人的地位 | 诉讼行为对本方有效，但两种行为需经本方全体同意：（1）变更、放弃诉讼请求或承认对方诉讼请求；（2）进行和解。 |
| 代表人的选择 | 【人数确定的代表人诉讼】推选（推选不出代表人的当事人，在必要共同诉讼中亲自参加诉讼，在普通共同诉讼中可另行起诉）。 |
| | 【人数不确定的代表人诉讼】推选→协商→法院指定。 |

## 3. 公益诉讼的起诉受理条件

| 对污染环境、侵害众多消费者合法权益等损害社会公共利益的行为，法律规定的机关和有关组织可以向法院提起诉讼。（个人不得提起公益诉讼） ||
|---|---|
| 起诉主体 | （1）环保组织。（在设区的市级以上政府民政部门登记，且专门从事环境保护公益活动连续 5 年以上、无违法犯罪记录的社会组织） |
| | （2）省级以上消费者保护协会。（中国消协以及在省、自治区、直辖市设立的消协） |
| | （3）检察院。（针对破坏生态环境和资源保护、食品药品安全领域侵害众多消费者合法权益，侵害英雄烈士等的姓名、肖像、名誉、荣誉等损害社会公益的行为，在没有法定机关、组织或法定机关、组织不起诉的情况下，检察院可起诉；拟提起公益诉讼的，应当依法公告，公告期间为 [2]。法定机关、组织起诉的，检察院可支持起诉） |
| 管辖法院 | 侵权行为地或被告住所地的中级法院。 |
| 相关程序 | 【告知】立案后法院应在 10 日内书面告知相关行政主管部门。 |
| | 【公告】当事人达成和解或调解协议后，法院应将和解或调解协议公告不少于 30 日；公告期满，经审查，不违反社会公益的，法院直接制作调解书。（注意：公益诉讼在和解后，不得撤诉） |

[1] 2~5。 [2] 30 日。

续表

| | |
|---|---|
| 【撤诉限制】公益诉讼原告撤诉必须在法庭辩论结束前。<br>【法院释明】法院认为原告提出的诉讼请求不足以保护社会公共利益的,可以向其释明增加或变更诉讼请求。<br>【不能反诉】公益诉讼中,被告提起反诉的,不予受理。 | |
| 【与私益诉讼的关系】公益诉讼不影响同一侵权行为的受害人自行向法院起诉。 | |
| 【与其他公益主体的关系】<br>(1)在公益诉讼案件一审开庭前,其他机关和有关组织另行向法院起诉的,可允许参加诉讼,列为共同原告。<br>(2)法院对公益诉讼作出生效裁判后,其他机关和有关组织就同一侵权行为另行向法院提起诉讼的,法院不予受理,但因驳回起诉或者有新证据的除外。 | |

## 考点 07  第三人、第三人撤销之诉

1. 无独三与有独三之比较

| 区别 | 有独立请求权第三人 | 无独立请求权第三人 |
|---|---|---|
| 参诉根据 | 对本诉诉讼标的主张独立请求权。 | 与本诉处理结果有法律上的利害关系。 |
| 参诉方式 | 以起诉的方式参加(法院不得追加)。 | 申请参加或法院通知参加。 |
| 诉讼地位 | 处于原告地位(以原告和被告为被告)。 | 辅助原告或被告一方,也有独立地位。 |
| 诉讼权利 | 享有原告的诉讼权利(如撤诉、上诉等),但不能提出管辖权异议。 | (1)可独立行使申请回避、辩论等权利;(2)无权提出管辖权异议;(3)不完全上诉权(判决承担责任的可上诉);(4)不完全的调解签收权(确定无独三承担义务的,需要其同意)。 |

2.第三人撤销之诉

(1)管辖:作出生效裁判的法院。

(2)当事人:以第三人为原告,以原诉的原告与被告为被告。

(3)提起时间:自知道或者应当知道其民事权益受到损害之日起6个月内。

(4)适用程序:普通程序(可上诉)。

(5)对执行程序的影响:法院受理第三人撤销之诉后,一般不中止原生效裁判的执行。原告提供担保请求中止执行的,法院可准许。

## 考点 08　诉讼代理人

1.法定代理人的诉讼地位

法定代理人并非当事人,但诉讼地位相当于当事人,诉讼权利义务也与当事人相同。

【提示】法定代理人可以委托诉讼代理人,委托代理人的被代理人是法定代理人,而非当事人。

2.委托代理人的特别授权:(1)代为承认、放弃、变更诉讼请求;(2)进行和解、调解;(3)提起反诉、上诉。

【提示】授权委托书仅写"全权代理"或"特别授权",为一般授权。特别授权的每一项授权都需要明确、具体写明。

3.涉外民事诉讼中的外籍当事人,可委托本国人为诉讼代理人,也可委托本国律师以非律师身份担任诉讼代理人。

4.离婚案件有诉讼代理人的,本人除不能表达意思以外,仍应出庭。

## 考点 09　证据的法定种类

(一)书证与物证

1.书证:以载体上记载或表示的内容、含义来证明案件事实。

2.物证:以载体的物理特征(颜色、大小、损害状态、存在状态等）来证明案件事实。

## （二）视听资料与电子数据

1. 视听资料：基于磁性介质的模拟信号数据。
2. 电子数据：基于电子介质（0、1代码）的数据。

## （三）证人证言与鉴定意见

1. 自然人作证

（1）不能正确表达意思的人，不能作为证人。待证事实与其年龄、智力状况或者精神状况相适应的无民事行为能力人和限制民事行为能力人，可以作为证人。

（2）原则：证人出庭为原则。

（3）例外：不出庭。(法定情形：因健康原因不能出庭的；因路途遥远，交通不便不能出庭的；因自然灾害等不可抗力不能出庭的；其他有正当理由不能出庭的)

①符合法定情形：以书面证言、视听传输技术或者视听资料等方式作证。

②不符合法定情形：不得作为认定案件事实的依据。

（4）证人出庭的程序启动：当事人申请或法院依职权通知。未经人民法院通知，证人不得出庭作证，但双方当事人同意并经人民法院准许的除外。

（5）证人保证书：证人出庭作证前，法院应当告知其如实作证的义务以及作伪证的法律后果，并签署保证书，但无民事行为能力人和限制民事行为能力人除外。证人拒绝签署保证书的，不得作证，并自行承担相关费用。

（6）证人出庭作证费用的补偿：证人因履行出庭作证义务而支出的交通、住宿、就餐等必要费用以及误工损失，由败诉一方当事人负担。当事人申请证人作证的，由该当事人先行垫付；当事人没有申请，人民法院通知证人作证的，由人民法院先行垫付。

## 2. 鉴定意见

（1）鉴定的准备：鉴定开始之前，法院应当要求鉴定人签署承诺书，组织当事人对鉴定材料进行质证。未经质证的材料，不得作为鉴定的根据。

（2）鉴定人出庭作证

①法定情形：当事人对鉴定意见有异议；法院认为鉴定人有必要出庭。

②程序：对当事人的异议，法院应当要求鉴定人作出解释、说明或者补充；当事人收到鉴定人书面答复后仍有异议的，法院应当通知有异议的当事人预交出庭费用，通知鉴定人出庭。

③不出庭的后果：鉴定意见不得作为定案根据；当事人可要求返还鉴定费用。

（3）签名、盖章：鉴定意见书由鉴定人签名、盖章，并附鉴定人的相应资格证明；委托机构进行鉴定的，鉴定书应当由鉴定机构盖章，并由从事鉴定的人员签名。多名鉴定人对同一问题进行鉴定，出现不同意见的，应当如实注明。（没有少数服从多数一说）

（4）专家辅助人（有专门知识的人）：专家辅助人在法庭提出的意见视为[1]。专家辅助人既非鉴定人，亦非证人。其出庭费用由申请方当事人承担。审判人员、当事人可以询问专家辅助人，双方的专家辅助人可以对质。

## 考点 10　证明责任

### （一）概述

1. 证明责任的后果只有在待证事实处于真伪不明的情况下才会出现。

2. 证明责任对法官来说是一种判案方法，对当事人来说是一种败诉风险。

3. 某一事实的证明责任只能由一方承担，不能同时由双方承担。

[1] 当事人陈述。

4. 证明责任由法律预先设定，不会在原被告之间发生转移。

5. 证明责任的分配，以正置（谁主张、谁举证）为原则，以倒置为例外。

6. 当事人不得协议分配证明责任。

7. 原告起诉要求法院确认某种法律关系不存在，应由其承担证明责任，但这种证明责任体现为对被告提出法律关系存在的证据的反驳。

### （二）合同案件的证明责任分配

1. 主张法律关系存在的当事人，应当对产生该法律关系的基本事实承担举证证明责任。

2. 主张法律关系变更、消灭或者权利受到妨害的当事人，应当对该法律关系变更、消灭或者权利受到妨害的基本事实承担举证证明责任。

### （三）特殊侵权案件的倒置

| 特殊侵权案件类型 | 倒置的事实（由被告举证） |
| --- | --- |
| 新产品方法和发明专利侵权 | 产品制造方法不同于专利方法（侵权行为） |
| 建筑物、构筑物、搁置物、悬挂物脱落、坠落，堆放物倒塌侵权 | 所有人或者管理人无过错<br>【提示】过错推定原则的侵权案件，皆为行为人过错的证明责任倒置 |
| 环境污染侵权 | 因果关系 |
| 共同危险行为侵权 | 具体侵权人（其行为和结果间的因果关系） |

## 考点 11　证明程序

### （一）举证

1. 法院依职权调查收集证据的范围

（1）①可能损害国家利益、社会公共利益的；②涉及公益诉讼的；③当事人有恶意串通损害他人合法权益可能的。

（2）涉及身份关系的。

（3）涉及依职权追加当事人、中止诉讼、终结诉讼、回避等程序性事项的。

2. 举证期限

（1）举证期限的确定

①由当事人协商一致，并经法院认可。期限长短无限制。

②由法院指定，一审普通程序不少于 15 日；适用简易程序的不得超过 15 日；小额诉讼案件的举证期限一般不得超过 [1] 日。

（2）当事人在举证期限届满前可以向法院书面申请延长举证期限。

（3）逾期举证的后果

| 因客观原因逾期，或者对方当事人对逾期未提出异议 | 视为未逾期 |
| --- | --- |
| 因故意或者重大过失逾期提供的证据 | 与案件基本事实无关 | 不予采纳 |
| | 与案件基本事实有关 | 应采纳，并对其训诫、罚款 |
| 非因故意或重大过失逾期提供的证据 | 应采纳，并对其训诫 |

**（二）质证**

1. 未经质证的证据，不能作为定案根据。

（1）法院依申请调查收集的证据，作为申请方当事人提供的证据进行质证。

（2）法院依职权调查收集的证据，由审判人员对调查收集证据的情况进行说明后，听取当事人的意见。

（3）检察院因履行法律监督职责向当事人或者案外人调查核实的情况，应当向法庭提交并予以说明，由双方当事人进行质证。

2. 以公开质证为原则，涉密证据不公开质证。

3. 质证的时间

（1）原则：法庭上出示质证。

（2）例外：当事人在审理前的准备阶段认可的证据，在人民法院调查、询问过程中发表过质证意见的证据，经审判人员在庭审中说明

[1] 7。

后,视为质证过的证据。

(三) 认证

1.【非法证据排除规则】对以严重侵害他人合法权益、违反法律禁止性规定或严重违背公序良俗的方法形成或获取的证据,不得作为定案根据。

2.【附条件自认规则】在诉讼中,当事人为达成调解或和解协议作出妥协而认可的事实,不得在后续诉讼中作为对其不利的根据,但法律另有规定或当事人均同意的除外。

3.【文书提出命令规则】书证在对方当事人控制之下,承担举证证明责任的当事人可以在举证期限届满前书面申请人民法院责令对方当事人提交。(适用于电子数据、视听资料)

(1) 控制书证的当事人无正当理由拒不提交的,人民法院可以认定申请人所主张的书证内容为真实。

【提示】持有书证的一方破坏书证,法院可罚款、拘留。

(2) 持有书证的当事人以妨碍对方当事人使用为目的,毁灭或者实施其他导致书证不能使用行为的,法院可以认定申请人所主张以该书证证明的事实为真实。

## 考点 12  法院调解

(一) 法院调解的案件范围

1. 可以调解:一审、二审和再审案件。

2. 不可调解:(1) 特别、督促、公示催告程序案件;(2) 婚姻关系、身份关系确认案件;(3) 执行程序。

(二) 先行调解

当事人起诉到人民法院的民事纠纷,如果适宜进行调解的,人民法院在征得当事人同意的情况下可以组织调解。

调解达成协议的,当事人双方可以向人民法院申请司法确认;人民法院也可以在立案后制作调解书送达双方当事人。当事人拒绝调解的，人民法院不得进行调解。

（三）诉讼和解

诉讼过程中，当事人可以自行达成和解协议，达成和解协议后，有两种方式结案：

1. 和解后申请撤诉。

2. 申请法院根据和解协议制作调解书。

【提示】撤诉和制作调解书两种结案方式的法律效果不同：

（1）撤诉即撤回起诉，撤回起诉后案件未经过实体处理，当事人可以再次起诉。

（2）制作调解书，调解书具有强制执行力，一方不履行，另一方可以申请强制执行调解书。

（四）法院调解的原则

1.【自愿】（1）启动调解自愿；（2）达成调解自愿。

【提示】典型的调解前置案件：（1）离婚；（2）[1]；（3）简易程序审理的：婚姻家庭纠纷和继承纠纷，劳务合同纠纷，交通事故和工伤事故引起的权利义务关系较为明确的损害赔偿纠纷，宅基地和相邻权纠纷，合伙协议纠纷，诉讼标的额较小的纠纷。

2.【合法】调解协议内容符合法律的禁止性规定。

（五）调解书

1. 可以适用调解笔录结案的情况（无须制作调解书）：

（1）调解和好的离婚案件；

（2）调解维持收养关系的案件；

（3）能够即时履行的案件；

（4）当事人各方同意在调解协议上签章后生效的案件。

2. 可以制作判决书的调解案件：当事人自行和解或者经调解达成协议后，不得请求法院制作判决书。例外：（1）无民事行为能力人的离婚案件；（2）涉外民事诉讼。

3. 调解的生效：调解书送达各方当事人（签收）后生效。提供担

---

[1] 小额诉讼。

保的案外人或不承担义务的无独三拒签调解书，不影响调解书的生效。担保自符合《民法典》规定的条件时生效，与是否签收调解书无关。

## 考点 13 期间、送达

### （一）期间

1. 期间开始的时和日不计算在期间内。

2. 期间届满的最后一日是法定休假日的，以法定休假日后的第一日为期间届满的日期（仅期间届满最后一日为法定休假日的才顺延，期间开始或者中间有法定休假日的不能扣除）。

3. 期间不包括诉讼文书的在途时间。

4. 期间分为法定期间和指定期间。法定期间又包括绝对不可变（上诉期）与相对不可变期间（审限）。

5. 当事人因不可抗拒的事由或者其他正当理由耽误期限的，在障碍消除后的10日内，可申请顺延期限，是否准许由法院决定。

### （二）送达

1.【直接送达】向受送达人、同住成年家属（离婚案件当事人除外）、诉讼代理人或指定代收人送达。

2.【留置送达】受送达人或其同住成年家属拒绝接收诉讼文书的，送达人可留置送达。留置方法：（1）见证法；（2）拍照、录像法。

3.【电子送达】经受送达人同意，法院可以采用能够确认其收悉的[1]送达诉讼文书。通过电子方式送达的判决书、裁定书、调解书，受送达人提出需要纸质文书的，人民法院应当提供。以送达信息到达受送达人特定系统的日期为送达日期。

4.【转交送达】仅适用于军队、监禁机关、强制性教育措施单位。

5.【委托送达】法院之间的委托，不得委托派出所、居委会等。

6.【邮寄送达】送达成功的标志不看送达回证，看回执。

7.【公告送达】受送达人下落不明或者其他方式均无法送达。国内诉讼公告之日经过[2]日、涉外诉讼公告之日经过3个月视为送达。

---

[1] 电子方式。 [2] 30。

8.（1）调解书、支付令、简易程序都不可公告送达。

（2）调解书不可留置送达（因为需要当事人签字生效），支付令可留置送达。

## 考点 14　保全与先予执行

1. 保全

| 区别 | 诉前（包括仲裁前）保全 | 诉中保全 |
| --- | --- | --- |
| 提起时间 | 在起诉或申请仲裁前。 | 在诉讼过程中。 |
| 提起主体 | 由利害关系人申请。 | 由当事人申请或由法院依职权采取。 |
| 管辖法院 | 被保全财产所在地、被申请人住所地或对案件有管辖权的法院（人、物、管）。 | 受案法院。 |
| 提供担保 | 应当提供担保。 | 可以责令提供担保。 |
| 裁定时限 | 法院必须在 48 小时内作出裁定。 | 情况紧急应在 48 小时内裁定，一般情况无限制。 |
| 错误赔偿 | 申请人赔偿。 | 依申请→申请人赔偿。<br>依职权→法院赔偿。 |
| 保全后要求 | 保全后，申请人应在 30 日内起诉（执行前保全应在 5 日内申请执行）。 |  |

2. 先予执行（以"四费一酬一金"案件为主）

| 范围 | （1）追索 [1] 等案件。<br>（2）追索劳动报酬。<br>（3）情况紧急需要先予执行：①需要立即停止侵害、排除妨碍的；②需要立即制止某项行为的；③追索恢复生产、经营急需的保险理赔费的；④需要立即返还社会保险金、社会救助资金的；⑤不立即返还款项，将严重影响权利人生活和生产经营的。 |
| --- | --- |

[1] 赡养费、扶养费、抚养费、抚恤金、医疗费。

续表

| | |
|---|---|
| 条件 | （1）当事人之间权利义务关系明确。<br>（2）申请人有实现权利的迫切需要。<br>（3）当事人申请（不能依职权）。<br>（4）被申请人有履行能力。 |
| 时间 | 诉讼过程中（案件受理后，终审判决作出前）。 |
| 程序 | 法院可以责令申请人提供担保，经责令拒不提供的，裁定驳回申请（担保不是必需的）。 |
| 范围 | 限于当事人诉讼请求范围，并且以当事人生产、生活急需为限。 |
| 救济 | 对先予执行的裁定不服可以申请复议（同级复议），复议不停止执行。 |

## 考点 15　起诉与受理

### （一）起诉

1. 法定条件

（1）原告是与本案有直接利害关系的公民、法人和其他组织。（实质要求）

（2）有明确的被告。（形式要求）

法院受理后，原告不能提供被告准确的送达地址（法院也无法查清），导致无法送达应诉通知书的，可以被告不明确为由裁定驳回原告起诉。

（3）有具体的诉讼请求、事实和理由。

（4）属于法院受理民事诉讼的范围和受诉法院管辖。

2. 法院对起诉的处理

起诉→立案登记（出书面凭证）→[1]日内：立案或者裁定不予受理。

### （二）受理

1. 当事人撤诉或法院按撤诉处理后，当事人再次起诉的，法院应当受理。

---

[1] 7。

2.判决不准离婚和调解和好的离婚案件，判决、调解维持收养关系的案件，没有新情况、新理由，原告在6个月内起诉的，不予受理。

3.赡养费、扶养费、抚养费案件的裁判生效后，发生新情况、新理由，一方当事人再次起诉要求增减费用的，法院作为新案处理。

4.当事人超过诉讼时效期间起诉的，法院应予受理，受理后，被告如果主张时效抗辩，并且审理查明无中止、中断、延长事由的，判决驳回诉讼请求（以被告抗辩为前提）。

5.女方在怀孕期间、分娩后1年内或终止妊娠后6个月内，男方不得提出离婚。但女方提出离婚的，或法院认为确有必要受理男方离婚请求的，不在此限。

6.对下落不明人起诉离婚，而不申请宣告失踪或死亡的案件，法院应当受理，对下落不明人用公告送达诉讼文书。

（三）一事不再理

关于后诉与前诉（前诉已有裁判），同时满足下列三项条件的，构成重复起诉，法院对后诉不予受理：

1.后诉与前诉的当事人相同。（系指当事人范围的同一性，也包括诉讼地位相反的情况）

2.后诉与前诉的诉讼标的相同。

3.后诉与前诉的诉讼请求相同，或后诉诉讼请求实质上否定前诉裁判结果。（诉讼请求已经审过）

（四）虚假诉讼

以下情形，法院应当驳回当事人的请求，并根据情节轻重予以罚款、拘留，构成犯罪的，依法追究刑事责任：

1.当事人之间恶意串通，企图通过诉讼、调解等方式侵害国家利益、社会公共利益或者他人合法权益。

2.当事人单方捏造民事案件基本事实，向法院提起诉讼，企图侵害国家利益、社会公共利益或者他人合法权益。

## 考点 16  普通程序独任审理

1. 基层人民法院审理的基本事实清楚、权利义务关系明确的第一审民事案件，可以由审判员一人适用普通程序独任审理。

2. 中级人民法院对第一审适用简易程序审结或者不服裁定提起上诉的第二审民事案件，事实清楚、权利义务关系明确的，经双方当事人同意，可以由审判员一人独任审理。

3. 人民法院审理下列民事案件，不得由审判员一人独任审理：
（1）涉及国家利益、社会公共利益的案件。
（2）涉及群体性纠纷，可能影响社会稳定的案件。
（3）人民群众广泛关注或者其他社会影响较大的案件。
（4）属于新类型或者疑难复杂的案件。
（5）法律规定应当组成合议庭审理的案件。
（6）其他不宜由审判员一人独任审理的案件。

4. 人民法院在审理过程中，发现案件不宜由审判员一人独任审理的，应当裁定转由合议庭审理。

5. 当事人认为案件由审判员一人独任审理违反法律规定的，可以向人民法院提出异议。人民法院对当事人提出的异议应当审查，异议成立的，裁定转由合议庭审理；异议不成立的，裁定驳回。

## 考点 17  普通程序的审理与裁判

### （一）评议与宣判

1. 合议庭评议：（1）秘密；（2）少数服从多数（少数意见必须记入评议笔录，笔录由合议庭成员签名）。

2. 宣判

（1）宣判方式：当庭宣判（[1]日内发判决书）和定期宣判（立即发判决书）。

（2）法院的附带告知义务：

---
[1] 10。

①宣判时，必须告知当事人上诉权利、上诉期限和上诉的法院。

②宣告离婚判决，必须告知当事人在判决发生法律效力前不得另行结婚。

### (二) 判决书错误的救济

1. 瑕疵救济（笔误、文字错误、计算错误）：以裁定书的方式补正即可。【提示】在仲裁程序中，仲裁庭也可补正仲裁裁决书的笔误。

2. 实质错误的救济（二审或再审）

一审宣判后，原审法院发现判决有错误，当事人在上诉期内提出上诉的，原审法院可以提出原判决有错误的意见，报送二审法院，由二审法院按二审程序进行审理；当事人不上诉的，按再审程序处理。

## 考点 18 撤诉、缺席判决、审理障碍

### (一) 撤诉

1. 申请撤诉主体

(1) 原告（包括反诉原告）；(2) 有独立请求权第三人；(3) 上诉人（撤回上诉）；(4) 再审申请人（撤回再审申请）；(5) 上述当事人的法定代理人、经特别授权的委托代理人。

2. 视为撤诉：(1) 不交钱；(2) 不到庭。

### (二) 缺席判决

1. 适用对象

(1) 非必须到庭的被告（类推适用于被上诉人、再审被申请人）。

(2) 法院不准许撤诉的原告或被追加的共同原告。

(3) 无独立请求权第三人（及他们的法定代理人）。

2. 适用事由

经传票传唤无正当理由拒不到庭或未经法庭许可中途退庭。

### (三) 审理障碍

1. 延期审理（决定）

(1) 必须到庭的当事人和其他诉讼参与人有正当理由没有到庭。

（2）当事人临时提出回避申请。

（3）需要通知新证人到庭，调取新证据，重新鉴定、勘验，或者需要补充调查。

（4）其他应当延期的情形。

2.诉讼中止（裁定）

（1）当事人死亡、丧失行为能力或法人、其他组织终止，需确定诉讼承担人或新的法定代理人。

（2）一方当事人因不可抗拒的事由不能参加诉讼。

（3）本案必须以另一案的审理结果为依据，而另一案尚未审结。

（4）其他应中止诉讼的情形。

3.诉讼终结（裁定）

（1）原告死亡，没有继承人，或继承人放弃诉讼权利。

（2）被告死亡，没有遗产，也没有应承担义务的人。

（3）离婚案件一方当事人死亡。

（4）追索赡养费、扶养费、抚养费以及解除收养关系案件的一方当事人死亡。

## 考点 19　简易程序

### （一）适用范围

1.法院范围：基层法院及其派出法庭（派出法庭的文书加盖基层法院印章）。

2.案件范围：（1）事实清楚、权利义务关系明确、争议不大的简单民事案件。（2）当事人约定适用简易程序的其他民事案件（应当在开庭前提出且需经法院同意）。

3.不适用简易程序的案件：（1）起诉时被告下落不明的；（2）发回重审的；（3）当事人一方人数众多的；（4）审判监督程序；（5）涉及国家利益、社会公共利益的；（6）第三人撤销之诉；（7）其他不宜适用的。

## (二）程序特点

1. 传唤、送达方式简单：法院可以用简便方式（电话、传真、电子邮件等）传唤双方当事人、通知证人和送达裁判文书以外的诉讼文书。

2. 用简便的方式送达的开庭通知，未经当事人确认或没有其他证据证明当事人已经收到的，人民法院不得缺席判决。

3. 当事人可以就开庭方式向法院提出申请，由法院决定是否准许。经当事人双方同意，可以采用视听传输技术等方式开庭。

4. 由审判员一人独任审理。

5. 当事人就适用简易程序提出异议、法院认为异议成立的，或者法院在审理过程中发现不宜适用简易程序的，应裁定将案件转入普通程序审理。此时，普通程序的审限自立案之日起计算。（文书：裁定书；简易转普通的决定权在法院）

适用简易程序审理案件，应当在立案之日[1]内审结。有特殊情况需要延长的，经本院院长批准，可以延长1个月。

## 考点20 小额诉讼程序

1. 适用范围

（1）基层法院和它派出的法庭审理事实清楚、权利义务关系明确、争议不大的简单金钱给付民事案件，标的额为各省、自治区、直辖市上年度就业人员年平均工资50%以下的，适用小额诉讼的程序审理，实行一审终审。

（2）基层法院和它派出的法庭审理小额诉讼的民事案件，标的额超过各省、自治区、直辖市上年度就业人员年平均工资50%但在[2]倍以下的，当事人双方也可以约定适用小额诉讼的程序。

（3）法院审理下列民事案件，不适用小额诉讼的程序：①人身关系、财产确权案件；②涉外案件；③需要评估、鉴定或者诉前评估、鉴定结果有异议的案件；④一方当事人下落不明的案件；⑤当事人提出反诉的案件；⑥其他不宜适用小额诉讼的程序审理的案件。

[1] 3个月。 [2] 2。

2. 法院适用小额诉讼的程序审理案件，可以一次开庭审结并且当庭宣判。

3. 法院适用小额诉讼的程序审理案件，应当在立案之日起 2 个月内审结。有特殊情况需要延长的，经本院院长批准，可以延长 1 个月。

4. 法院在审理过程中，发现案件不宜适用小额诉讼的程序的，应当适用简易程序的其他规定审理或者裁定转为普通程序。

5. 当事人认为案件适用小额诉讼的程序审理违反法律规定的，可以向法院提出异议。法院对当事人提出的异议应当审查，异议成立的，应当适用简易程序的其他规定审理或者裁定转为普通程序；异议不成立的，裁定驳回。

## 考点 21　二审的启动

1. 上诉期限：裁定 10 日，判决 15 日；自送达之日起计算。

2. 上诉状的提交：可向原审法院或二审法院提交（必须提交书面上诉状，口头上诉无效）。

3. 二审中的撤回上诉与撤回起诉

（1）撤回上诉：二审中撤回上诉，需经法院准许，法院裁定准许撤回上诉后，一审判决生效。

（2）撤回起诉：（与一审、再审中撤回起诉的比较）

| 一审 | 经法院准许，在宣判前撤诉；法庭辩论终结后申请撤诉，被告不同意的，法院可不准许。 |
|---|---|
| 二审 | 原审原告撤回起诉，经其他当事人同意，且不损害国家、社会、他人利益的，法院可准许，一并裁定撤销一审判决。原审原告不得再次起诉。 |
| 再审 | 撤回起诉，同二审规定。 |

## 考点 22　二审的审判

（一）二审法院的确定

1. 原则：二审程序通常在一审法院的上一级法院。

2. 例外：当事人对发明专利、实用新型专利、植物新品种、集成电路布图设计、技术秘密、计算机软件、垄断等专业技术性较强的知识产权民事案件第一审判决、裁定不服，提起上诉的，由最高人民法院审理。

### （二）二审的审理范围【有限审查】

原则上二审法院应对上诉请求的有关事实和适用法律进行审查。但如果发现在上诉请求以外原判违反法律禁止性规定、侵害社会公共利益或他人利益的，也应予以纠正。

### （三）二审的开庭与否

1. 原则：开庭审理。

2. 例外：经过阅卷、调查和询问当事人，对没有提出新的事实、证据或者理由，人民法院认为不需要开庭审理的，可以不开庭审理。下列情形可以不开庭审理：

（1）不服不予受理、管辖权异议和驳回起诉裁定的。

（2）上诉人上诉请求明显不能成立的。

（3）原判认定事实清楚，但适用法律错误的。

（4）原判严重违反法定程序，需要发回重审的。

### （四）二审对上诉案件的处理方式

1. 对一审判决的处理

（1）发回重审只能一次，重审后当事人又提起上诉，二审不得再次发回重审。

（2）发回重审适用普通程序不适用简易程序。

（3）发回重审适用合议制，另行组成合议庭。

（4）发回重审后，当事人在法庭辩论终结前可变更、增加诉讼请求与提出反诉。

（5）发回重审后，当事人不能再提管辖权异议。

（6）发回重审不会导致原先的保全措施解除。

2. 对一审裁定的处理

（1）二审法院对不服一审法院裁定的上诉案件的处理，一律使用裁定。

（2）原裁定正确→裁定驳回上诉、维持原裁定。

（3）原裁定错误→以裁定方式撤销或变更原裁定。

【提示】二审法院对一审裁定，不可能作出撤销原裁定、发回重审的裁定。

## 考点 23　再审程序的启动

### （一）法院启动再审

1. 本院自行再审。

2. 最高法院或上级法院的提审。

### （二）当事人申请再审

1. 申请时间：裁判生效后 6 个月内。

2. 不得申请再审的案件：(1) 解除婚姻关系的判决、裁定、调解书；(2) 特别程序、督促程序、公示催告程序的案件。

申请再审仅限一次。

3. 申请法院：[1]。例外：当事人一方人数众多或双方为公民的案件，可选择向原审或上一级法院申请（原审优先）。

4. 申请处理：法院审查→符合法定情形的裁定再审，不符合法定情形的裁定驳回。

5. 再审法院：中级以上法院。例外：当事人一方人数众多或双方为公民的案件，当事人选择向基层法院申请再审的，可由基层法院审理。

### （三）检察监督

1. 上级检察院的抗诉：最高检察院对各级法院已生效的裁判、调解，上级检察院对下级法院已生效的裁判、调解，发现符合抗诉情形的，应当向同级法院提出抗诉。

2. 同级检察院的监督：地方各级检察院对同级法院已生效的裁判、调解，发现符合抗诉情形的，可以向同级法院提出检察建议，并报上级检察院备案；也可以提请上级检察院向同级法院提出抗诉。

[1] 上一级法院。

3. 非抗诉情形的监督：各级检察院对审判监督程序以外的其他审判程序中审判人员的违法行为，有权向同级法院提出检察建议。

4. 当事人申请检察监督：当事人可向检察院申请检察建议或抗诉的情形：(1) 法院驳回再审申请的；(2) 法院逾期未对再审申请作出裁定的；(3) 再审裁判有明显错误的。（只能申请一次）

5. 抗诉处理：只要检察院抗诉符合形式要求，法院必须裁定再审。

## 考点 24　再审程序的进行与裁判

### （一）再审程序导致原裁判的执行中止

例外："四费一酬一金案件"可以不中止执行：追索赡养费、扶养费、抚养费、医疗费用、劳动报酬、抚恤金的案件。

### （二）程序的选择

1. 原生效裁判是一审法院作出的，按一审程序审理，所作的裁判可以上诉。

2. 原生效裁判是二审法院作出的，按二审程序审理，所作裁判是生效裁判。

3. 上级法院提审的，按二审程序审理，所作裁判是生效裁判。

### （三）再审的裁判

1. 对遗漏问题的处理（与二审思路大致相同）

（1）必须共同进行诉讼的当事人未参加诉讼，且不能归责于本人或其诉讼代理人：按照一审程序再审的，应当追加其为当事人，作出新判决；按照二审程序再审，经调解不能达成协议的，应当撤销原判，发回重审，重审时应追加其为当事人。

（2）遗漏第三人的处理：在原案生效后，第三人提起撤销之诉（相当于原案遗漏了第三人），法院又启动再审程序的，第三人撤销之诉[1]，且处理方式同上。有证据证明原审当事人恶意串通损害第三人合法权益的，法院应先行审理第三人撤销之诉案件，裁定中止再审诉讼。

2. 对新增问题的处理（不同于二审中的处理）

---

[1] 并入再审程序。

当事人的再审请求超出原审诉讼请求的,不予审理。【原则上不解决新问题】

## 考点 25  特别程序

### (一)选民资格案件

1. 由选民或者其他不服的公民在选举日的 5 日前起诉。

公民不服选民名单应该先向选委委员会申诉,对申诉处理决定不服的才可起诉。(申诉前置)

2. 审理时,起诉人、选举委员会的代表和有关公民必须参加。

3. 必须在选举日前审结。

### (二)确认调解协议案件

1. 申请:双方当事人,自调解协议生效之日起 30 日内共同申请。

(1)人民法院邀请调解组织开展先行调解的,向作出邀请的人民法院提出。

(2)调解组织自行开展调解的,向当事人住所地、标的物所在地、调解组织所在地的基层人民法院提出;调解协议所涉纠纷应当由中级人民法院管辖的,向相应的中级人民法院提出。

2. 不予受理

(1)申请确认婚姻关系、亲子关系、收养关系等身份关系无效、有效或者解除的。

(2)涉及适用其他特别程序、公示催告程序、破产程序审理的。

(3)调解协议内容涉及物权、知识产权确权的。

(4)不属于法院受理范围的。

(5)不属于收到申请的法院管辖的。

3. 处理:符合规定的,裁定调解协议有效,该裁定可以申请强制执行。

4. 救济:当事人有异议的,15 日内提出;利害关系人有异议的,知道或应当知道之日起 6 个月内提出。

### (三)宣告失踪、死亡案件

1. 管辖:下落不明人住所地基层法院。

2. 处理:判决宣告失踪、死亡,或者判决驳回申请;判决宣告失踪的,应当同时指定失踪人的财产代管人。

3. 失踪人财产代管人的变更:财产代管人申请变更代管,理由成立的,撤销代管人身份,同时另行指定代管人;理由不成立的,裁定驳回申请。失踪人的其他利害关系人申请变更代管的,法院告知其以原指定的代管人为被告提起诉讼,按照普通程序审理。

### (四)指定遗产管理人案件

1. 对遗产管理人的确定有争议,利害关系人申请指定遗产管理人的,向被继承人死亡时住所地或者主要遗产所在地基层人民法院提出。

申请书应当写明被继承人死亡的时间、申请事由和具体请求,并附有被继承人死亡的相关证据。

2. 人民法院受理申请后,应当审查核实,并按照有利于遗产管理的原则,判决指定遗产管理人。

3. 被指定的遗产管理人死亡、终止、丧失民事行为能力或者存在其他无法继续履行遗产管理职责情形的,人民法院可以根据利害关系人或者本人的申请另行指定遗产管理人。

4. 遗产管理人违反遗产管理职责,严重侵害继承人、受遗赠人或者债权人合法权益的,人民法院可以根据利害关系人的申请,撤销其遗产管理人资格,并依法指定新的遗产管理人。

## 考点20 督促程序

1. 提出异议:债务人可在收到支付令之日起15日内提出书面异议。

【提示】支付令一经发出立即生效,而非15日异议期满后才生效。

(1)构成异议的事项:①否认债务;②已履行债务;③债务未到

期；④债权数额不确定；⑤债权人有对待给付义务；⑥债务人就同一债权债务关系向本院起诉（向其他法院起诉不构成异议）。

（2）不构成异议的事项：债务人对债务本身没有异议，只是提出缺乏清偿能力、延缓债务清偿期限、变更债务清偿方式等异议的，不构成异议，不影响支付令的效力。口头异议无效。

2. 异议效力：法院收到债务人书面申请后，经形式审查，异议成立的，裁定终结督促程序，支付令自动失效。

（1）支付令失效的，转入诉讼程序，但申请支付令一方当事人不同意起诉的除外。

（2）申请方不同意起诉，应当自收到终结督促程序裁定之日起7日内向受理申请的法院提出。

（3）督促程序转为诉讼程序的，起诉时间以申请支付令的时间计算，而不是以转为诉讼程序之日计算。

【提示】①法院对债务人异议进行[1]。②对债务人发出的支付令，对担保人并无约束力。

3. 清偿债务：无异议的，应在15日内清偿债务。

4. 强制执行：既无异议又不自动清偿的，15日后可向法院申请强制执行。

5. 起诉行为对支付令效力的影响：债权人就同一债权债务关系起诉的，支付令失效。债务人向作出支付令的法院起诉，支付令失效；向其他法院起诉，不影响支付令的效力。

## 考点27　民事检察公益诉讼的案件范围

根据现行法律，民事检察公益诉讼的范围主要包括：

1. 破坏生态环境和资源保护的行为。

2. 食品药品安全领域侵害众多消费者合法权益的行为。

3. 侵害妇女平等就业、农村土地承包和集体收益、土地征收征用补偿分配权益和宅基地使用权益，贬低损害妇女人格，未采取合理措

[1] 形式审查。

施预防和制止性骚扰等严重损害妇女权益的行为。

4. 侵害未成年人权益的行为。

5. 侵害军人荣誉、名誉和其他相关合法权益，严重影响军人有效履行职责使命，致使社会公共利益受到损害的行为。

6. 经营者实施的损害社会公共利益的垄断行为。

7. 违反安全生产法规，造成重大事故隐患或者导致重大事故，致使国家利益或者社会公共利益受到侵害的行为。

8. 实施电信网络诈骗，侵害国家利益和社会公共利益的行为。

9. 个人信息处理者违法处理个人信息，侵害众多工人权益的行为等。

## 考点 28 公示催告程序

1. 情形：适用公示催告程序的事项不限于票据，还有记名股票。

2. 管辖：票据支付地基层法院。

3. 止付通知：法院决定受理申请，应当同时通知支付人停止支付，并在 3 日内公告，催促利害关系人申报权利，公示催告的期间由法院决定，但不得少于 60 日。

4. 利害关系人的申报：利害关系人在除权判决作出前可申报权利，而非限于公告期内。法院收到申报后，应裁定终结公示催告程序，申请人或申报人可通过起诉方式解决争议。针对利害关系人的申报，法院应通知申请人查验票据，而不存在举证证明与辩论的程序。

5. 除权判决：申请人申请除权判决后，法院只能宣告票据无效，而不可能宣告票据有效。

6. 审理组织：法院进行公示催告可适用独任制，但作出除权判决必须适用合议制，且两个阶段都是依申请启动（不得依职权）。

7. 对利害关系人的救济：利害关系人因正当理由不能在判决前向法院申报的，自知道或应当知道判决公告之日起 [1] 内，可以向作出判决的法院起诉。

---

[1] 1 年。

## 考点 29  执行异议

**1. 当事人、利害关系人对执行行为的异议**

| 程序 | 当事人、利害关系人对执行行为提出书面异议。 | |
|---|---|---|
| | 法院 15 日内审查 | 理由成立,裁定撤销或改正。 |
| | | 理由不成立,裁定驳回。 |
| | 当事人、利害关系人对裁定不服,10 日内向上一级法院申请复议。 | |

**2. 案外人对执行标的的异议**

| | | |
|---|---|---|
| 案外人异议的基本处理方式 | 案外人对执行标的提出书面异议。 | |
| | 法院 15 日内审查 | 理由成立,中止执行。 |
| | | 理由不成立,裁定驳回。 |
| | 案外人、当事人不服 | 若原判决、裁定确有错误,对原裁判申请再审。 |
| | | 若与原裁判无关,15 日内提起执行异议之诉。 |
| 异议程序中的处分禁止 | 异议审查期间的处分禁止:法院在审查案外人异议期间可以对财产采取查封、扣押、冻结等保全措施,但不得进行处分。 | |
| | 驳回异议后的处分禁止:驳回案外人执行异议裁定送达案外人之日起 15 日内,法院不得对执行标的进行处分。 | |

## 考点 30  执行和解

| | |
|---|---|
| 达成和解协议 | 申请中止执行,裁定中止执行/撤回执行申请,裁定终结执行。 |
| | 和解履行完毕,执行结案。但针对欺诈、胁迫的和解,履行完毕后,申请人有权向执行法院起诉确认和解协议无效或撤销,并可以判决为据申请恢复执行原生效法律文书。 |
| | 被执行人不履行和解协议,可申请恢复执行原生效文书,也可就履行和解协议向执行法院起诉。 |

## 考点 31 执行措施

1. 基本执行措施

（1）查询、冻结、划拨被执行人的存款；（2）扣留、提取被执行人的收入；（3）查封、扣押、拍卖、变卖被执行人的财产；（4）搜查被执行人的财产；（5）强制被执行人迁出房屋或退出土地；（6）要求有关单位办理财产权证照转移手续。

2. 迟延履行责任

（1）金钱债务→加倍迟延履行利息。

（2）非金钱债务→迟延履行金（双倍损失，无损失的法院定）。

3. 对行为的执行

（1）可替代履行的行为：委托有关单位或他人完成，费用由[1]承担。

（2）不可替代的行为：经教育仍拒不履行，法院按妨害执行予以罚款、拘留。

（3）名誉侵权案的执行：侵权人拒不执行生效判决，不为对方恢复名誉、消除影响的，法院可将判决公告、登报，费用由被执行人负担，并可按妨害执行行为的有关规定处理。

4. 对共有财产的执行

对被执行人与其他人共有的财产，法院可以查封、扣押、冻结，并及时通知共有人。共有财产的分割方式如下：

（1）协议分割：共有人协议分割，并经债权人认可，法院可认定有效。

（2）诉讼分割：共有人提起析产诉讼或者申请执行人代位提起析产诉讼的，法院应准许。诉讼期间中止对该财产的执行。

5. 其他执行措施

（1）被执行人财产申报；（2）限制被执行人出境；（3）纳入征信系统；（4）媒体信息披露；（5）限制被执行人高消费。

[1] 被执行人。

## 考点 32 仲裁协议

1. 仲裁协议的效力确认

（1）异议时间：当事人对仲裁协议效力有异议，应当在仲裁庭首次开庭前提出。

（2）确认机关：仲裁委员会和法院对仲裁协议的效力都有确认权。但法院确认优先：一方请求仲裁委员会作出决定，另一方请求法院作出裁定的，由法院裁定；但仲裁委员会已经作出决定的除外。

（3）管辖法院：申请确认仲裁协议效力的案件，由仲裁协议约定的仲裁机构所在地、仲裁协议签订地、申请人住所地、被申请人住所地的中级法院或专门法院管辖。

2. 仲裁协议的无效情形

（1）仲裁意思表示：当事人约定可裁可诉的无效。但一方申请仲裁，另一方未在仲裁庭首次开庭前提出异议的除外。

（2）仲裁事项：①约定超出法定的仲裁范围；②无约定或约定不明确，又达不成补充协议；③约定两个以上仲裁机构的，当事人可以协议选择向其中的一个仲裁机构申请仲裁；当事人不能达成一致的，仲裁无效。

（3）仲裁委员会：无约定或约定不明确，又达不成补充协议。（约定仲裁机构名称不需准确）

（4）胁迫手段、口头形式或主体违法（当事人是无民事行为能力人或限制民事行为能力人皆无效）。

# 十一、商法

## 考点01 公司独立人格及其否认

1. 公司具有独立法人资格。"法人"是指依法定程序与条件设立的法律主体;"独立"是指独立财产、独立名义、独立责任。

(1) 依法定程序与条件设立:凡在我国境内设立的公司,必须依照我国《公司法》《市场主体登记管理条例》及其他相关法律、法规所规定的条件,经设立登记程序而成立。

(2) 具备独立的财产:公司的财产与股东个人的财产相分离;独立财产的来源:股东的出资构成公司的原始财产;财产独立是公司能够独立承担民事责任进而取得法人资格的基础,财产不独立,责任也不独立。

(3) 承担独立的责任:公司独立对外承担无限责任,即公司必须用其全部法人财产对公司的债务独立承担责任。

(4) 公司独立责任:股东为有限责任,限额为认缴的出资额。

2. 法人人格否认适用情形

(1) 对公司或股东:直接侵权,直接赔偿。

(2) 对债权人:否认公司人格,[1]。

3. 股东滥用权利的主要表现形式

(1) 人格混同:以财务混同为主,其他方面混同补强。①股东无偿使用+不做财务记载;②公司账簿与股东账簿部分,财产无法区分;③股东收益与公司盈利不能区分,致使双方利益不清;④股东占有、使用公司财产记载其名下。

---

[1] 连带责任。

（2）过度支配与控制：①母子公司之间利益输送的；②母子公司之间交易，收益归一方，损失归另一方；③金蝉脱壳。

（3）资本显著不足

公司设立后在经营过程中，股东实际投入公司的资本数额与公司经营所涉及的风险相比明显不匹配。

4.举证责任及诉讼当事人

（1）举证责任：谁主张谁举证；例外：一人公司中举证责任倒置。

（2）诉讼当事人

①先告公司已得胜诉判决后，告股东连带责任：原告为债权人；被告为股东。（股东为第三人）

②同时告公司和股东：原告为债权人；被告为公司+股东。

③直接告股东：原告为债权人；确定被告时法院应当向债权人释明，告知其追加公司为共同被告。债权人拒绝追加的，裁定驳回起诉。

### 考点 02　公司设立与发起人责任

1.发起人的概念：为设立公司而签署公司章程、向公司认购出资或者股份并履行公司设立职责的人，应当认定为公司的发起人。自然人、法人、其他组织、国家均可成为公司的发起人。

2.发起人在公司设立过程中的相互关系属于合伙性质的关系。

3.发起人责任承担

（1）发起人为设立公司以自己名义对外签订合同，合同相对人有权请求该发起人承担合同责任；公司成立后合同相对人有权请求公司承担合同责任。

（2）发起人以设立中公司名义对外签订合同，公司成立后合同相对人有权请求公司承担合同责任。公司成立后有证据证明发起人利用设立中公司的名义为自己的利益与相对人签订合同，公司有权以此为由主张不承担合同责任，但相对人为善意的除外。

（3）公司因故未成立，债权人有权请求全体或者部分发起人对设立公司行为所产生的费用和债务承担连带清偿责任。部分发起人承担责任后,请求其他发起人分担的,其他发起人**按照约定的责任承担比例**分担责任;没有约定责任承担比例的,按照**约定的出资比例**分担责任;没有约定出资比例的,按照**均等份额**分担责任。因部分发起人的过错导致公司未成立,其他发起人主张其承担设立行为所产生的费用和债务的,应当根据**过错情况**确定过错一方的责任范围。

(4)发起人因履行公司设立职责造成他人损害,公司成立后受害人有权请求 [1] 承担侵权赔偿责任的;公司未成立,受害人有权请求 [2] 承担连带赔偿责任的。公司或者无过错的发起人承担赔偿责任后,可以向有过错的发起人追偿。

(5)股份有限公司的认股人未按期缴纳所认股份的股款,经公司发起人催缴后在合理期间内仍未缴纳,公司发起人对该股份另行募集的,该募集行为为有效。认股人延期缴纳股款给公司造成损失,公司有权请求该认股人承担赔偿责任。

## 考点 03 股东的共同义务

1. 出资义务:股东应当根据出资协议和公司章程的规定,履行向公司出资的义务。出资协议或公司章程约定为出资需一次缴纳的,股东应当一次足额缴纳;约定为公司成立后分期缴纳的,股东应当按照约定的期限按时缴纳出资。

**股东不得抽逃出资。**所谓抽逃出资,是指向公司出资后又以各种名义或者手段将出资从公司转移。包括下列情形:(1)制作虚假财务会计报表虚增利润进行分配;(2)通过虚构债权债务关系将其出资转出;(3)利用关联交易将出资转出;(4)其他未经法定程序将出资抽回的行为。

2. 参加股东会会议的义务:参加股东会会议既是股东的权利,也是股东的义务。股东应当按照公司通知的时间、地点参加股东会会议,不能亲自参加时,可以委托代理人出席股东会会议并行使表决权。

[1] 公司。　[2] 全体发起人。

3. 不干涉公司正常经营的义务：股东依据公司章程规定的关于股东会的权限以及《公司法》规定的股东权利行使权利，应当尊重公司董事会和监事会依据《公司法》和公司章程各自履行自己的职责，不得干涉董事会、经理的正常经营管理活动，不得干涉监事会的正常工作。

4. 特定情形下的表决权禁行义务：公司为公司股东或者实际控制人提供担保的，必须经股东会决议，被提供担保的股东或者受被提供担保的实际控制人支配的股东，不得参加关于该事项的股东会决议的表决。

5. 不得滥用股东权利。

## 考点 04　股东出资形式

1. 出资的财产形式

（1）货币。货币以外要符合两个条件：一是可以用货币估价；二是可以依法转让的非货币财产。例如股权、债权等。

（2）劳务、信用、自然人姓名、商誉、特许经营权和设定担保的财产不可以用于出资。

（3）货币、实物、[1]、土地使用权、股权、债权，可以作为股东的出资。

2. 出资限额：以（募集）设立方式设立股份有限公司的，发起人认购的股份不得少于公司股份总数的 35%。

3. 价值评估：非货币出资要评估作价。

4. 出资期限：有限责任公司的出资额自公司成立之日起 [2] 年内缴足。

例外：（1）募集设立的股份公司，注册资本为实收资本，不是认缴资本；（2）金融公司。包括商业银行、保险公司、证券公司等，其注册资本都只能是实缴资本。

5. 转移财产权：货币、动产要交付给公司，需将货币出资足额存

[1] 知识产权。　[2] 5

入公司在银行开设的账户。以非货币财产出资的，应当依法办理其财产权的转移手续。不管是货币出资还是非货币出资，股东用于出资的财产一经转移给公司，股东本身便丧失了对出资财产的所有权和使用权，出资物从此成为公司财产。

6. 验资：《公司法》一般不作验资要求，但募集设立的股份公司例外。

### 考点 05　股东出资责任

1. 出资瑕疵行为

（1）未履行出资义务的行为，是指股东未能按期足额缴纳公司章程中规定的各自所认缴的出资额。例如：股东未将货币出资足额存入公司账户；未将非货币财产出资的财产权转移给公司等。

（2）未全面履行出资义务的行为，也称为出资不实行为，其客体限于非货币出资，包括：评估价额显著低于公司章程所定价额、未办理变更手续的划拨土地使用权出资、未解除权利负担的土地使用权出资和有瑕疵的股权出资等。

（3）抽逃出资行为：①制作虚假财务会计报表虚增利润进行分配；②通过虚构债权债务关系将其出资转出；③利用关联交易将出资转出。

2. 未履行或未全面履行出资的责任

（1）对公司：依法全面履行出资义务（补足责任）。公司或其他股东可以提出这一请求。

（2）对公司债权人：承担法人人格否认的责任。

（3）对其他股东：承担违约责任。违约责任具有相对性，股东的违约责任仅需要向公司设立时的发起人或其他股东承担，因为他们之间存在出资人协议或共同签署了章程。

（4）其他主体的连带责任

其一，发起人责任。如果是股东对公司设立时规定的出资义务未履行或者未全面履行，则公司的全体发起人与该股东承担连带责任，因为发起人之间适用合伙关系。公司的发起人承担责任后，可以向该股东追偿。

其二，董事、高管责任。如果是股东对公司增资时规定的出资义务未履行或者未全面履行，则未尽到忠实、勤勉义务的董事、高级管理人员承担相应的连带责任。因为增资在性质上属于公司成立后的经营管理行为，经营管理上的问题当然由未履行相关职责的董高承担责任。

其三，受让人责任。股权转让人出资行为有瑕疵的，受让人也要承担连带责任。其适用条件为：①仅适用于有限责任公司；②受让人对此知道或者应当知道。

（5）责任豁免。非货币财产出资完成以后的市场贬值，出资人无须承担出资责任，除非当事人有例外约定。

3. 抽逃出资的责任

（1）对公司：返还抽逃的出资本息。

（2）对公司债权人：公司债权人有权请求抽逃出资的股东在抽逃出资本息范围内对公司债务不能清偿的部分承担补充赔偿责任。

（3）抽逃出资的行为表现：

①通过虚构债权债务关系将其出资转出。

②制作虚假财务会计报表虚增利润进行分配。

③利用关联关系将出资转出。

④其他未经法定程序将出资抽回的行为。

（4）其他主体的连带责任：

①协助抽逃出资的其他股东、董事、高级管理人员或者实际控制人对此承担连带责任。

②抽逃出资行为承担连带责任的还包括其他协助抽逃出资的主体，例如银行职员等。他们在民法上构成共同侵权行为。

4. 出资瑕疵行为的其他不利后果

（1）对公司的出资责任不适用诉讼时效：公司股东未履行或者未全面履行出资义务或者抽逃出资，公司或者其他股东请求其向公司全面履行出资义务或者返还出资责任的,不受诉讼时效的限制。

(2)**举证责任倒置:**当事人之间对是否已履行出资义务发生争议,原告提供对股东履行出资义务产生合理怀疑证据的,被告股东应当就其已履行出资义务承担举证责任。

(3)股东权利限制:股东未履行或者未全面履行出资义务或者抽逃出资,公司可以根据公司章程或者股东会决议对其利润分配请求权、新股优先认购权、剩余财产分配请求权等股东权利作出相应的合理限制。

(4)股东资格的解除:有限责任公司的股东未履行出资义务或者抽逃全部出资,经公司催告缴纳或者返还,其在合理期间内仍未缴纳或者返还出资,公司可以股东会决议解除该股东的股东资格。

## 考点 06 公司担保与投资

(一)公司的担保能力

1. 担保决策

(1)对外担保:公司为他人提供担保,公司章程可规定由董事会或股东会决议。

(2)对内担保:公司为公司股东或者实际控制人提供担保的,必须经股东会决议。而且,在对内担保时,相关股东或者受该实际控制人支配的股东,不得参加这一事项的表决。该项表决由出席会议的其他股东所持表决权的过半数通过。

(3)母公司对子公司提供担保,一般属于对外担保;公司为本公司董事长、总经理提供担保,不一定属于对内担保。

(4)特别规定:上市公司在1年内担保(包括为他人担保和为公司股东或者实际控制人担保)金额超过公司资产总额30%的,应由股东会作出决议,且经出席会议股东所持表决权的2/3以上通过。

2. 担保对象:原则上无限制。但是,特别法有例外规定,例如,证券公司不得为其股东或者股东的关联人提供融资或者担保。

3. 担保额度：章程对担保总额及单项担保数额有限额规定的，不得超过规定的限额。

4. 越权担保

（1）定义：公司的法定代表人未经法定程序擅自代表公司与第三人签署担保合同。

（2）效力：如果债权人是善意的，合同有效。反之无效。

（3）善意的认定：债权人对相应的机关决议进行了形式审查。

①对内担保：对股东会决议进行了形式性审查。

②对外担保：对董事会决议或者股东会决议进行了形式审查。

法定代表人的越权担保行为给公司造成损失，公司可请求该法定代表人承担赔偿责任。公司没有提起诉讼的，股东可依法提起代位诉讼。

### （二）公司投资

1. 公司可以向其他企业投资；但是，除法律另有规定外，不得成为对所投资企业的债务承担连带责任的出资人。

2. 公司对外投资，根据章程授权由 [1] 决议。

### 考点 07　有限责任公司股权转让

1. 约定优先。章程有约定对外转让规则的，约定优先适用。

2. 在没有约定的情况下，对外转让股权应符合法定程序。

（1）基本程序：提前以合理方式书面通知其他股东，其他股东放弃优先购买权的，才可对外转让。

（2）转让通知：以书面或者其他能够确认收悉的合理方式通知其他股东。

（3）表决机制：其他股东自接到书面通知之日起满 30 日未答复的，视为放弃优先购买权。

（4）优先购买权

①概念：在同等条件下，其他股东有优先购买权。

---

[1] 股东会或者董事会。

A."其他股东":指转让股东以外的"所有其他"股东。

B."同等条件"的通知义务:转让股东应以书面或者其他能够确认收悉的合理方式通知其他股东对外转让股权的同等条件。

C."同等条件"的判断:应当考虑转让股权的数量、价格、支付方式及期限等因素。

②优先购买权的行使期间:应当在收到通知后,在公司章程规定的行使期间内提出购买请求。公司章程没有规定行使期间或者规定不明确的,以通知确定的期间为准。通知确定的期间短于30日或者未明确行使期间的,行使期间为30日。

③优先购买权可约定排除:同等条件下优先购买权属任意性规定,公司章程有规定从其规定。

④优先购买权行使争议:如果两个以上股东主张行使优先购买权的,协商确定各自的购买比例。协商不成的,按照转让时各自的出资比例行使优先购买权。

⑤优先购买权的限制(转让股东的反悔权):有限责任公司的转让股东,在其他股东主张优先购买后,转让股东可以不同意转让股权,但公司章程另有规定或者全体股东另有约定的除外。不过,其他股东可以主张转让股东赔偿其合理损失。

3.股东之间转让:有限责任公司的股东之间可以相互转让其全部或者部分股权。无须通知其他股东,其他股东没有优先购买权。

4.股权被强制执行

(1)债权人申请法院对股东的股权强制执行。

(2)法院依照股东的强制执行程序转让股东的股权时,应当通知公司及全体股东,但无须其他股东同意。

(3)其他股东在同等条件下有优先购买权。

(4)其他股东自人民法院通知之日起满20日不行使优先购买权的,视为放弃优先购买权。

### 5. 股东转让股权的变更登记

股东转让股权的，应当书面通知公司，请求变更股东名册；需要办理变更登记的，并请求公司向公司登记机关办理变更登记。

公司拒绝或者在合理期限内不予答复的，转让人、受让人可以依法向人民法院提起诉讼。

股权转让的，受让人自记载于股东名册时起可以向公司主张行使股东权利。

转让股权后，公司应当及时注销原股东的出资证明书，向新股东签发出资证明书，并相应修改公司章程和股东名册中有关股东及其出资额的记载。

对公司章程的该项修改无须再由股东会表决。

### 考点 08　合伙企业事务的执行

|  | 普通合伙企业 | 有限合伙企业 |
| --- | --- | --- |
| 法定事务执行人 | 每个合伙人，不管出资额多少，对合伙事务均享有同等的权利。 | 有限合伙企业的事务由普通合伙人执行，有限合伙人不执行合伙事务，也不得对外代表有限合伙企业。 |
| 约定事务执行人 | 全体合伙人共同执行。<br>各合伙人分别单独执行。<br>委托数名合伙人共同执行。<br>委托1名合伙人单独执行。 | 只能约定普通合伙人共同、分别执行企业事务。绝对不能约定由有限合伙人执行企业事务。 |
| 表见代表行为 | 虽然约定剥夺了部分普通合伙人执行企业事务的权利，其不再执行企业事务。但是，企业在内部对合伙人的这种对外代表权作出限制，不得对抗善意第三人。也就是说，这些合伙人的执行行为仍然有效。 | 第三人有理由相信有限合伙人为普通合伙人，且与其交易的，该行为有效，有限合伙人对该笔交易仍承担与普通合伙人相同的责任。理论上称为表见普通合伙。但是，有限合伙人擅自代表企业与第三人交易，给企业或其他合伙人造成损失的，应承担赔偿责任。 |

续表

|  | 普通合伙企业 | 有限合伙企业 |
|---|---|---|
| 对执行人的监督与限制 | （1）报告义务：执行事务合伙人应定期向其他合伙人报告事务执行情况以及合伙企业的经营和财务状况。<br>（2）异议权：分别执行合伙事务的，执行合伙事务的合伙人可以对其他执行人的事务提出异议。<br>（3）监督权：有权监督执行合伙人执行事务的情况。<br>（4）撤销权：受委托执行合伙事务的合伙人不按照合伙协议或者全体合伙人的决定执行合伙事务的，其他合伙人可以决定撤销该委托。 ||
| 一致决议事项 | （1）改变合伙企业的名称。<br>（2）改变合伙企业的经营范围、主要经营场所的地点。<br>（3）处分合伙企业的不动产。<br>（4）转让或者处分合伙企业的知识产权和其他财产权利。<br>（5）以合伙企业名义为他人提供担保。<br>（6）聘任合伙人以外的人担任合伙企业的经营管理人员。<br>另外，如修改或补充合伙协议、新合伙人入伙、自我交易、合伙份额出质等事项也需要经全体合伙人一致同意。 ||
| 利润分配 | 合伙协议不得约定将全部利润分配给部分合伙人。 | 合伙协议可以约定部分合伙人享有全部利润。 |
| 亏损分担 | 合伙协议不得约定由部分合伙人承担全部亏损。 ||

### 考点09　合伙企业财产份额

1. 在合伙企业存续期间，合伙人向合伙人以外的人转让其在合伙企业中的全部或部分财产份额时，除合伙协议另有约定外，须经其他合伙人一致同意。合伙人以外的人依法受让合伙财产份额后，经修改合伙协议即成为合伙企业的合伙人，新的合伙人依照修改后的合伙协议享有权利、承担责任。

2. 在合伙企业财产份额对外转让时，在同等条件下，其他合伙人享有 [1]。其他合伙人之优先购买权规则可通过合伙协议予以排除。

[1] 优先购买权。

3.在合伙企业存续期间，合伙人之间可以转让在合伙企业中的全部或者部分财产份额，但应通知其他合伙人。

4.在合伙企业存续期间，合伙人以其在合伙企业中的财产份额出质的，须经其他合伙人一致同意。否则，出质行为无效，因此给善意第三人造成损失的，由行为人依法承担赔偿责任。

### 考点10 个人独资企业债务承担与事务管理

1.投资人

一个自然人投资+中国国籍+完全民事行为能力+禁止公务人员。

2.性质

（1）不是法人。

（2）个人独资企业只准使用一个名称，名称中不得含有"公司""有限"以及"有限责任"的字样。

3.责任承担

（1）投资人以其个人财产对企业债务承担无限责任；投资人的有关权利可依法转让、继承。

（2）投资人在申请企业设立登记时明确以家庭共有财产作为个人出资的，应以家庭共有财产对企业债务承担无限责任。

（3）个人独资企业的分支机构的民事责任：由设立该分支机构的个人独资企业承担。

（4）责任的消灭：个人独资企业解散后，原投资人对个人独资企业存续期间的债务仍承担责任，但债权人在[1]内（除斥期间）未向债务人提出偿债请求，该责任消灭。

4.事务执行

（1）三种事务管理方式：自行管理、委托管理、聘任管理。

（2）投资人对受托人或者被聘用的人员职权的限制，不得对抗善意第三人。

（3）受托人和被聘用的管理人应履行忠实义务和勤勉义务。

[1] 5年。

5. 解散

（1）投资人决定解散。

（2）投资人死亡或被宣告死亡，无继承人或继承人决定放弃继承。

（3）被依法吊销营业执照。

6. 清算

（1）投资人自行清算。

（2）由债权人申请法院指定清算人进行清算。

## 考点 11　外商投资法

1. 准入待遇

（1）国家对外商投资实行准入前国民待遇加负面清单管理制度。**准入前国民待遇**，是指在投资准入阶段给予外国投资者及其投资不低于本国投资者及其投资的待遇；**负面清单**，是指国家规定在特定领域对外商投资实施的准入特别管理措施。国家对负面清单之外的外商投资，给予国民待遇。负面清单由国务院发布或者批准发布。

（2）中华人民共和国缔结或者参加的国际条约、协定对外国投资者准入待遇有更优惠规定的，可以按照相关规定执行。

2. 征收补偿

（1）国家对外国投资者的投资[1]。

（2）在特殊情况下，国家为了公共利益的需要，可以依照法律规定对外国投资者的投资实行征收或者征用。征收、征用应当依照法定程序进行，并及时给予公平、合理的补偿。

3. 政策承诺

（1）地方各级人民政府及其有关部门应当履行向外国投资者、外商投资企业依法作出的政策承诺以及依法订立的各类合同。

（2）因国家利益、社会公共利益需要改变政策承诺、合同约定的，应当依照法定权限和程序进行，并依法对外国投资者、外商投资企业因此受到的损失予以补偿。

---

[1] 不实行征收。

4. 负面清单

(1) 外商投资准入负面清单规定禁止投资的领域，外国投资者不得投资。

(2) 外商投资准入负面清单规定限制投资的领域，外国投资者进行投资应当符合负面清单规定的条件。

(3) 外商投资准入负面清单以外的领域，按照内外资一致的原则实施管理。

5. 安全审查

(1) 国家建立**外商投资安全审查制度**，对影响或者可能影响国家安全的外商投资进行安全审查。

(2) 依法作出的安全审查决定为**最终决定**。

## 考点 12　破产原因以及申请和受理

### (一) 破产原因

1. 到期不还 + 资不抵债。

2. 到期不还 + 明显缺乏清偿能力。明显缺乏清偿能力适用情形：

(1) 因资金严重不足或者财产不能变现等原因，无法清偿债务。

(2) 法定代表人下落不明且无其他人员负责管理财产，无法清偿债务。

(3) 经人民法院强制执行，无法清偿债务。

(4) 长期亏损且经营扭亏困难，无法清偿债务。

(5) 导致债务人丧失清偿能力的其他情形。

### (二) 破产的申请

1. 债务人申请破产：(1) 可申请程序：[1]；(2) 实质条件：具备破产原因。

2. 债权人申请破产：(1) 可申请程序：[2]；(2) 实质条件：到期不还。

3. 出资人申请破产：(1) 可申请程序：[3]；(2) 实质条件：法院

---

[1] 重整、和解、清算。　[2] 重整、清算。　[3] 重整。

受理债权人对债务人提出的破产申请后，宣告债务人破产前。

4.清算人申请破产：(1)可申请程序：[1]；(2)实质条件：企业法人已解散但未清算或者未清算完毕，资产不足以清偿债务。

（三）破产受理

| 指定管理人 | 人民法院裁定受理破产申请的，应当同时指定管理人。 |
|---|---|
| 对债权进行统一集中管理 | 1.**个别清偿无效**：人民法院受理破产申请后，债务人对个别债权人的债务清偿无效。<br>2.对管理人为给付。<br>3.债务人被受理破产前，针对债务人的保全措施应当解除，执行程序应当中止。 |
| 固定债权 | 1.附利息的债权在破产申请受理时停止计息。<br>2.破产申请受理后，债务人欠缴各项产生的滞纳金，包括债务人未履行生效法律文书应当加倍支付的迟延利息和劳动保险金的滞纳金，债权人作为破产债权申报的，人民法院不予确认。 |
| 待履行合同的处理 | 待履行合同，是指受理前已经成立，但债务人和对方当事人均未履行或均未履行完毕的合同。<br>1.管理人的选择权：对于已经开始但双方尚未履行完毕的合同，管理人有权选择履行或者解除。<br>2.推定解除。<br>(1)管理人的履行期限及后果：管理人自破产申请受理之日起2个月内未通知对方当事人，或者自收到对方当事人催告之日起30日内未答复的，视为解除合同。<br>(2)管理人决定继续履行合同的，对方当事人应当履行；但是，对方当事人有权要求管理人提供担保。管理人不提供担保的，视为解除合同。<br>3.待履行合同不同处理后的对方权利保护：(合同解除→[2]；合同履行→[3])<br>(1)管理人决定解除合同或合同被推定解除的，以此给对方当事人带来的损失，确认为破产债权，对方可以向管理人申报。<br>(2)继续履行合同的，因此带来的合同义务，对方可以主张共益债务。 |

[1]破产清算。　[2]破产债权。　[3]共益债务。

续表

| | |
|---|---|
| 司法裁决 | 1. 未结的诉讼/仲裁中止<br>破产受理前已经开始尚未结束的民事诉讼或者仲裁应当中止，在管理人接管财产后，再行恢复。<br>2. 受理后争议解决<br>（1）约定有效的仲裁协议或仲裁条款的，由约定的仲裁机构裁决。<br>（2）没有约定仲裁的，通过诉讼处理。诉讼由受理破产的法院管辖。如果是专利纠纷等专业性强的复杂案件，可按照指定管辖或提审的规则交由其他法院管辖。 |

## 考点 13 债务人财产

### （一）债务人财产的范围

1. 破产申请受理时属于债务人的全部财产

（1）债务人所有的货币、实物；债务人依法享有的债权、股权、知识产权、用益物权等可以用货币估价并可以依法转让的财产和财产权益。

（2）债务人已依法设定担保物权的特定财产。

（3）债务人对按份享有所有权的共有财产的相关份额，或者共同享有所有权的共有财产的相应财产权利，以及依法分割共有财产所得部分。

（4）债务人财产中被相关单位采取保全措施的部分。对债务人财产已采取保全措施的相关单位，在知悉人民法院已裁定受理有关债务人的破产申请后，应当依法及时解除对债务人财产的保全措施。

2. 破产申请受理后至破产程序终结前债务人取得的财产

包括主张法定或约定权利而取得的财产。以下三项属于债务人财产的情形需特别注意：

（1）**人民法院受理破产申请后，出资人应向债务人依法缴付未履行的出资或者返还抽逃的出资本息，应当由管理人代表债务人主**

张，纳入债务人财产，且不受章程规定的缴纳期限或者诉讼时效的限制。

（2）债务人有破产原因时，债务人的董事、监事和高级管理人员利用职权获取的以下收入为[1]，纳入债务人财产：①绩效奖金；②普遍拖欠职工工资情况下获取的工资性收入；③其他非正常收入。债务人的董事、监事和高级管理人员拒不向管理人返还上述债务人财产，管理人应主张上述人员予以返还。

（3）破产申请受理后，管理人行使撤销权、无效请求权而追回的财产也应纳入债务人财产的范围。

## （二）取回权

### 1. 一般取回权

（1）取回权标的物

针对债务人占有但并不所有标的物的取回权：①债务人基于仓储、保管、承揽、代销、借用、寄存、租赁等合同或者其他法律关系占有、使用的他人财产；②债务人在所有权保留买卖中尚未取得所有权的财产；③所有权专属于国家且不得转让的财产。

（2）行使时间

①权利人行使取回权，应当在破产财产变价方案或者和解协议、重整计划草案提交债权人会议表决前向管理人提出。

②权利人在上述期限后主张取回相关财产的，应当承担延迟行使取回权增加的相关费用。

③债务人重整期间，权利人要求取回债务人合法占有的权利人的财产，应符合双方事先约定的条件。但是，因管理人或者自行管理的债务人违反约定，可能导致取回物被转让、毁损、灭失或者价值明显减少的除外。

（3）财产被违法转让给第三人的

①若第三人未取得财产所有权，原权利人可以行使取回权。

②若第三人已善意取得财产所有权，原权利人不能取回该财产。

[1] 非正常收入。

③原权利人只能向管理人主张其对债务人的债权；转让行为发生在破产申请受理前的，原权利人的债权作为普通破产债权清偿；转让行为发生在破产申请受理后的，原权利人遭受损害产生的债务作为共益债务清偿。

（4）财产毁损、灭失：保险金、赔偿金、代偿物尚未交付给债务人，或者代偿物虽已交付给债务人但能与债务人财产予以区分的，权利人可以取回保险金、赔偿金、代偿物。

（5）变价提存：债务人占有的权属不清的鲜活易腐等不易保管的财产或者不及时变价价值将严重贬损的财产，管理人及时变价并提存变价款后，有关权利人可以行使取回权。

**2. 在途货物取回权（出卖人取回权）**

（1）人民法院受理破产申请时，出卖人已将买卖标的物向作为买受人的债务人发运，债务人尚未收到且未付清全部价款的，出卖人可以取回在运途中的标的物。但是，管理人可以支付全部价款，请求出卖人交付标的物。

（2）出卖人行使取回权，通过通知承运人或者实际占有人中止运输、返还货物、变更到达地，或者将货物交给其他收货人等方式，对在运途中标的物主张了取回权但未能实现，或者在货物未达管理人前已向管理人主张取回在运途中标的物，在买卖标的物到达管理人后，出卖人向管理人主张取回的，管理人应予准许。

（3）出卖人对在运途中标的物未及时行使取回权，在买卖标的物到达管理人后向管理人行使在运途中标的物取回权的，管理人不应准许。

**3. 所有权保留合同中的取回权**

（1）买受人破产，其管理人决定解除所有权保留买卖合同，出卖人有权主张取回买卖标的物。

（2）出卖人取回买卖标的物，买受人管理人有权主张出卖人返还已支付价款。取回的标的物价值明显减少给出卖人造成损失的，出卖人可从买受人已支付价款中优先予以抵扣后，将剩余部分返还给买受人；对买受人已支付价款不足以弥补出卖人标的物价值减损损失形成的债权，出卖人有权主张作为共益债务清偿。

### （三）破产撤销权

1. 欺诈破产行为

（1）行为类型：①无偿转让财产的；②以明显不合理的价格进行交易的；③对没有财产担保的债务提供财产担保的；④对未到期的债务提前清偿的；⑤放弃债权的。

（2）例外规定：破产申请受理前一年内债务人提前清偿的未到期债务，在破产申请受理前已经到期，管理人不得请求撤销该清偿行为。但是，该清偿行为发生在破产申请受理前6个月内且债务人有破产情形的除外。

2. 个别清偿无效

（1）行为类型：人民法院受理破产申请前[1]个月内，债务人仍对个别债权人进行清偿的，管理人有权请求人民法院予以撤销。但是，个别清偿使债务人财产受益的除外。

（2）例外规定

①债务人对以自有财产设定担保物权的债权进行的个别清偿，管理人不得请求撤销。但是，债务清偿时担保财产的价值低于债权额的除外。

②债务人经诉讼、仲裁、执行程序对债权人进行的个别清偿，管理人不得请求撤销。但是，债务人与债权人恶意串通损害其他债权人利益的除外。

③债务人为维系基本生产需要而支付水费、电费等的，管理人不得请求撤销。

④债务人支付劳动报酬、人身损害赔偿金的，管理人不得请求撤销。

⑤使债务人财产受益的其他个别清偿，管理人不得请求撤销。

[1] 6。

### 3. 可撤销行为的起算点

（1）债务人经过行政清理程序转入破产程序的，可撤销行为的起算点为行政监管机构作出撤销决定之日。

（2）债务人经过强制清算程序转入破产程序的，可撤销行为的起算点，为[1]之日。

#### （四）破产抵销权

1. 行使规则：（1）应以管理人为对象；（2）应以破产债权的申报为必要；（3）在破产申请受理后、破产分配方案公告前行使。

抵销自管理人收到通知之日起生效。管理人对抵销主张有异议的，应当在约定的异议期限内或者自收到主张债务抵销的通知之日起3个月内向人民法院提起诉讼。

2. 抵销禁止

（1）债务人的债务人在破产申请受理后取得他人对债务人的债权的。

（2）债权人已知债务人有不能清偿到期债务或者破产申请的事实，对债务人负担债务的。但是，债权人因为法律规定或者有破产申请1年前所发生的原因而负担债务的除外。

（3）债务人的债务人已知债务人有不能清偿到期债务或者破产申请的事实，对债务人取得债权的。但是，债务人的债务人因为法律规定或者有破产申请1年前所发生的原因而取得债权的除外。

（4）债务人的股东对债务人负担的下列债务不能抵销：①因欠缴债务人的出资或者抽逃出资对债务人所负的债务；②滥用股东权利或者关联关系损害公司利益对债务人所负的债务。

3. 抵销无效

受理之前6个月内的个别抵销无效。破产申请受理前6个月内，债务人有破产原因，债务人与个别债权人以抵销方式对个别债权人清偿，其抵销的债权债务属于即上述（2）（3）禁止抵销情形的，管理人可以在破产申请受理之日起3个月内向人民法院提起诉讼，主张该

---

[1] 人民法院裁定受理强制清算申请。

抵销无效。

4. 抵销豁免

债权人主张以其对债务人特定财产享有优先受偿权的债权,与债务人对其不享有优先受偿权的债权抵销,不受《企业破产法》关于"抵销禁止"的限制。但是,用以抵销的债权大于债权人享有优先受偿权财产价值的除外。

### (五)破产追回权

1. 对企业管理层的追回权

(1)非法收入追回无救济

债务人的董事、监事和高级管理人员利用职权从企业获取的非正常收入和侵占的企业财产,管理人应当追回。被侵占的财产由管理人追回后,债务人的董事、监事、高级管理人员不得作为债权申报。

(2)非正常收入追回,董事、监事、高管获得对应权利救济

债务人有破产原因时,债务人的董事、监事和高级管理人员利用职权获取的以下收入,人民法院应当认定为非正常收入,董事、监事和高级管理人员应管理人的要求返还后,享受对应的权利救济。

①绩效奖金→返还后,可以作为普通破产债权清偿。

②普通拖欠职工工资情况下获取的工资性收入,返还后,按照该企业职工平均工资计算的部分作为拖欠的职工工资清偿;高出该企业职工平均工资计算的部分,可以作为普通破产债权清偿。

③其他非正常收入→返还后,可以作为普通破产债权清偿。

2. 对出资人未缴出资的追回权

(1)法院受理破产申请后,债务人的出资人尚未完全履行出资义务的,管理人应当要求该出资人缴纳所认缴的出资,不受出资期限的限制。

(2)出资人缴纳出资的义务不受诉讼时效抗辩的限制。

(3)其他发起人和负有监督股东履行出资义务的董事、高级管理

人员、协助抽逃的责任人承担相应的法律责任，追回财产归入债务人财产。

### 考点 14  票据责任（票据权利的实现）

（一）条件

1. 真实签章：在票据有效的前提下，只有真实签章人才依据《票据法》承担票据责任。

2. 票据伪造人、被伪造人、非完全民事行为能力人在票据上签章等行为，都因该主体没有真实签章而不承担票据责任，但是不影响其他签章的效力。

（二）责任承担

1. 被追索

票据的出票人、背书人、承兑人和保证人对持票人承担连带责任；持票人可以选择其中的任何一个人或几个人，作为追索对象；持票人还可以不受已经开始的追索权行使的限制，在未实现其追索权之前，再进行新的追索。

2. 再追索

被追索人清偿债务后，与持票人享有[1]，可以再向其他汇票债务人行使追索权，直至汇票上的债权债务关系因履行或其他法定原因而消灭为止。

（三）抗辩

1. 对票据的抗辩

（1）欠缺法定必要记载的事项或不符合法定格式的。

（2）超过票据权利时效的。

（3）人民法院所作出的除权判决已发生法律效力的。

（4）以背书取得但背书不连续的。

（5）票据尚未到期的。

（6）票据被伪造时，被伪造的签章人可以提出抗辩。

---

[1] 同一追索权利。

（7）票据变造时，变造前的签章人可以对变造后的事项提出抗辩，变造后的签章人可以对变造前的记载事项提出抗辩。

（8）无权代理、越权代理情形下，本人可以提出相应的抗辩。

（9）无民事行为能力人或限制民事行为能力人的监护人可以主张被监护人所为的票据行为无效。

（10）欠缺保全手续的。

2.对人的抗辩

（1）与票据债务人有直接债权债务关系并且不履行约定义务的。

（2）以欺诈、偷盗或胁迫等非法手段取得票据，或者明知有前列情形，出于恶意取得票据的。

（3）明知票据债务人与出票人或持票人的前手之间存在抗辩事由而取得票据的。

（4）因重大过失取得票据的。

（5）在原因关系不存在、无效或消灭的情形下，票据债务人可对有直接原因关系的票据权利人进行抗辩。

3.抗辩限制

票据债务人不得以自己与出票人或者与持票人的前手之间的抗辩事由，对抗持票人。

## 考点 15 证券发行

### （一）发行方式

1.公开发行

有下列情形之一的，为公开发行：（1）向不特定对象发行证券的；（2）向特定对象发行证券累计超过200人的。

必须符合法定的条件，并报经证监会批准；未经依法核准，任何单位和个人不得公开发行证券。

2.非公开发行

（1）不得采用广告、公开劝诱和变相公开方式。

（2）一般无须核准。但是，上市公司非公开发行新股，应报证监会核准。

### （二）股票发行

1. 设立发行：拟成立的股份有限公司发行股票的行为。

2. 新股发行条件：（1）具备健全且运行良好的组织机构；（2）具有持续经营能力；（3）最近3年财务会计报告被出具无保留意见审计报告；（4）发行人及其控股股东、实际控制人最近3年不存在贪污、贿赂、侵占财产、挪用财产或者破坏社会主义市场经济秩序的刑事犯罪。

### （三）债券发行

1. 公开发行的条件：（1）具备健全且运行良好的组织机构；（2）最近3年平均可分配利润足以支付公司债券1年的利息。

2. 再次发行的限制

具有以下情形之一的，不得再次发行公司债券：（1）对已公开发行的公司债券或者其他债务有违约或者延迟支付本息的事实，仍处于继续状态；（2）违反法律规定改变公开发行公司债券所募资金的用途。

### （四）证券承销

1. 协议：证券发行人与承销商之间达成协议。

2. 承销形式

（1）证券代销：发行人与承销商之间是委托代理关系。代销期限届满，向投资者出售的股票数量未达到拟公开发行股票数量70%，为发行失败。发行人应当按照发行价并加算银行同期存款利息返还股票认购人。

（2）证券包销：当证券公司将剩余证券全部购入时，其与发行人之间的证券包销关系，以承销期是否结束为界限，在结束之前，发行人与证券公司之间是[1]，在结束之后，两者间代理关系则转变为[2]。

（3）承销团：向不特定对象发行证券聘请承销团承销的，承销团应当由主承销和参与承销的证券公司组成。

[1] 委托代理关系。　[2] 买卖关系。

（4）期限：最长不得超过[1]。

（5）行为限制：应当保证先行出售给认购人，证券公司不得为本公司预留所代销的证券和预先购入并留存所包销的证券。

## 考点 16　投保人如实告知义务

1. 义务主体：投保人。

2. 履行时间：订立保险合同时。

3. 履行方式（被动履行）：订立保险合同，保险人就保险标的或者被保险人的有关情况提出询问的，投保人应当如实告知。

4. 义务内容

（1）在订立保险合同时，投保人应当将其明知的与保险标的或者被保险人有关的情况如实地告知保险人。

（2）投保人的告知义务限于保险人询问的范围和内容。当事人对询问范围及内容有争议的，保险人负举证责任。

（3）保险合同订立时，被保险人根据保险人的要求在指定医疗服务机构进行体检，不免除投保人如实告知义务。

（4）保险人知道被保险人的体检结果，投保人无须就相关情况履行如实告知义务。

5. 保险人解除权限制

（1）保险人的合同解除权，自保险人知道有解除事由之日起，超过 30 日不行使而消灭。

（2）自合同成立之日起超过 2 年的，保险人不得解除合同；发生保险事故的，保险人应当承担赔偿或者给付保险金的责任。

（3）保险人在合同订立时已经知道投保人未如实告知的情况的，保险人不得解除合同；发生保险事故的，保险人应当承担赔偿或者给付保险金的责任。

（4）保险人在保险合同成立后知道或者应当知道投保人未履行如实告知义务，仍然收取保险费，不能主张解除合同。

[1] 90 日。

（5）保险人不得以投保人违反了对投保单询问表中所列概括性条款的如实告知义务为由请求解除合同，但该概括性条款有具体内容的除外。

### 考点 17　信托的种类

1. 民事信托、营业信托与公益信托

《信托法》第 3 条将我国法上的信托，区分为民事信托、营业信托与公益信托三类。

2. 明示信托、默示信托与法定信托

（1）分类标准：信托设立是否基于委托人的意思表示以及如何确定其意思表示。

（2）明示信托，是指委托人以明确的意思表示设立的信托。委托人设立信托的意思表示的形式，包括信托合同、遗嘱以及委托人自己单方的宣言，由此相应地形成合同信托、遗嘱信托与宣言信托三个信托种类。

（3）默示信托，是指委托人未有明确的意思表示，而根据对事实和当事人行为的解释而形成的信托。默示信托是英美法系衡平法上较常见的信托种类，具体又可分为归复信托与拟制信托两种。

（4）法定信托，其成立无须委托人的意思，而是根据法律的直接规定所成立的信托。

3. 自益信托与他益信托

（1）分类标准：受益人与委托人的关系。

（2）自益信托，是指受益人和委托人是同一人，委托人设立信托是为了自己的利益。

（3）他益信托，是指受益人为委托人之外的第三人，或者委托人与其他第三人共同成为受益人。自益信托与他益信托均为我国《信托法》所认可的信托种类（第 43 条第 2 款、第 3 款）。

4. 个别信托和集团信托

（1）分类标准：信托管理方法。

（2）**个别信托**，是指受托人与每一个委托人分别订立信托合同，并对各委托人的信托财产予以分别管理与处分，从而形成若干个别的信托关系。

（3）**集团信托**，指受托人在同一条件或标准下同时接受不特定多数人的委托，并将各委托人的信托财产集中在一起，由受托人共同管理与运用的信托。如《信托公司集合资金信托计划管理办法》。

5. 可撤销信托与不可撤销信托

（1）分类标准：委托人是否有权终止或撤销信托关系。

（2）**可撤销信托**，是指委托人在信托文件中保留撤销权，或按信托属性委托人得享有解除权或撤销权的信托。自益信托一般为可撤销信托。

（3）**不可撤销信托**，是指委托人在信托文件中没有撤销权，或按信托属性委托人没有解除权或撤销权的信托。他益信托因涉及第三人受益人的利益，故以不可撤销信托为原则，但允许信托文件另作约定。

## 考点 18　信托设立行为——信托合同

1. 信托合同主体

信托合同的签订主体为**委托人**与**受托人**。**信托受益人**虽为信托当事人，但**并非信托合同的签订主体**，故不能参与决定信托合同的内容。

2. 信托合同的要式性与诺成性

设立信托，应当采取**书面形式**。故信托合同为**要式**合同。

采取信托合同形式设立信托的，信托合同签订时，信托成立。故信托合同为**诺成**合同。

3. 信托合同的有偿性问题

受托人有权依照信托文件的约定取得报酬。信托文件未作事先约定的，经信托当事人协商同意，可以作出补充约定；未作事先约定和补充约定的，不得收取报酬。

4.信托合同条款

（1）强制性条款

信托合同应当载明的条款或事项包括：①信托目的；②委托人、受托人的姓名或者名称、住所；③受益人或者受益人范围；④信托财产的范围、种类及状况；⑤受益人取得信托利益的形式、方法。

（2）任意性条款

信托合同可载入的"任意性条款或事项"，包括信托期限、信托财产的管理方法、受托人的报酬、新受托人的选任方式、信托终止事由等。

5.信托的存续期限

信托关系属于一种继续性法律关系，《信托法》就信托期限未设强制性规定，仅规定其为信托合同之任意性条款。因此，在信托合同等信托文件中约定有存续期限时，无论是公益信托、营业信托还是民事信托，只要期限届满，信托自然终止。

## 考点 19　信托财产

### （一）信托财产的范围

1.具体范围

（1）受托人因承诺信托而取得的财产是信托财产。这是信托财产最主要的来源，由此形成所谓的"原始信托财产"。此种情形要求信托财产必须是委托人合法所有的财产。

（2）受托人因信托财产的管理运用、处分或者其他情形而取得的财产，也归入信托财产。

2.抽象范围

（1）法律、行政法规禁止流通的财产，不得作为信托财产。

（2）法律、行政法规限制流通的财产，依法经有关主管部门批准后，可以作为信托财产。

### (二) 信托财产的独立性

1. 信托财产之于委托人的独立性

（1）信托财产独立于委托人未设立信托的其他财产。

（2）信托财产独立于委托人的遗产或清算财产。

（3）独立于委托人之债权人——强制执行禁止。

2. 信托财产之于受托人的独立性

（1）信托财产区别于受托人的固有财产。

（2）信托财产独立于受托人的遗产或清算财产。

（3）独立于受托人之债权人——强制执行禁止。

（4）受托人抵销禁止规则。

3. 信托财产之于受益人的独立性

信托财产本身并不属于受益人所有，其债权人也不能对信托财产直接主张强制执行，而只能在合法范围内要求受益人以信托受益权来清偿债务。

# 十二、经济法

## 考点 01　垄断行为

1. 垄断协议

| 行为类型 | 横向垄断协议 | 纵向垄断协议 | 组织、帮助其他经营者达成垄断协议 |
|---|---|---|---|
| 表现形式 | （1）固定或者变更商品价格。<br>（2）限制商品的生产数量或者销售数量。<br>（3）分割销售市场或者原材料采购市场。<br>（4）限制购买新技术、新设备或者限制开发新技术、新产品。<br>（5）联合抵制交易。<br>（6）国务院反垄断执法机构认定的其他垄断协议。 | （1）固定向第三人转售商品的价格。<br>（2）限定向第三人转售商品的最低价格。<br>（3）国务院反垄断执法机构认定的其他垄断协议。 | 组织其他经营者达成垄断协议或者为其他经营者达成垄断协议提供实质性帮助。 |
| 垄断协议的豁免 | （1）为改进技术、研究开发新产品的。<br>（2）为提高产品质量、降低成本、增进效率，统一产品规格、标准或者实行专业化分工的。<br>（3）为提高中小经营者经营效率，增强中小经营者竞争力的。<br>（4）为实现节约能源、保护环境、救灾救助等社会公共利益的。<br>（5）因经济不景气，为缓解销售量严重下降或者生产明显过剩的。<br>（6）为保障对外贸易和对外经济合作中的正当利益的。<br>（7）法律和国务院规定的其他情形。 ||||
||属于上述第（1）项至第（5）项情形，经营者还应当证明所达成的协议不会严重限制相关市场的竞争，并且能够使消费者分享由此产生的利益。||||

## 2. 滥用市场支配地位

| | |
|---|---|
| 概念 | 市场支配地位,是指经营者在相关市场内具有能够控制商品价格、数量或者其他交易条件,或者能够阻碍、影响其他经营者进入相关市场能力的市场地位。 |
| 行为类型 | (1) 以不公平的高价销售商品或者以不公平的低价购买商品。<br>(2) 没有正当理由,以低于成本的价格销售商品。<br>(3) 没有正当理由,拒绝与交易相对人进行交易。<br>(4) 没有正当理由,限定交易相对人只能与其进行交易或者只能与其指定的经营者进行交易。<br>(5) 没有正当理由搭售商品,或者在交易时附加其他不合理的交易条件。<br>(6) 没有正当理由,对条件相同的交易相对人在交易价格等交易条件上实行差别待遇。<br>(7) 国务院反垄断执法机构认定的其他滥用市场支配地位的行为。 |
| | 具有市场支配地位的经营者不得利用数据和算法、技术以及平台规则等从事上述滥用市场支配地位的行为。 |
| 市场支配地位认定因素 | (1) 该经营者在相关市场的市场份额,以及相关市场的竞争状况。<br>(2) 该经营者控制销售市场或者原材料采购市场的能力。<br>(3) 该经营者的财力和技术条件。<br>(4) 其他经营者对该经营者在交易上的依赖程度。<br>(5) 其他经营者进入相关市场的难易程度。<br>(6) 与认定该经营者市场支配地位有关的其他因素。 |
| 市场支配地位的推定 | (1) 一个经营者在相关市场的市场份额达到1/2的。<br>(2) 两个经营者在相关市场的市场份额合计达到2/3的。<br>(3) 三个经营者在相关市场的市场份额合计达到3/4的。<br>有上述第(2)项、第(3)项规定的情形,其中有的经营者市场份额不足1/10的,不应当推定该经营者具有市场支配地位。 |

3. 经营者集中

| | |
|---|---|
| 表现形式 | （1）经营者合并。<br>（2）经营者通过取得股权或者资产的方式取得对其他经营者的控制权。<br>（3）经营者通过合同等方式取得对其他经营者的控制权或者能够对其他经营者施加决定性影响。 |
| 事前申报 | （1）经营者集中达到国务院规定的申报标准的，经营者应当事先向国务院反垄断执法机构申报，未申报的不得实施集中。<br>（2）经营者集中未达到国务院规定的申报标准，但有证据证明该经营者集中具有或者可能具有排除、限制竞争效果的，国务院反垄断执法机构可以要求经营者申报。<br>（3）经营者未依照上述规定进行申报的，国务院反垄断执法机构应当依法进行调查。 |
| 申报豁免 | （1）参与集中的一个经营者拥有其他每个经营者50%以上有表决权的股份或者资产的。<br>（2）参与集中的每个经营者50%以上有表决权的股份或者资产被同一个未参与集中的经营者拥有的。 |
| 审查考量因素 | （1）参与集中的经营者在相关市场的市场份额及其对市场的控制力。<br>（2）相关市场的市场集中度。<br>（3）经营者集中对市场进入、技术进步的影响。<br>（4）经营者集中对消费者和其他有关经营者的影响。<br>（5）经营者集中对国民经济发展的影响。<br>（6）国务院反垄断执法机构认为应当考虑的影响市场竞争的其他因素。 |
| 处理决定 | 禁止集中：经营者集中具有或者可能具有排除、限制竞争效果的，国务院反垄断执法机构应当作出禁止经营者集中的决定。<br>允许集中：经营者能够证明该集中对竞争产生的有利影响明显大于不利影响，或者符合社会公共利益的，国务院反垄断执法机构可以作出对经营者集中不予禁止的决定。 |

### 4. 滥用行政权力排除、限制竞争

| 主体 | 行政机关和法律、法规授权的具有管理公共事务职能的组织。 |
|---|---|
| 表现形式 | （1）限定或者变相限定单位或者个人经营、购买、使用其指定的经营者提供的商品。<br>（2）通过与经营者签订合作协议、备忘录等方式，妨碍其他经营者进入相关市场或者对其他经营者实行不平等待遇，排除、限制竞争。<br>（3）实施下列行为，妨碍商品在地区之间的自由流通：①对外地商品设定歧视性收费项目、实行歧视性收费标准，或者规定歧视性价格。②对外地商品规定与本地同类商品不同的技术要求、检验标准，或者对外地商品采取重复检验、重复认证等歧视性技术措施，限制外地商品进入本地市场。③采取专门针对外地商品的行政许可，限制外地商品进入本地市场。④设置关卡或者采取其他手段，阻碍外地商品进入或者本地商品运出。⑤妨碍商品在地区之间自由流通的其他行为。<br>（4）以设定歧视性资质要求、评审标准或者不依法发布信息等方式，排斥或者限制经营者参加招标投标以及其他经营活动。<br>（5）采取与本地经营者不平等待遇等方式，排斥、限制、强制或者变相强制外地经营者在本地投资或者设立分支机构。<br>（6）强制或者变相强制经营者从事《反垄断法》规定的垄断行为。<br>（7）制定含有排除、限制竞争内容的规定。 |

5. 反垄断法的适用例外

（1）法律承认的非竞争行业

国有经济占控制地位的关系国民经济命脉和国家安全的行业以及依法实行专营专卖的行业，国家对其经营者的合法经营活动予以保护，并对经营者的经营行为及其商品和服务的价格依法实施监管和调控，维护消费者利益，促进技术进步。

（2）行使知识产权

经营者依照有关知识产权的法律、行政法规规定行使知识产权的行为，不适用《反垄断法》；但是，经营者滥用知识产权，排除、限

制竞争的行为，适用《反垄断法》。

（3）农业生产者联合

农业生产者及农村经济组织在农产品生产、加工、销售、运输、储存等经营活动中实施的联合或者协同行为，不适用《反垄断法》。

## 考点02 不正当竞争行为

### （一）混淆行为

1. 分类

（1）一类是指行为人对其产品或服务的来源或营业之归属关系进行直接的混淆，如直接使用他人的企业名称、姓名来销售自己的产品。

（2）另一类是指行为人在自己的商品或服务上使用与他人有一定影响的商品相类似的名称、包装、装潢。

2. 行为主体：从事市场交易活动的经营者。

3. 行为表现

（1）擅自使用与他人有一定影响的商品名称、包装、装潢等相同或者近似的标识，造成和他人的有一定影响的商品相混淆，使购买者误认为是该有一定影响的商品。

（2）擅自使用他人有一定影响的企业名称（包括简称、字号等）、社会组织名称（包括简称等）、姓名（包括笔名、艺名、译名等）。

（3）擅自使用他人有一定影响的域名主体部分、网站名称、网页等。

（4）其他足以引人误认为是他人商品或者与他人存在特定联系的混淆行为。其中，最典型的是擅自使用他人的注册商标行为。

### （二）虚假宣传行为

1. 行为主体：虚假宣传的商品经营者、虚假宣传的组织者。

2. 行为表现

（1）经营者对其商品的性能、功能、质量、销售状况、用户评价、曾获荣誉等作虚假或者引人误解的商业宣传，欺骗、误导消费者。

（2）经营者通过组织虚假交易等方式，帮助其他经营者进行虚假或者引人误解的商业宣传。

3.虚假广告责任

（1）消费者因经营者利用虚假广告或者其他虚假宣传方式提供商品或者服务，其合法权益受到损害的，可以向[1]要求赔偿。

（2）广告经营者、发布者不能提供经营者的真实名称、地址和有效联系方式的，应当承担赔偿责任。

（3）广告经营者、发布者设计、制作、发布关系消费者生命健康商品或者服务的虚假广告，造成消费者损害的，应当与提供该商品或者服务的经营者承担连带责任。

（4）社会团体或者其他组织、个人在关系消费者生命健康商品或者服务的虚假广告或者其他虚假宣传中向消费者推荐商品或者服务，造成消费者损害的，应当与提供该商品或者服务的经营者承担连带责任。

（5）广告经营者、发布者发布虚假广告的，消费者可以请求行政主管部门予以惩处。

### （三）商业贿赂行为

1.行为主体：经营者和经营者的工作人员。经营者的工作人员进行贿赂的，应当认定为经营者的行为；但是，经营者有证据证明该工作人员的行为与为经营者谋取交易机会或者竞争优势无关的除外。

2.行为表现

经营者采用财物或者其他手段贿赂下列单位或者个人，以谋取交易机会或者竞争优势：（1）交易相对方的工作人员；（2）受交易相对方委托办理相关事务的单位或者个人；（3）利用职权或者影响力影响交易的单位或者个人。

3.豁免行为：经营者在交易活动中，可以以明示方式向交易相对方支付折扣，或者向中间人支付佣金。经营者向交易相对方支付折扣、

---

[1]经营者。

向中间人支付佣金的,应当如实入账。接受折扣、佣金的经营者也应当如实入账。

### (四)妨碍网络运行行为

1. 行为主体:网络产品或者服务的经营者,侵害的对象是同行业的网络产品或者服务的经营者。

2. 行为表现

(1)强制链接和跳转:未经其他经营者同意,在其合法提供的网络产品或者服务中,插入链接、强制进行目标跳转。

(2)强制关闭和卸载:误导、欺骗、强迫用户修改、关闭、卸载其他经营者合法提供的网络产品或者服务。

(3)恶意不兼容:恶意对其他经营者合法提供的网络产品或服务实施不兼容。

(4)其他行为:其他妨碍、破坏其他经营者合法提供的网络产品或者服务正常运行的行为。

### (五)侵犯商业秘密行为

商业秘密,是指不为公众所知悉、具有商业价值并经权利人采取相应保密措施的技术信息、经营信息等商业信息。

1. 行为主体

(1)不限于经营者,经营者以外的其他自然人、法人和非法人组织实施侵犯商业秘密行为的,视为侵犯商业秘密。

(2)不限于直接侵权,第三人明知或者应知商业秘密权利人的员工、前员工或者其他单位、个人实施侵犯商业秘密行为,仍获取、披露、使用或者允许他人使用该商业秘密的,视为侵犯商业秘密。

2. 行为表现

(1)以盗窃、贿赂、欺诈、胁迫、[1] 或者其他不正当手段获取权利人的商业秘密。

(2)披露、使用或者允许他人使用以前述第(1)项手段获取的权利人的商业秘密。

---

[1] 电子侵入。

（3）违反保密义务或者违反权利人有关保守商业秘密的要求，披露、使用或者允许他人使用其所掌握的商业秘密。

（4）教唆、引诱、帮助他人违反保密义务或者违反权利人有关保守商业秘密的要求，获取、披露、使用或者允许他人使用权利人的商业秘密。

3. 举证责任：商业秘密权利人举证合理怀疑，涉嫌侵权人举证责任倒置。

## 考点 03　消费者的权利与经营者的义务

### （一）消费者的基础权利

1. 安全保障权：消费者在购买、使用商品和接受服务时享有人身、财产安全不受损害的权利。

2. 知悉真情权：消费者享有知悉其购买、使用的商品或者接受的服务的真实情况的权利。

3. 自主选择权

（1）有权自主选择提供商品或者服务的经营者。

（2）有权自主选择商品品种或者服务方式。

（3）有权自主决定是否购买任何一种商品或是否接受任何一项服务。

（4）有权对商品或服务进行比较、鉴别和挑选。经营者不得以任何方式干涉消费者行使自主选择权。

4. 公平交易权

（1）货真价实：有权获得质量保障、价格合理、计量正确等公平交易条件。

（2）拒绝强买强卖：有权拒绝经营者的强制交易行为。

5. 获取赔偿权：消费者因购买、使用商品或者接受服务受到人身、财产损害的，享有依法获得赔偿的权利。

## （二）远程非现场购物交易模式中消费者的保护

| | |
|---|---|
| 售前 | 采用网络、电视、电话、邮购等方式提供商品或者服务的经营者，以及从事证券、保险、银行业务的经营者，应当向消费者提供经营地址、联系方式、商品或者服务的数量和质量、价款或者费用、履行期限和方式、风险警示、售后服务、民事责任等真实、必要的信息。 |
| 售后 | 1. **7日内无理由后悔**：经营者采用网络、电视、电话、邮购等方式销售商品，消费者有权自收到商品之日起7日内退货，且无须说明理由。<br>2. 后悔权的行使条件<br>（1）商品完好。消费者退货的商品应当完好。经营者应当自收到退回商品之日起7日内返还消费者支付的商品价款。<br>（2）**自付运费**。退回商品的运费由消费者承担；经营者和消费者另有约定的，按照约定。<br>（3）时间在收货后7天内。<br>3. 四种情形不能悔<br>（1）消费者定作的；（2）鲜活易腐的；（3）在线下载或者消费者拆封的音像制品、计算机软件等数字化商品；（4）交付的报纸、期刊。<br>除上述商品外，其他根据商品性质并经消费者在购买时确认不宜退货的商品，不适用无理由退货。 |
| 维权 | 1. 网络平台提供者附条件赔偿<br>消费者通过网络交易平台购买商品或者接受服务，其合法权益受到损害的，可以向**销售者或者服务者**要求赔偿。网络交易平台提供者不能提供销售者或者服务者的真实名称、地址和有效联系方式的，消费者也可以向**网络交易平台提供者要求赔偿**；网络交易平台提供者作出**更有利于消费者的承诺的**，应当履行承诺。网络交易平台提供者赔偿后，有权向销售者或者服务者追偿。<br>2. 网络交易平台提供者应知或明知的过错连带责任<br>网络交易平台提供者明知或者应知销售者或者服务者利用其平台侵害消费者合法权益，未采取必要措施的，依法与该销售者或者服务者承担**连带责任**。 |

### (三) 经营者义务

1. 安全保障义务

经营者应当保证其提供的商品或服务符合保障人身、财产安全的要求。

（1）说明和警示义务

对可能危及人身、财产安全的商品和服务，应作出真实说明和明确的警示，标明正确使用及防止危害发生的方法。

（2）场所经营者的安保义务

①宾馆、商场、餐馆、银行、机场、车站、港口、影剧院等经营场所的经营者，应当对消费者尽到安全保障义务。

②因上述场所的管理者或群众性活动的组织者，未尽到安全保障义务，造成他人损害的应承担侵权责任。

③在场所内因第三人行为造成他人损害的，由第三人承担侵权责任。上述场所的管理人或组织者未尽到安全保障义务的，承担相应的补充赔偿责任。

（3）缺陷商品召回义务

①主动反馈。经营者发现其提供的商品或者服务存在缺陷，有危及人身、财产安全危险的，应当立即向有关行政部门报告和告知消费者。

②采取措施。采取停止销售、警示、召回、无害化处理、销毁、停止生产或者服务等措施。

③承担必要费用。采取召回措施的，经营者应当承担消费者因商品被召回支出的必要费用。

④责令召回。有关行政部门发现并认定经营者提供的商品或者服务存在缺陷，有危及人身、财产安全危险的，应当立即责令经营者采取停止销售、警示、召回、无害化处理、销毁、停止生产或者服务等措施。

（4）对食品药品争议案件中，对赠品的质量负有与正品同等的安

**保义务**：食品、药品生产者、销售者提供给消费者的食品或者药品的赠品发生质量安全问题，造成消费者损害，消费者主张权利，生产者、销售者无权以消费者未对赠品支付对价为由进行免责抗辩。

2. 保证质量的义务

（1）经营者应当保证在正常使用商品或者接受服务的情况下，其提供的商品或者服务应当具有的质量、性能、用途和有效期限；但消费者在购买该商品或者接受服务前已经知道其存在瑕疵，且存在该瑕疵不违反法律强制性规定的除外。

（2）经营者以广告、产品说明、实物样品或者其他方式表明商品或者服务的质量状况的，应当保证提供的商品或者服务的实际质量与表明的质量状况相符。

（3）经营者提供的机动车、计算机、电视机、电冰箱、空调器、洗衣机等耐用商品或者装饰装修等服务，消费者自接受商品或者服务之日起 6 个月内发现瑕疵，发生争议的，由经营者承担有关瑕疵的举证责任。

3. 正确使用格式条款的义务

（1）提示和说明

经营者在经营活动中使用格式条款，应当以显著方式提请消费者注意商品或者服务的数量和质量、价款或者费用、履行期限和方式、安全注意事项和风险警示、售后服务、民事责任等与消费者有重大利害关系的内容，并按照消费者的要求予以说明。

（2）禁止滥用格式条款

经营者不得以格式条款、通知、声明、店堂告示等方式，作出排除或者限制消费者权利、[1] 经营者责任、加重消费者责任等对消费者不公平、不合理的规定，不得利用格式条款并借助技术手段强制交易。违反此义务的，其条款无效。

（3）单方承诺应兑现

经营者用店堂告示等单方意思表示约束自己是有效的，比如"假

---

[1] 减轻或者免除。

一罚十"对商家有效。

4. 尊重消费者信息自由的义务

（1）合法收集

经营者收集、使用消费者个人信息，应当遵循合法、正当、必要的原则，明示收集、使用信息的目的、方式和范围，并经被收集者同意。

（2）采取保护措施

经营者应当采取技术措施和其他必要措施，确保信息安全，防止消费者个人信息泄露、丢失。在发生或者可能发生信息泄露、丢失的情况时，应当立即采取补救措施。

（3）避免以商业信息骚扰消费者

经营者未经消费者同意或者请求，或者消费者明确表示拒绝的，不得向其发送商业性信息。

5. 特别事项的规定

（1）押金、预付款

经营者提供商品或者服务时收取押金的，应当事先与消费者约定退还押金的方式、程序和时限，不得对退还押金设置不合理条件。

经营者以收取预付款方式提供商品或者服务的，应当与消费者订立书面合同，约定商品或者服务的具体内容、价款或者费用、预付款退还方式、违约责任等事项。

经营者出现重大经营风险，有可能影响经营者按照合同约定或者交易习惯正常提供商品或者服务的，应当停止收取预付款。

消费者要求退还押金、预付款，符合退还条件的，经营者应当及时退还。

经营者决定停业或者迁移服务场所的，应当提前 30 日在其经营场所、网站、网店首页等的醒目位置公告经营者的有效联系方式等信息，并按消费者要求退还未消费的预付款余额。

（2）网络直播销售

经营者通过网络直播等方式提供商品或者服务发生消费争议的，

直播营销平台经营者应当根据消费者的要求提供直播间运营者、直播营销人员相关信息以及相关经营活动记录等必要信息。

（3）网络游戏

经营者提供网络游戏服务的，应当符合国家关于网络游戏服务相关时段、时长、功能和内容等方面的规定和标准，针对未成年人设置相应的时间管理、权限管理、消费管理等功能，在注册、登录等环节严格进行用户核验，依法保护未成年人身心健康。

### 考点 04　产品缺陷责任

**（一）概述**

1. 生产者、销售者因产品存在缺陷而造成他人人身、财产损害时，应承担的赔偿责任。

2. 产品缺陷的含义：产品存在危及人身、他人财产安全的不合理的危险；产品有保障人体健康和人身、财产安全的国家标准、行业标准的，是指不符合该标准。包括：（1）生产设计缺陷；（2）经营缺陷。

**（二）安全保障义务**

1. 经营者应当保证其提供的商品或者服务符合保障人身、财产安全的要求。

（1）对可能危及人身、财产安全的商品和服务，应当向消费者作出真实的说明和明确的警示，并说明和标明正确使用商品或者接受服务的方法以及防止危害发生的方法。

（2）宾馆、商场、餐馆、银行、机场、车站、港口、影剧院等经营场所的经营者，应当对消费者尽到安全保障义务。

2. 消费者在购买、使用商品和接受服务时享有人身、财产安全不受损害的权利。消费者有权要求经营者提供的商品和服务，符合保障人身、财产安全的要求。

### (三)缺陷处理

1.经营者:经营者发现其提供的商品或者服务存在缺陷,有危及人身、财产安全危险的,应当立即向有关行政部门报告和告知消费者,并采取停止销售、警示、召回、无害化处理、销毁、停止生产或者服务等措施。采取召回措施的,经营者应当承担消费者因商品被召回支出的必要费用。

2.有关行政部门:有关行政部门发现并认定商品或者服务存在缺陷,应当立即责令经营者采取停止销售、警示、召回、无害化处理、销毁、停止生产或者服务等措施。

### (四)责任主体

1.生产者和销售者的连带责任:生产者承担无过错责任。销售者承担过错推定责任,不能指明生产者时承担全部赔偿责任。

(1)生产者和销售者对外:先对受害人承担连带责任。

(2)生产者和销售者内部:销售者赔偿后向生产者追偿,或生产者赔偿后向销售者追偿。

(3)因运输者、仓储者等第三人的过错使产品存在缺陷,造成他人损害的,产品的生产者、销售者赔偿后,有权向第三人追偿。

【提示】销售者不局限于终端销售,其包括销售的所有环节。

### (五)其他主体

1.产品质量检验机构、认证机构出具的检验结果被证明不实,造成损失的,应当承担相应的赔偿责任;造成重大损失的,撤销其检验资格、认证资格。

2.认证机构违法使用认证标志的连带责任:产品质量认证机构对不符合认证标准而使用认证标志的产品,未依法要求其改正或者取消其使用认证标志资格的,给消费者造成的损失,与产品的生产者、销售者承担连带责任。

3.社会团体、社会中介机构的连带责任:社会团体、社会中介机构对产品质量作出承诺、保证,而该产品又不符合其承诺、保证的质量要求，给消费者造成损失的，与产品的生产者、销售者承担连带责任。

### （六）责任形式

1. 侵权损害赔偿责任：明知产品存在缺陷仍然生产、销售，造成他人死亡或者严重损害其健康的，被侵权人有权请求相应的惩罚性赔偿。

2. 责任豁免

（1）未将产品投入流通的。【提示】产品投入流通后发现存在缺陷的，生产者、销售者应当及时采取[1]等补救措施。

（2）产品投入流通时，引起损害的缺陷尚不存在的。

（3）将产品投入流通时的科学技术水平尚不能发现缺陷的存在的。

【提示】未及时采取补救措施或者补救措施不力造成损害的，应当承担侵权责任。

### （七）时效期间

1. 因产品存在缺陷造成损害要求赔偿的诉讼时效期间为 3 年。

2. 因产品存在缺陷造成损害要求赔偿的请求权，在造成损害的缺陷产品交付最初消费者满 10 年丧失；但是，尚未超过明示的安全使用期的除外。

## 考点 05　惩罚性赔偿责任

1. 欺诈赔偿

经营者提供商品或者服务有欺诈行为的，应当按照消费者的要求增加赔偿其受到的损失，增加赔偿的金额为消费者购买商品的价款或者接受服务的费用的 3 倍；增加赔偿的金额不足 500 元的，为 500 元。法律另有规定的，依照其规定。

2. 明知缺陷

经营者明知商品或者服务存在缺陷，仍然向消费者提供，造成消费者或者其他受害人死亡或者健康严重损害的，受害人有权要求赔偿

---

[1] 警示、召回。

损失，并有权要求所受损失 2 倍以下的惩罚性赔偿。

## 考点 06 食品侵权民事责任

1. 生产经营者的责任

（1）违反《食品安全法》规定，造成人身、财产或其他损害的，依法承担赔偿责任。生产经营者财产不足以同时承担民事赔偿责任和缴纳罚款、罚金时，先承担民事赔偿责任。

（2）消费者因不符合食品安全标准的食品受到损害的，可以向经营者要求赔偿损失，也可以向生产者要求赔偿损失。接到消费者赔偿要求的生产经营者，应当实行首负责任制，先行赔付，不得推诿；属于生产者责任的，经营者赔偿后有权向生产者追偿；属于经营者责任的，生产者赔偿后有权向经营者追偿。

（3）生产不符合食品安全标准的食品或者经营明知是不符合食品安全标准的食品，消费者除要求赔偿损失外，还可以向生产者或者经营者要求支付价款 10 倍或者损失 3 倍的赔偿金；增加赔偿的金额不足 1000 元的，为 1000 元。但是，食品的标签、说明书存在不影响食品安全且不会对消费者造成误导的瑕疵的除外。

2. 场所提供者的责任

明知他人从事违反《食品安全法》生产经营活动，仍为其提供生产经营场所或者其他条件，使消费者的合法权益受到损害的，应当与食品、食品添加剂生产经营者承担连带责任。

3. 市场组织者等责任

（1）集中交易市场的开办者、柜台出租者、展销会的举办者允许未依法取得许可的食品经营者进入市场销售食品，或者未履行检查、报告等义务，使消费者的合法权益受到损害的，应当与食品经营者承担连带责任。

（2）食用农产品批发市场应该配备检验设备和检验人员或者委托符合《食品安全法》规定的食品检验机构，对进入该批发市场销售的食用农产品进行抽样检验;发现不符合食品安全标准的,应当要求销售者立即停止销售,并向食品安全监督管理部门报告。食用农产品批发市场违反上述规定,使消费者的合法权益受到损害的,应当与食品经营者承担连带责任。

4. 网络交易平台的责任

(1)网络食品交易第三方平台提供者未对入网食品经营者进行实名登记、审查许可证,或者未履行报告、停止提供网络交易平台服务等义务,使消费者的合法权益受到损害的,应当与食品经营者承担连带责任。

(2)消费者通过网络食品交易第三方平台购买食品,其合法权益受到损害的,可以向入网食品经营者或者食品生产者要求赔偿。网络食品交易第三方平台提供者不能提供入网食品经营者的真实名称、地址和有效联系方式的,由网络食品交易第三方平台提供者赔偿。网络食品交易第三方平台提供者赔偿后,有权向入网食品经营者或者食品生产者追偿。网络食品交易第三方平台提供者作出更有利于消费者承诺的,应当履行其承诺。

5. 检验机构和认证机构的责任

(1)食品检验机构出具虚假检验报告,使消费者的合法权益受到损害的,应当与食品生产经营者承担连带责任。

(2)认证机构出具虚假认证结论,使消费者的合法权益受到损害的,应当与食品生产经营者承担连带责任。

6. 虚假广告责任

(1)广告经营者、发布者设计、制作、发布虚假食品广告,使消费者的合法权益受到损害的,应当与食品生产经营者承担连带责任。

(2)社会团体或者其他组织、个人在虚假广告或者其他虚假宣传中向消费者推荐食品,使消费者的合法权益受到损害的,应当与食品生产经营者承担连带责任。

## 考点 07　商业银行的贷款业务

| 原则 | 坚持 [1]、分级审批原则。 |
|---|---|
| 关系人 | 1. 商业银行的董事、监事、管理人员、信贷业务人员及其近亲属。<br>2. 前述所列人员投资或者担任高级管理职务的公司、企业和其他经济组织。 |
| 担保贷款 | 商业银行贷款，借款人应当提供担保。 |
| | 商业银行应当对保证人的偿还能力，抵押物、质物的权属和价值以及实现抵押权、质权的可行性进行严格审查。 |
| | 向关系人发放担保贷款的条件不得优于向其他借款人发放同类贷款的条件。 |
| 信用贷款 | 经商业银行审查、评估，确认借款人资信良好，确能偿还贷款的，可以不提供担保，即可发放信用贷款。 |
| | 商业银行不得向关系人发放信用贷款。 |
| 不良贷款 | 呆账贷款 | 是指按财政部有关规定列为呆账的贷款。 |
| | 呆滞贷款 | 是指按财政部有关规定，逾期（含展期后到期）超过规定年限仍未归还的贷款，或虽未逾期或逾期不满规定年限但生产经营已终止、项目已停建的贷款（不含呆账贷款）。 |
| | 逾期贷款 | 是指借款合同约定到期（含展期后到期）未归还的贷款（不含呆滞贷款和呆账贷款）。 |

## 考点 08　税法

1. 个人所得税

| 纳税主体 | （1）居民个人对境内外所得纳税。居民个人是指在中国境内有住所，或者虽无住所而一个纳税年度内在中国境内居住累计满 183 天的个人。 |
|---|---|
| | （2）非居民个人对境内所得纳税。非居民个人是指在中国境内无住所又不居住，或者无住所而一个纳税年度内在中国境内居住累计不满 183 天的个人。 |

[1] 审贷分离。

续表

| 征税对象 | 综合所得 | （1）工资、薪金所得，即个人因任职或受聘取得的工资、奖金、劳动分红、津贴、补贴等所得。 | （1）居民个人的综合所得，以每一纳税年度的收入额减除费用60000元以及专项扣除、专项附加扣除和依法确定的其他扣除后的余额，为应纳税所得额。（2）非居民个人的工资、薪金所得，以每月收入额减除费用5000元后的余额为应纳税所得额；劳务报酬所得、稿酬所得、特许权使用费所得，以每次收入额为应纳税所得额。 |
|---|---|---|---|
| | | （2）劳务报酬所得，即个人从事各种劳务取得的所得，按纳税年度合并计算个人所得税。 | |
| | | （3）稿酬所得，即个人因作品出版、发表而取得的所得。另外，作者去世后，财产继承人取得的遗产稿酬，也按该项目征收个人所得税。 | |
| | | （4）特许权使用费所得，即个人提供专利权、商标权等知识产权或其他非专利技术以及其他特许权的使用权取得的所得。 | |
| | 其他所得 | （5）经营所得，即个体工商户的生产、经营所得以及对企事业单位的承包经营、承租经营所得；以每一纳税年度的收入总额减除成本、费用以及损失后的余额，为应纳税所得额。 |||
| | | （6）利息、股息、红利所得，即个人因拥有债权、股权而取得的利息、股息、分红所得；按次计算，以每次收入额为应纳税所得额。 |||
| | | （7）财产租赁所得，即个人出租建筑物、土地使用权、机器设备、车船以及其他财产取得的所得；每次收入不超过4000元的，减除费用800元；4000元以上的，减除20%的费用，其余额为应纳税所得额。 |||
| | | （8）财产转让所得，即个人转让有价证券、股权、建筑物、土地使用权等财产取得的所得；以转让财产的收入额减除财产原值和合理费用后的余额，为应纳税所得额。 |||
| | | （9）偶然所得，即个人得奖、中奖、中彩以及其他偶然性质的所得。以每次收入额为应纳税所得额。 |||

续表

| | | |
|---|---|---|
| 税收优惠 | 减除 | 劳务报酬所得、稿酬所得、特许权使用费所得以收入减除20%的费用后的余额为收入额。稿酬所得的收入额减按70%计算。 |
| | 扣除 | 个人将其所得对教育、扶贫、济困等公益慈善事业进行捐赠，捐赠额未超过纳税人申报的应纳税所得额30%的部分，可以从其应纳税所得额中扣除。 |
| | 免税 | （1）省级人民政府、国务院部委和中国人民解放军军以上单位，以及外国组织、国际组织颁发的科学、教育、技术、文化、卫生、体育、环境保护等方面的奖金。<br>（2）国债和国家发行的金融债券利息。<br>（3）按照国家统一规定发给的补贴、津贴。<br>（4）福利费、抚恤金、救济金。<br>（5）保险赔款。<br>（6）军人的转业费、复员费、退役金。<br>（7）按照国家统一规定发给干部、职工的安家费、退职费、基本养老金或者退休费、离休费、离休生活补助费。<br>（8）依照有关法律规定应予免税的各国驻华使馆、领事馆的外交代表、领事官员和其他人员的所得。<br>（9）中国政府参加的国际公约、签订的协议中规定免税的所得。<br>（10）国务院规定的其他免税所得。 |
| | 减税 | （1）残疾、孤老人员和烈属的所得。<br>（2）因自然灾害遭受重大损失的。<br>国务院可以规定其他减税情形，报全国人民代表大会常务委员会备案。 |

2. 企业所得税法

| | | |
|---|---|---|
| 纳税主体 | 居民企业 | 依法在中国境内成立，或者依照外国（地区）法律成立但实际管理机构在中国境内的企业。 |
| | 非居民企业 | 依照外国（地区）法律成立且实际管理机构不在中国境内，但在中国境内设立机构、场所的，或者在中国境内未设立机构、场所，但有来源于中国境内所得的企业。 |

续表

| | |
|---|---|
| 征税对象及税率 | 居民企业的无限纳税义务,税率为25%。<br>非居民企业在中国境内设立机构、场所的,应当就其所设机构、场所取得的来源于中国境内的所得,以及发生在中国境外但与其所设机构、场所有实际联系的所得,缴纳企业所得税,税率为25%。 |
| 税率优惠 | 非居民企业的来源地有限纳税义务:非居民企业在中国境内未设立机构、场所的,或者虽设立机构、场所但取得的所得与其所设机构、场所没有实际联系的,应当仅仅就其来源于中国境内的所得缴纳企业所得税,税率为20%。<br>符合条件的小型微利企业,减按20%的税率征收企业所得税。<br>国家需要重点扶持的高新技术企业,减按15%的税率征收企业所得税。 |
| 不征税对象 | (1)财政拨款。<br>(2)依法收取并纳入财政管理的行政事业性收费、政府性基金。<br>(3)国务院规定的其他不征税收入。 |
| 免税收入 | (1)国债利息收入。<br>(2)符合条件的居民企业之间的股息、红利等权益性投资收益。<br>(3)在中国境内设立机构、场所的非居民企业从居民企业取得与该机构、场所有实际联系的股息、红利等权益性投资收益。<br>(4)符合条件的非营利组织的收入。 |
| 免征、减征 | (1)从事农、林、牧、渔业项目的所得。<br>(2)从事国家重点扶持的公共基础设施项目投资经营的所得。<br>(3)从事符合条件的环境保护、节能节水项目的所得。<br>(4)符合条件的技术转让所得。<br>(5)非居民企业在中国境内未设立机构、场所的,或者虽设立机构、场所但取得的所得与其所设机构、场所没有实际联系的,应当就其来源于中国境内的所得缴纳企业所得税,但可以享受减、免优惠。 |
| 加计扣除 | (1)开发新技术、新产品、新工艺发生的研究开发费用。<br>(2)安置残疾人员及国家鼓励安置的其他就业人员所支付的工资。 |

### 3. 税款退还、补缴与追征

| 税款的退还 | 对于纳税人多缴纳的税款,税务机关发现后应予退还,纳税人自缴纳税款之日起 3 年内发现的,可以要求退还并加算银行同期存款利息;税款缴纳 3 年后发现的,便不得再请求退还。 |
|---|---|
| 税款的补缴 | 对于因税务机关原因导致的税款未缴或少缴的,税务机关在 [1] 内发现的,可以要求补缴税款,但不得请求滞纳金。 |
| 税款的追征 | (1)对于因纳税人、扣缴义务人计算错误等失误,造成税款未缴或少缴的,税务机关可以在 3 年内追征;有特殊情况的,追征期可以延长到 5 年。 |
| | (2)对偷税、抗税、骗税的,税务机关追征其未缴或者少缴的税款、滞纳金或者所骗取的税款,不受上述规定期限的限制。 |

## 考点09 审计法

### (一)审计职责范围

1. 审计机关对本级各部门(含直属单位)和下级政府预算的执行情况和决算以及其他财政收支情况,进行审计监督。

2. 审计署在国务院总理领导下,对中央预算执行情况、决算草案以及其他财政收支情况进行审计监督,向国务院总理提出审计结果报告。地方各级审计机关分别在省长、自治区主席、市长、州长、县长、区长和上一级审计机关的领导下,对本级预算执行情况、决算草案以及其他财政收支情况进行审计监督,向本级人民政府和上一级审计机关提出审计结果报告。

3. 审计署对中央银行的财务收支,进行审计监督。

4. 审计机关对国家的事业组织和使用财政资金的其他事业组织的财务收支,进行审计监督。

5. 审计机关对国有企业、国有金融机构和国有资本占控股地位或者主导地位的企业、金融机构的资产、负债、损益以及其他财务收支情况,进行审计监督。除前述金融机构外,遇有涉及国家财政金融重

[1] 3 年。

大利益情形，为维护国家经济安全，经国务院批准，审计署可以对其进行专项审计调查或者审计。

6. 审计机关对政府投资和以政府投资为主的建设项目的预算执行情况和决算，对其他关系国家利益和公共利益的重大公共工程项目的资金管理使用和建设运营情况，进行审计监督。

7. 审计机关对国有资源、国有资产，进行审计监督。

8. 审计机关对政府部门管理的和其他单位受政府委托管理的社会保险基金、全国社会保障基金、社会捐赠资金以及其他公共资金的财务收支，进行审计监督。

9. 审计机关对国际组织和外国政府援助、贷款项目的财务收支，进行审计监督。

10. 根据经批准的审计项目计划安排，审计机关可以对被审计单位贯彻落实国家重大经济社会政策措施情况进行审计监督。

11. 除《审计法》规定的审计事项外，审计机关对其他法律、行政法规规定应当由审计机关进行审计的事项，依照《审计法》和有关法律、行政法规的规定进行审计监督。

**（二）审计职责履行**

1. 全面审计与专项审计

审计机关可以对被审计单位依法应当接受审计的事项进行全面审计，也可以对其中的特定事项进行专项审计。

2. 专项审计调查

审计机关有权对与国家财政收支有关的特定事项，向有关地方、部门、单位进行专项审计调查，并向本级人民政府和上一级审计机关报告审计调查结果。

3. 风险隐患通报

审计机关履行审计监督职责，发现经济社会运行中存在风险隐患的，应当及时向本级人民政府报告或者向有关主管机关、单位通报。

4. 审计管辖确定

(1) 审计机关根据被审计单位的财政、财务隶属关系或者国有资源、国有资产监督管理关系,确定审计管辖范围。

(2) 审计机关之间对审计管辖范围有争议的,由其[1]确定。

(3) 上级审计机关对其审计管辖范围内的审计事项,可以授权下级审计机关进行审计,但上述第1—3项审计事项不得进行授权;上级审计机关对下级审计机关审计管辖范围内的重大审计事项,可以直接进行审计,但是应当防止不必要的重复审计。

5. 指导监督

审计机关应当对被审计单位的内部审计工作进行业务指导和监督。

6. 审计核查

社会审计机构审计的单位依法属于被审计单位的,审计机关按照国务院的规定,有权对该社会审计机构出具的相关审计报告进行核查。

## 考点10 土地管理法

(一) 国有土地出让

1. 取得方式

(1) 拍卖、招标、挂牌或者双方协议的方式。

(2) 工业、商业、旅游、娱乐和商品住宅等经营性用地以及同一土地有两个以上意向用地者的,应当采取**招标、拍卖**等公开竞价的方式出让。

2. 使用期限

国家规定国有土地使用权出让的最高年限,分为:(1) 居住用地**70年**;(2) 工业用地50年;(3) 教育、科技、文化、卫生、体育用地50年;(4) 商业、旅游、娱乐用地40年;(5) 综合或其他用地50年。

3. 权利内容

出让土地使用权人可依法将其享有的土地权利转让、出租、[2]或用于合资、合作经营及其他经济活动。

---

[1] 共同的上级审计机关。 [2] 抵押。

4.权利限制

（1）不得超过使用期限；不得擅自改变用途，土地使用者需要改变土地使用权出让合同约定的土地用途的，必须取得出让方和市、县人民政府城市规划行政主管部门的同意，签订土地使用权出让合同变更协议或者重新签订土地使用权出让合同，相应调整土地使用权出让金。

（2）超过出让合同约定的动工开发日期满1年未动工开发的，可以征收相当于土地使用权出让金20%以下的土地闲置费。

（3）满2年未动工开发的，可以无偿收回土地使用权；但是，因不可抗力或者政府、政府有关部门的行为或者动工开发必需的前期工作造成动工开发迟延的除外。

5.权利转让

（1）转让的条件：①按照出让合同约定已经支付全部土地使用权出让金；②取得土地使用权证书；③按照出让合同约定进行投资开发，属于房屋建设工程的，完成开发投资总额的25%以上，属于成片开发土地的，形成工业用地或者其他建设用地条件。

（2）转让后的权利义务：①土地使用权出让合同载明的权利、义务随之转移；②土地使用权的使用年限为剩余年限；③受让人改变原土地使用权出让合同约定的土地用途的，必须取得原出让方和市、县规划部门的同意，重签合同，调整出让金。

(二)国有土地划拨

1.法律特征

（1）土地使用权划拨只针对国有土地而言；集体土地不适用划拨方式，集体土地只有在被征收为国有土地之后才可以划拨。

（2）土地使用权划拨是一种行政行为；土地使用权出让则是一种民事法律行为。

（3）划拨土地用途具有特定性。适用范围包括：①国家机关用地和军事用地；②城市基础设施用地和公益事业用地；③国家重点扶持的能源、交通、水利等项目用地;④法律、法规规定的其他用地。

2. 取得方式

(1)经县级以上人民政府依法批准,在土地使用者缴纳补偿、安置等费用后将该幅土地交付给土地使用者使用。该补偿、安置等费用并不是土地使用权的对价,而只是对原先的土地使用者损失和重新安置的补偿。

(2)经县级以上人民政府依法批准,土地使用者无须缴纳补偿、安置等费用,将国有土地使用权无偿交付给土地使用者使用。

3. 权利限制

以划拨方式取得土地使用权的,除法律、行政法规另有规定外,没有使用期限的限制。但划拨土地使用权人不得擅自改变土地用途,转让、出租和抵押其权利受到严格限制(须符合法定条件并履行法定手续)。

4. 商品化

(1)由划拨转为出让。主要有两种途径:一是原使用人办理出让手续,取得出让土地使用权;二是经审批将划拨土地经批准转让给他人,由他人办理出让手续,或者转让后不办理出让手续(而由转让人将土地收益上缴)。

(2)出租。指国家将无偿划拨改为有偿出租,方式:一是先收回,再有偿出租给原划拨土地使用人。二是房屋所有权人以营利为目的,将以划拨方式取得使用权的国有土地上建成的房屋出租,应当将租金中所含土地收益上缴国家。

(3)抵押。当实现抵押权时,取得建筑物所有权的人同时取得了该土地的使用权,只是土地使用权出让金应当从拍卖价款中优先支付。

(三)土地承包经营权

1. 发包方

(1)农民集体所有的土地依法属于村农民集体所有的,由村集体经济组织或者村民委员会发包。已经分别属于村内两个以上农村集体经济组织的农民集体所有的，由村内各该农村集体经济组织发包。

（2）村民小组发包。

（3）国家所有依法由农民集体使用的农村土地，由使用该土地的农村集体经济组织、村民委员会或者村民小组发包。

2.承包方：家庭承包的承包方是本集体经济组织的农户。

3.承包方权利

（1）依法享有承包地使用、收益的权利，有权自主组织生产经营和处置产品。

（2）依法互换、转让土地承包经营权。

（3）依法流转土地经营权。

（4）承包地被依法征收、征用、占用的，有权依法获得相应的补偿。

4.承包期限

（1）耕地的承包期为30年。草地的承包期为30年至50年。林地的承包期为30年至70年。

（2）耕地承包期届满后再延长30年，草地、林地承包期届满后依照前述规定相应延长。

5.收回

（1）承包期内，发包方不得收回承包地。

①承包期内，妇女结婚，在新居住地未取得承包地的，发包方不得收回其原承包地；妇女离婚或者丧偶，仍在原居住地生活或者不在原居住地生活但在新居住地未取得承包地的，发包方不得收回其原承包地。

②国家保护进城农户的土地承包经营权。不得以退出土地承包经营权作为农户进城落户的条件。

（2）自愿交回：承包期内，承包方可以自愿将承包地交回发包方。可以获得合理补偿，但是应当提前半年以书面形式通知发包方。承包方在承包期内交回承包地的，在承包期内不得再要求承包土地。

6. 调整：承包土地的调整方案必须经村民委员会会议 2/3 以上成员或者 2/3 以上村民代表通过，并经乡（镇）人民政府和县级人民政府农业农村、林业和草原等主管部门批准。

7. 继承：承包人应得的承包收益，依照《民法典》的规定继承。林地承包的承包人死亡，其继承人可以在承包期内继续承包。

## 考点 11　城市房地产管理法

1. 出让土地使用权及房地产交易

| 性质 | 双务有偿合同；有期限；双方均受合同约束。<br>（1）转让：①原合同中的权利义务一并转让给受让人；②转让的年限应该是扣除原使用者已经使用过的剩余年限。<br>（2）用途变更：必须取得原出让方和市、县人民政府城市规划行政主管部门的同意，签订土地使用权出让合同变更协议或者重新签订土地使用权出让合同，相应调整土地使用权出让金，并办理登记。 |
|---|---|
| 出让方式 | （1）一般土地：拍卖、招标、协议。<br>（2）商业、旅游、娱乐和豪华住宅用地：有条件的，必须采取拍卖、招标方式；没有条件的，可以采取双方协议的方式，出让金不得低于按国家规定所确定的最低价。 |
| 房地产转让条件 | （1）已经支付全部土地使用权出让金，并取得土地使用权证书。<br>（2）按照出让合同约定进行投资开发，属于房屋建设工程的，完成开发投资总额的 25% 以上；属于成片开发土地的，形成工业用地或者其他建设用地条件。<br>（3）转让房地产时房屋已经建成的，还应当持有房屋所有权证书。 |

2. 划拨土地使用权及房地产转让

| 性质 | 行政行为，无期限，可无偿，可低偿（青苗补助费等）。 |
|---|---|
| 适用范围 | （1）国家机关用地和军事用地。<br>（2）城市基础设施用地（如道路、停车场）和公益事业用地。<br>（3）国家重点扶持的能源、交通、水利等基础设施用地。<br>（4）法律、行政法规规定的其他用地。 |

续表

| | |
|---|---|
| **房地产转让** | （1）报有批准权的人民政府审批。<br>（2）审批后两种情况分别处理：<br>①政府准予转让＋要求办理出让手续→受让方办理土地使用权出让手续并缴纳土地使用权出让金。<br>②政府准予转让＋不办出让手续→转让方将转让房地产所得收益中的土地收益上缴国家或做其他处理。|

# 十三、环境资源法

## 考点 01  环境影响评价制度

1. 建设规划环境影响评价

（1）国务院有关部门、设区的市级以上地方人民政府及其有关部门，对其组织编制的土地利用的有关规划，区域、流域、海域的建设、开发利用规划，应当在规划编制过程中组织进行环境影响评价。

（2）国务院有关部门、设区的市级以上地方政府及其有关部门，对其组织编制的工业等有关专项规划，应当在该专项规划草案上报审批前，组织进行环境影响评价。

2. 建设项目环境影响评价分类管理

（1）可能造成重大环境影响的，应当编制环境影响报告书，对产生的环境影响进行全面评价。

（2）可能造成轻度环境影响的，应当编制环境影响报告表，对产生的环境影响进行分析或者专项评价。

（3）对环境影响很小、不需要进行环境影响评价的，应当填报环境影响登记表。

3. 建设项目环境影响评价责任

（1）建设单位未依法报批或未经批准建设项目环境影响报告书、报告表，擅自开工建设的，由县级以上生态环境主管部门责令停止建设，根据违法情节和危害后果，处建设项目总投资额 1% 以上 5% 以下的罚款，并可以责令恢复原状；对建设单位直接负责的主管人员和其他直接责任人员，依法给予行政处分。

（2）建设单位未依法备案建设项目环境影响登记表的，由县级以上生态环境主管部门责令备案，处5万元以下的罚款。

## 考点 02　环境民事责任

### （一）第三人过错的处理规则

1. 因第三人的过错污染环境、破坏生态造成损害的，被侵权人既可以向侵权人请求赔偿，也可以向第三人请求赔偿。侵权人对损害的发生没有过错的，在承担责任后有权向第三人追偿。

2. 排污单位将所属的环保设施委托第三方治理机构运营，或者将污染物交由第三方治理机构集中处置，第三方治理机构在合同履行过程中污染环境造成他人损害的，[1]应承担侵权责任。

3. 侵权人污染环境、破坏生态造成他人损害，未尽到安全保障义务的经营场所、公共场所的经营者、管理者或者群众性活动的组织者应承担相应补充责任。

4. 依照法律规定应当履行生态环境风险管控和修复义务的民事主体，未履行法定义务造成他人损害的，承担相应的责任。

### （二）环境服务机构的连带责任

环境影响评价机构、环境监测机构以及从事环境监测设备和防治污染设施维护、运营的机构存在下列情形之一的，除依照有关法律法规规定予以处罚外，还应当与造成环境污染、生态破坏的其他责任人承担连带责任：（1）故意出具失实评价文件的；（2）隐瞒委托人超过污染物排放标准或者超过重点污染物排放总量控制指标的事实的；（3）故意不运行或者不正常运行环境监测设备或者防治污染设施的；（4）其他根据法律规定应当承担连带责任的情形。

### （三）诉讼时效

提起环境损害赔偿诉讼的时效期间为[2]年，从当事人知道或者应当知道其受到损害时起计算。

---

[1] 第三方治理机构。　[2] 3。

## 考点 03　森林资源权属制度

1. 权利归属

(1) 森林资源属于国家所有,由法律规定属于集体所有的除外。国家和集体对其所有的森林、林木和林地,可以自行使用,也可以划拨或出让给单位和个人使用。

(2) 林地使用权人对自己种植的林木享有所有权。

(3) 国家所有的和集体所有的森林、林木和林地,个人所有的林木和使用的林地,由县级以上地方人民政府登记造册,发放证书,确认所有权或者使用权。

(4) 用材林、经济林和薪炭林的经营者依法享有经营权、收益权和其他合法权益,防护林和特种用途林的经营者有获得森林生态效益补偿的权利。

2. 使用权流转

(1) 下列森林、林木、林地使用权可以依法转让,也可以依法作价入股或者作为合资、合作造林、经营林木的出资、合作条件,但不得将林地改为非林地:①用材林、经济林、薪炭林;②用材林、经济林、薪炭林的林地使用权;③用材林、经济林、薪炭林的采伐迹地、火烧迹地的林地使用权;④国务院规定的其他森林、林木和其他林地使用权。

(2) 上述使用权转让时,已经取得的林木采伐许可证可以同时转让,同时,转让双方必须遵守《森林法》关于森林、林木采伐和更新造林的规定。

(3) 防护林和特种用途林的森林、林木和林地使用权 [1]。

3. 权属争议的解决

(1) 单位之间发生的林木、林地所有权和使用权争议,由县级以上人民政府依法处理。

(2) 个人之间、个人与单位之间发生的林木所有权和林地使用权

---

[1] 不得流转。

的争议，由当地县级或者乡级人民政府依法处理

（3）当事人对人民政府的处理决定不服的，可以在接到通知之日起1个月内，向人民法院起诉。

（4）在林木、林地权属争议解决以前，任何一方不得砍伐有争议的林木。

## 考点04　矿产资源权属制度

1. 所有权

矿产资源属于国家所有，由国务院代表国家行使矿产资源的所有权。地表或者地下的矿产资源的国家所有权，不因其所依附的土地的所有权或者使用权的不同而改变。

2. 矿业权

国家实行探矿权、采矿权有偿取得的制度。探矿权、采矿权统称矿业权。勘查、开采矿产资源应当按照国家有关规定缴纳费用。开采矿产资源应当依法缴纳资源税。

矿业权应当通过招标、拍卖、挂牌等竞争性方式出让，法律、行政法规或者国务院规定可以通过协议出让或者其他方式设立的除外。矿业权可以依法转让或者出资、抵押等，国家另有规定或者矿业权出让合同另有约定的除外。

无需取得探矿权的情形：（1）国家出资勘查矿产资源；（2）采矿权人在登记的开采区域内为开采活动需要进行勘查；（3）国务院和国务院自然资源主管部门规定的其他情形。

无需取得采矿权的情形：（1）个人为生活自用采挖只能用作普通建筑材料的砂、石、黏土；（2）建设项目施工单位在批准的作业区域和建设工期内，因施工需要采挖只能用作普通建筑材料的砂、石、黏土；（3）国务院和国务院自然资源主管部门规定的其他情形。

# 十四、劳动与社会保障法

## 考点 01　劳动合同

### （一）劳动合同的订立

1. 劳动关系建立：用人单位与劳动者在用工前订立劳动合同的，劳动关系自用工之日起建立。

2. 订立书面劳动合同：除非全日制用工，双方协商一致可以订立口头合同外，其余用人单位与劳动者建立劳动关系均应签订书面劳动合同。

### （二）劳动合同的内容

1. 试用期条款

（1）形式：书面约定。

（2）期限

| 劳动合同种类 | | 试用期期限 |
| --- | --- | --- |
| 非全日制用工 | | 不得约定 |
| 以完成一定工作任务为期限的劳动合同 | | 不得约定 |
| 固定期限劳动合同 | 期限 3 个月以内 | 不得约定 |
| | 3 个月≤劳动合同期限 <1 年 | ≤ 1 个月 |
| | 1 年≤劳动合同期限 <3 年 | ≤ 2 个月 |
| | 3 年≤劳动合同期限 | ≤ 6 个月 |
| 无固定期劳动合同 | | ≤ 6 个月 |

如果约定的试用期超过法定期限，则试用期条款不生效，但不影响其他条款的效力。

如果劳动合同只约定试用期，没有约定劳动合同期限的，相当于没有试用期，约定的期限为劳动合同期限。

（3）试用期间对劳动者保护

①同一用人单位与同一劳动者约定的试用期一次为限。

②试用期工资不低于正常岗位工资的 80%，且不低于当地最低工资标准。

③劳动者可提前 3 天通知解除劳动合同。

④用人单位须为劳动者缴纳社保并提供相应的劳动保护和福利。

⑤用人单位解除劳动合同需证明劳动者不符合录用条件。

2. 服务期条款（专项培训 + 分摊原则）

（1）前提：用人单位为劳动者提供专项培训费用，对其进行专业技术培训的，可以与该劳动者订立协议，约定服务期。

（2）违约金

①劳动者违反服务期约定的，应当按照约定向用人单位支付违约金。但是因《劳动合同法》第 38 条的规定，因用人单位的过错，劳动者即时或随时解除劳动合同的除外。

②违约金的数额不得超过用人单位提供的培训费用。用人单位要求劳动者支付的违约金不得超过服务期尚未履行部分所应分摊的培训费用。

③劳动者需要支付违约金的情形：第一，用人单位无过错，劳动者单方提前解约；第二，劳动者因《劳动合同法》第 39 条的过错情形，被用人单位开除。

④劳动者无须支付违约金的情形：第一，用人单位有过错，劳动者根据《劳动合同法》第 38 条，随时或即时解除劳动合同；第二，劳动者无过错，用人单位通过预告或经济性裁员的方式与劳动者解除合同。

（3）用人单位与劳动者约定服务期的，不影响按照正常的工资调整机制提高劳动者在服务期期间的劳动报酬。

3. 保守商业秘密条款

（1）在劳动合同中可以约定劳动者保守用人单位商业秘密和与知识产权有关的保密事项，并可约定在劳动合同终止前或该劳动者提出解除劳动合同后一定时间内（不超过 6 个月），调整其工作岗位，变更劳动合同的相关内容。

（2）劳动者因违反约定保密事项给用人单位造成损失的，应承担赔偿责任。

（3）劳动者的保密义务属于约定义务，并非法定义务，可以有偿也可以无偿。《公司法》中董事、高管的保密义务是法定义务，无偿履行。

4. 竞业限制条款

（1）竞业限制义务≠保密义务。如果在劳动合同中仅约定了保密条款，并不等于劳动者必然要承担竞业限制义务。

（2）限制人员范围：竞业限制的人员限于用人单位的高级管理人员、高级技术人员和其他负有保密义务的人员。

（3）内容：①劳动合同中，双方可以约定劳动者承担竞业限制的义务、违约责任及赔偿责任；②竞业限制的期限最长不得超过解除或终止劳动合同后的 2 年。在竞业限制期限内，用人单位按月给予劳动者经济补偿。

（三）劳动合同的解除

1. 双方协商解除劳动合同。

2. 劳动者单方解除劳动合同

| 预告解除 | （1）劳动者提前 30 日以书面形式通知用人单位，可以解除劳动合同。<br>（2）劳动者在试用期内提前 3 日通知用人单位，可以解除劳动合同。 |

续表

| | |
|---|---|
| 无须预告解除 | 用人单位有下列情形之一的，劳动者可以解除劳动合同：<br>（1）未按照劳动合同约定提供劳动保护或者劳动条件的。<br>（2）未及时足额支付劳动报酬的。<br>（3）未依法为劳动者缴纳[1]的。<br>（4）用人单位的规章制度违反法律、法规的规定，损害劳动者权益的。<br>（5）用人单位以欺诈、胁迫的手段或者乘人之危，使劳动者在违背真实意思的情况下订立或者变更劳动合同致使劳动合同无效的；用人单位免除自己的法定责任、排除劳动者权利致使劳动合同无效的；违反法律、行政法规强制性规定致使劳动合同无效的。<br>（6）用人单位以暴力、威胁或者非法限制人身自由的手段强迫劳动者劳动的。<br>（7）用人单位违章指挥、强令冒险作业危及劳动者人身安全的。 |

3. 用人单位单方解除劳动合同

| | |
|---|---|
| 须预告解除 | 有下列情形之一的，用人单位提前30日以书面形式通知劳动者本人或者额外支付劳动者一个月工资后，可以解除劳动合同：<br>（1）劳动者患病或非因工负伤，在规定的医疗期满后不能从事原工作，也不能从事由用人单位另行安排的工作的。<br>（2）劳动者不能胜任工作，经过培训或调整工作岗位，仍不能胜任工作的。<br>（3）劳动合同订立时所依据的客观情况发生重大变化，致使原劳动合同无法履行，经当事人协商不能就变更劳动合同达成协议的。 |
| 无须预告的解除 | （1）在试用期间被证明不符合录用条件的。<br>（2）严重违反用人单位规章制度的。<br>（3）严重失职，营私舞弊，给用人单位造成重大损害的。<br>（4）劳动者同时与其他用人单位建立劳动关系，对完成本单位的工作任务造成严重影响，或者经用人单位提出，拒不改正的。<br>（5）劳动者以欺诈、胁迫的手段或者乘人之危，使用人单位在违背真实意思的情况下订立或者变更劳动合同致使劳动合同无效的。<br>（6）被依法追究刑事责任的。 |

[1] 社会保险费。

续表

| | | |
|---|---|---|
| 经济性裁员的解除 | 实体要件 | （1）依照《企业破产法》规定进行重整的。<br>（2）生产经营发生严重困难的。<br>（3）企业转产、重大技术革新或经营方式调整，经变更劳动合同后，仍需裁减人员的。<br>（4）其他因合同订立时所依据客观经济情况发生重大变化，致使劳动合同无法履行。 |
| | 人数 | 需要裁减人员20人以上或者裁减不足20人但占企业职工总数10%以上。 |
| | 程序 | 用人单位提前30日向工会或者全体职工说明情况，听取工会或者职工的意见后，裁减人员方案经向劳动行政部门报告，可以裁减人员。 |
| | 限制条件 | （1）优先留用——裁减人员时，应当优先留用下列人员：<br>①与本单位订立较长期限的固定期限劳动合同的。<br>②与本单位订立无固定期限劳动合同的。<br>③家庭无其他就业人员，有需要扶养的老人或者未成年人的。<br>（2）优先招用——用人单位依照《劳动合同法》经济性裁员的规定裁减人员，在6个月内重新招用人员的，应当通知被裁减的人员，并在[1]优先招用被裁减的人员。 |

## 考点02  劳动基准法

1. 工作时间

（1）标准工时：8小时/日，44小时/周，1周休息2天。

（2）企业因生产特点不能实行法定工作时间的，经劳动行政部门批准，可以实行其他工作和休息办法，如不定时工作时间和综合计算工作时间。

2. 休息休假

| 年休假 | 年休假：国家实行带薪年休假制度。<br>（1）职工累计工作已满1年不满10年的，年休假5天。<br>（2）已满10年不满20年的，年休假10天。<br>（3）已满20年的，年休假15天。 |
|---|---|

[1] 同等条件下。

续表

| | |
|---|---|
| 加班 | （1）用人单位由于生产经营需要，经与工会和劳动者协商后可以延长工作时间：<br>①一般每日不得超过 1 小时。<br>②因特殊原因需要延长工作时间的，在保障劳动者身体健康的条件下延长工作时间每日不得超过 3 小时，但是每月不得超过 36 小时。 |
| | （2）有下列情形之一的，延长工作时间不受《劳动法》第 41 条的限制：<br>①发生自然灾害、事故或者因其他原因，威胁劳动者生命健康和财产安全，需要紧急处理的。<br>②生产设备、交通运输线路、公共设施发生故障，影响生产和公众利益，必须及时抢修的。 |
| | （3）加班工资：<br>①安排劳动者延长工作时间的，支付不低于工资的 150% 的工资报酬。<br>②休息日安排劳动者工作又不能安排补休的，支付不低于工资的 200% 的工资报酬。<br>③法定休假日安排劳动者工作的，支付不低于工资的 300% 的工资报酬。 |

### 考点 03　劳动争议解决制度

1. 和解。

2. 调解：书面或口头申请；[1]日内结束；调解协议书不具有强制执行力。

【提示】因支付拖欠劳动报酬、工伤医疗费、经济补偿或者赔偿金事项达成调解协议，用人单位在协议约定期限内不履行的，劳动者可以持调解协议书依法向人民法院申请支付令。人民法院应当依法发出支付令。

3. 仲裁

（1）仲裁委设置：按需设置，不按行政区划层层设立。

---

[1] 15。

（2）组成：劳动行政部门代表、工会代表和企业方面代表。应当是单数。

（3）管辖：劳动合同履行地或者用人单位所在地。但劳动合同履行地优先。

（4）仲裁时效：1年。从当事人知道或者应当知道其权利被侵害之日起计算。可以中断和中止。

例外：劳动关系存续期间因拖欠劳动报酬发生争议的，不受仲裁时效期间的限制；但是，劳动关系终止的，应当自劳动关系终止之日起1年内提出。

（5）举证责任：因用人单位作出的开除、除名、辞退、解除劳动合同、减少劳动报酬、计算劳动者工作年限等决定而发生的劳动争议，用人单位负举证责任。

（6）仲裁调解和裁决的效力

①仲裁调解：作出裁决前，应当先行调解。调解书经双方当事人签收后，发生法律效力。有强制执行力。

②仲裁裁决：当事人对仲裁裁决不服的，可以自收到之日起15日内提起诉讼；期满不起诉的，裁决书发生法律效力。具有强制执行力。

③对下列争议作出的仲裁裁决对用人单位为[1]，自作出之日起发生法律效力：A.追索劳动报酬、工伤医疗费、经济补偿或者赔偿金，不超过当地月最低工资标准12个月金额的争议；B.因执行国家的劳动标准在工作时间、休息休假、社会保险等方面发生的争议。

④用人单位可以自收到仲裁裁决书之日起30日内向劳动争议仲裁委员会所在地的中级法院申请撤销裁决。法院撤销的，当事人可自收到撤销裁定书15日内提起诉讼。

4.诉讼

（1）对劳动争议仲裁委员会不予受理或者逾期应在5日内作出

---

[1] 终局裁决。

而未作出决定的，申请人可以就该劳动争议事项向人民法院提起诉讼。

（2）仲裁庭逾期未作出仲裁裁决的，当事人可就该争议事项向法院提起诉讼。

（3）对仲裁裁决不服的，除法律另有规定的外，可以向人民法院提起诉讼。

## 考点04 社会保险法

### （一）基本养老保险

**1. 保险费缴纳**

（1）职工：应当参加，由用人单位和职工共同缴纳。

（2）无雇工的个体工商户、未在用人单位参加基本养老保险的非全日制从业人员以及其他灵活就业人员：可以参加，由个人缴纳。

**2. 基本养老保险账户管理**

（1）基本养老保险实行社会统筹账户与个人账户相结合。

基本养老保险基金由用人单位和个人缴费以及政府补贴等组成。

（2）各归各户

①用人单位缴纳基本养老保险费，记入基本养老保险统筹基金账户。

②职工缴纳基本养老保险费，记入个人账户。

③无雇工的个体工商户、未在用人单位参加基本养老保险的非全日制从业人员以及其他灵活就业人员参加基本养老保险的，缴纳基本养老保险费分别记入基本养老保险统筹基金和个人账户。

（3）个人账户不得提前支取，记账利率不得低于银行定期存款利率，免征利息税。

（4）**个人死亡的，个人账户余额可以继承。**

**3. 基本养老金的领取条件**

（1）参加基本养老保险的个人，达到法定退休年龄时累计缴费满

15年的，按月领取基本养老金。

（2）不足15年的，可以缴费至满15年，按月领取基本养老金；也可以转入新型农村社会养老保险或者城镇居民社会养老保险。

### (二) 基本医疗保险

1. 缴费

（1）在职员工：由用人单位和职工按照国家规定共同缴纳基本医疗保险费。

（2）无雇工的个体工商户、未在用人单位参加职工基本医疗保险的非全日制从业人员等：可以参加职工基本医疗保险，由个人按照国家规定缴纳基本医疗保险费。

2. 保险待遇

社会保险行政部门和卫生行政部门应当建立异地就医医疗费用结算制度，方便参保人员享受基本医疗保险待遇。

下列医疗费用不纳入医保基金支付范围的费用：（1）应当从工伤保险基金中支付的；（2）应当由[1]负担的；（3）应当由公共卫生负担的；（4）在境外就医的。

医疗费用应当由第三人负担的，第三人不支付或无法确认第三人的，由基本医疗保险基金先行支付，支付后，有权向第三人追偿。

3. 转移：个人跨统筹地区就业的，其基本医疗保险关系随本人转移，缴费年限累计计算。

### (三) 工伤保险

1. 工伤保险费的缴纳

由用人单位缴纳工伤保险费，职工不缴纳工伤保险费。

2. 享受工伤保险待遇的条件

（1）职工因工作原因受到事故伤害或者患职业病，且经工伤认定的，享受工伤保险待遇；其中，经劳动能力鉴定丧失劳动能力的，享受伤残待遇。

不认定为工伤的情形：职工因下列情形之一导致本人在工作中

---

[1] 第三人。

伤亡的，不认定为工伤：①故意犯罪；②醉酒或者吸毒；③自残或者自杀。

（2）职工所在用人单位未依法缴纳工伤保险费，发生工伤事故的，由用人单位支付工伤保险待遇。用人单位不支付的，从工伤保险基金中先行支付，然后由用人单位偿还。

（3）由于第三人的原因造成工伤，第三人不支付工伤医疗费用或者无法确定第三人的，由工伤保险基金先行支付，然后向第三人追偿。

3. 不能由工伤保险基金支付的费用

因工伤发生的下列费用，按照国家规定由用人单位支付：（1）治疗工伤期间的工资福利；（2）五级、六级伤残职工按月领取的伤残津贴；（3）终止或者解除劳动合同时，应当享受的一次性伤残就业补助金。

### （四）失业保险

1. 对象：在职员工。

2. 保费：单位和员工共同缴纳。

3. 失业保险待遇给付条件及标准

失业人员符合下列条件的，从失业保险基金中领取失业保险金：（1）失业前用人单位和本人已经缴纳失业保险费满一年的；（2）非因本人意愿中断就业的；（3）已经进行[1]，并有求职要求的。

4. 停止领取

失业人员在领取失业保险金期间有下列情形之一的，停止领取失业保险金，并同时停止享受其他失业保险待遇：（1）重新就业的；（2）应征服兵役的；（3）移居境外的；（4）享受基本养老保险待遇的；（5）无正当理由，拒不接受当地人民政府指定部门或者机构介绍的适当工作或者提供的培训的。

### （五）生育保险

1. 对象：在职员工。

2. 缴费：用人单位。

---

[1] 失业登记。

3.生育保险待遇:用人单位已经缴纳生育保险费的,其职工享受生育保险待遇;职工未就业配偶按照国家规定享受生育医疗费用待遇。所需资金从生育保险基金中支付。

4.生育医疗费用包括下列各项:(1)生育的医疗费用;(2)计划生育的医疗费用;(3)法律、法规规定的其他项目费用。

5.职工有下列情形之一的,可以按照国家规定享受生育津贴:(1)女职工生育享受产假;(2)享受计划生育手术休假;(3)法律、法规规定的其他情形。

6.生育津贴按照职工所在用人单位上年度职工月平均工资计发。

# 十五、知识产权法

## 考点01 著作权的主体

1. 创作作品的自然人是作者。著作权的一般主体就是作者。

由法人或者非法人组织主持,代表法人或者非法人组织意志创作,并由法人或者非法人组织承担责任的作品,法人或者非法人组织视为作者。

2. 报告、讲话等作品著作权归报告人或讲话人,执笔人得报酬。自传体作品著作权约定优先;没有约定,归特定人物,执笔人或整理人得报酬。

3. 演绎作品(包括改编、翻译、注释、整理的作品)的著作权由演绎者享有,但其对著作权的行使,不得侵犯原作品的著作权。第三人使用演绎作品需要得到双重许可。

4. 合作作品的著作权属于全体作者。

合作作品可以分割使用的,作者对各自创作的部分可以单独享有著作权,但行使著作权时不得侵犯合作作品整体的著作权,如歌曲。

合作作品的著作权由合作作者通过协商一致行使;不能协商一致,又无正当理由的,任何一方不得阻止他方行使除[1]以外的其他权利,但是所得收益应当合理分配给所有合作作者。

合作作者之一死亡后,其对合作作品享有的财产性权利无人继承又无人受遗赠的,由其他合作作者享有。

5. 汇编作品(包括辞书、选集、期刊、数据库等)的著作权人是汇编者。汇编作品受到双重的著作权保护,即原作品的著作权和汇编

---

[1] 转让、许可他人专有使用、出质。

作品的著作权。第三人使用汇编作品需要得到双重许可。

6.视听作品中的电影作品、电视剧作品的著作权由制作者享有，但编剧、导演、摄影、作词、作曲等作者享有署名权，并有权按照与制作者签订的合同获得报酬。

《著作权法》规定以外的视听作品的著作权归属由当事人约定；没有约定或者约定不明确的，由制作者享有，但作者享有署名权和获得报酬的权利。

视听作品中的剧本、音乐等可以单独使用的作品的作者有权单独行使其著作权。

7.职务作品主要是利用法人或者非法人组织的物质技术条件创作，并由法人或者非法人组织承担责任的工程设计图、产品设计图、地图、计算机软件等作品，则作者享有署名权和受奖励的权利，著作权的其他权利由单位享有。

上述情形以外，著作权由作者享有，单位享有2年的优先使用权。优先使用权的行使有以下规定：

（1）作品完成2年内，未经单位同意，作者不得许可第三人以与单位使用相同的方式使用该作品。作品完成2年的期限，自作者向单位交付作品之日起计算。

（2）在作品完成2年内，如单位在其业务范围内不使用，作者可以要求单位同意由第三人以与单位使用的相同方式使用，单位没有正当理由不得拒绝。

若经单位同意，作者许可第二人以与单位使用相同的方法使用该作品所得的报酬，由作者和单位按约定比例分配。

8.委托作品的著作权有约定按约定，没有订立合同或合同没有明确约定的，著作权属于受托人；委托人有使用权。

9.美术作品的著作权由作者享有。但美术作品原件转让的，原件的所有人享有原件所有权和原件展览权，此外的其他权利仍由著作权人享有；而且，原作者的修改权只有经过买受人同意才能行使。

## 考点 02　著作权的内容

（一）著作人身权

1. 发表权：决定作品是否公之于众的权利。
2. 署名权。
3. 保护作品完整权：作者享有保护作品不受歪曲、篡改的权利。
4. 修改权。

（二）著作财产权

1. 复制权：以印刷、复印、拓印、录音、录像、翻录、翻拍、数字化等方式将作品制作一份或者多份的权利。作者控制他人未经同意擅自以上述方式复制其作品。

2. 发行权

（1）以出售或者赠与方式向公众提供作品的原件或者复制件的权利。

（2）发行权一次用尽。他人向公众的再销售、再赠与的行为不侵犯发行权。

3. 出租权

（1）适用对象：①[1]的原件或者复制件；②其余作品的作者无此权利。比如未经授权出租图书不侵犯作者的著作权。

（2）他人购买正版视听作品和软件，进行出租属于侵权行为，但软件不是出租的主要标的的除外。

4. 表演权

（1）即公开表演作品，以及用各种手段公开播送作品的表演的权利。包括：①公开演艺人表演；②公开机械表演。

（2）权利行使：无论是公开的演艺人表演，还是公开的机械表演，均需取得著作权人的同意，否则构成侵权。

5. 信息网络传播权

即以有线或者无线方式向公众提供作品，使公众可以在其个人选

---

[1] 视听作品、计算机软件。

定的时间和地点获得作品的权利。

（1）作者控制他人未经授权将其作品"上传"至网络。

（2）信息网络服务平台的免责。

网络平台经作者书面提示作品侵权，通知平台采取删除、屏蔽、断开链接等必要措施，平台应将权利人的通知转送相关网络用户，并根据构成侵权的初步证据和服务类型采取必要措施，未及时采取必要措施的，对损害的扩大部分与网络用户承担连带责任。

6. 广播权：即以有线或者无线方式公开传播或者转播作品，以及通过扩音器或者其他传送符号、声音、图像的类似工具向公众传播广播的作品的权利，但不包括信息网络传播权。

7. 其他使用权

（1）展览权：即公开陈列美术作品、摄影作品的原件或者复制件的权利。

（2）放映权：即通过放映机、幻灯机等技术设备公开再现美术、摄影、视听作品等的权利。

（3）摄制权：即以摄制视听作品的方法将作品固定在载体上的权利。

（4）改编权：即改编作品，创作出具有独创性的新作品的权利。

（5）翻译权：即将作品从一种语言文字转换成另一种语言文字的权利。

（6）汇编权：即将作品或者作品的片段通过选择或者编排，汇集成新作品的权利。

## 考点 03　著作权的保护期限及限制

1. 著作权的保护期限

（1）著作人身权保护期限：除[1]外，作者的署名权、修改权、保护作品完整权的保护期不受限制。

（2）著作财产权和发表权保护期限

---

[1] 发表权。

①公民的作品，其发表权、财产权利的保护期为作者终生及其死亡后50年，截止于作者死亡后第50年的12月31日；如果是合作作品，截止于最后死亡的作者死亡后第50年的12月31日。

②法人或者非法人组织的作品，著作权（署名权除外）由法人或者非法人组织享有的职务作品，其发表权、财产权利的保护期为50年，截止于作品首次发表后第50年的12月31日，但作品自创作完成后50年内未发表的，著作权法不再保护。

③视听作品，其发表权、财产权利的保护期为50年，截止于作品首次发表后第50年的12月31日，但作品自创作完成后50年内未发表的，著作权法不再保护。

④作者身份不明的作品，其著作权的财产性权利的保护期截止于作品首次发表后第50年的12月31日。

## 2.著作权的合理使用

（1）为个人学习、研究或者欣赏，使用他人已经发表的作品。

（2）为介绍、评论某一作品或者说明某一问题，在作品中适当引用他人已经发表的作品。

（3）为报道新闻，在报纸、期刊、广播电台、电视台等媒体中不可避免地再现或者引用已经发表的作品。

（4）报纸、期刊、广播电台、电视台等媒体刊登或者播放其他报纸、期刊、广播电台、电视台等媒体已经发表的关于政治、经济、宗教问题的时事性文章，但著作权人声明不许刊登、播放的除外。

（5）报纸、期刊、广播电台、电视台等媒体刊登或者播放在公众集会上发表的讲话，但作者声明不许刊登、播放的除外。

（6）为学校课堂教学或者科学研究，翻译、改编、汇编、播放或者[1]已经发表的作品，供教学或者科研人员使用，但不得出版发行。

（7）国家机关为执行公务在合理范围内使用已经发表的作品。

（8）图书馆、档案馆、纪念馆、博物馆、美术馆等为陈列或者保存版本的需要，复制本馆收藏的作品。

---

[1] 少量复制。

（9）免费表演已经发表的作品，该表演未向公众收取费用，也未向表演者支付报酬，且不以营利为目的。

（10）对设置或者陈列在室外公共场所的艺术作品进行临摹、绘画、摄影、录像。

（11）将中国公民、法人或者其他组织已经发表的以国家通用语言文字创作的作品翻译成少数民族语言文字作品在国内出版发行。

（12）以阅读障碍者能够感知的无障碍方式向其提供已经发表的作品。

**3. 法定许可使用**

（1）报刊社可以转载或作为文摘、资料刊登其他报刊刊登的作品，著作权人声明不得转载、摘编的除外。

（2）录音制作者使用他人已经合法录制为录音制品的音乐作品制作录音制品，著作权人声明不得使用的除外。

（3）广播电台、电视台播放他人已发表的作品。

（4）广播电台、电视台播放已经出版的录音制品。

（5）为实施义务教育或国家教育规划而编写出版教科书，在教科书中汇编已经发表的作品片段或短小的文字作品、音乐作品或单幅的美术作品、摄影作品、图形作品。作者声明不许使用的除外。

## 考点 04　不视为侵犯专利权的行为

1. **专利权穷竭原则**。专利产品或者依照专利方法直接获得的产品，由专利权人或者经其许可的单位、个人售出后，使用、许诺销售、销售、进口该产品的。

2. **先用权原则**。在专利申请日前已经制造相同产品、使用相同方法或者已经做好制造、使用的必要准备，并且仅在[1]继续制造、使用的。被诉侵权人不得以非法获得的技术或者设计主张先用权抗辩。

有下列情形之一的，应当认定属于"已经做好制造、使用的必要准备"：第一，已经完成实施发明创造所必需的主要技术图纸或者工

---

[1] 原有范围内。

艺文件；第二，已经制造或者购买实施发明创造所必需的主要设备或者原材料。

"原有范围"，包括专利申请日前已有的生产规模以及利用已有的生产设备或者根据已有的生产准备可以达到的生产规模。

先用权人在专利申请日后将其已经实施或做好实施必要准备的技术或设计转让或者许可他人实施，被诉侵权人主张该实施行为属于在原有范围内继续实施的，人民法院不予支持，但该技术或设计与原有企业一并转让或者承继的除外。

3.临时过境原则。临时通过中国领陆、领水、领空的外国运输工具，依照其所属国同中国签订的协议或者共同参加的国际条约，或者依照互惠原则，为运输工具自身需要而在其装置和设备中使用有关专利的。

4.非生产经营目的的行为。专为科学研究和实验而使用有关专利的。

5.特定行政审批行为。为提供行政审批所需要的信息，制造、使用、进口专利药品或者专利医疗器械的，以及专门为其制造、进口专利药品或者专利医疗器械的。

## 考点 05　专利侵权的保护

1.诉前保全

（1）专利权人或者利害关系人有证据证明他人正在实施或者即将实施侵犯专利权、妨碍其实现权利的行为，如不及时制止将会使其合法权益受到难以弥补的损害的，可以在起诉前依法向人民法院申请采取财产保全、责令作出一定行为或者禁止作出一定行为的措施。

（2）为了制止专利侵权行为，在证据可能灭失或者以后难以取得的情况下，专利权人或者利害关系人可以在起诉前依法向人民法院申请保全证据。

2.赔偿数额

侵犯专利权的赔偿数额按照权利人因被侵权所受到的实际损失或

者侵权人因侵权所获得的利益确定。

权利人的损失或者侵权人获得的利益难以确定的,参照该专利许可使用费的倍数合理确定。对故意侵犯专利权,情节严重的,可以在按照上述方法确定数额的 1 倍以上 5 倍以下确定赔偿数额。

权利人的损失、侵权人获得的利益和专利许可使用费均难以确定的,人民法院可以根据专利权的类型、侵权行为的性质和情节等因素,确定给予 3 万元以上 500 万元以下的赔偿。

赔偿数额还应当包括权利人为制止侵权行为所支付的合理开支。

3. 诉讼时效

(1) 侵犯专利权的诉讼时效为 3 年,自专利权人或者利害关系人知道或者应当知道侵权行为以及侵权人之日起计算。

(2) 发明专利申请公布后至专利权授予前使用该发明未支付适当使用费的,专利权人要求支付使用费的诉讼时效为 3 年,自专利权人知道或者应当知道他人使用其发明之日起计算,但是,专利权人于专利权授予之日前即已知道或者应当知道的,自专利权授予之日起计算。

4. 请求确认不侵犯专利权之诉

权利人向他人发出侵犯专利权的警告,被警告人或者利害关系人经书面催告权利人行使诉权,权利人自收到该书面催告之日起 1 个月内或者自书面催告发出之日起 2 个月内,既不撤回警告,也不提起诉讼,被警告人或者利害关系人向人民法院提起请求确认其行为不侵犯专利权诉讼的,人民法院应当受理。

## 考点 06　注册商标的无效宣告

1. 已经注册的商标,违反商标法禁止性规定的,或者是以欺骗手段或者其他不正当手段取得注册的,由商标局宣告该注册商标无效;其他单位或者个人可以请求商标评审委员会宣告该注册商标无效。

2. 已经注册的商标,侵害先权利人或者利害关系人合法权益的,自商标注册之日起 5 年内，在先权利人或者利害关系人可以请求商标评审委员会宣告该注册商标无效。对恶意注册的，驰名商标所有人不受 5 年的时间限制。

3.宣告无效的注册商标，由商标局予以公告，该注册商标专用权视为自始即不存在。

4.宣告注册商标无效的决定或者裁定，对宣告无效前人民法院作出并已执行的商标侵权案件的判决、裁定、调解书和市场监督管理部门作出并已执行的商标侵权案件的处理决定以及已经履行的商标转让或者使用许可合同不具有追溯力。但是，因商标注册人的恶意给他人造成的损失，应当给予赔偿。依照规定不返还商标侵权赔偿金、商标转让费、商标使用费，明显违反公平原则的，应当全部或者部分返还。

## 考点 07　商标侵权行为及其例外

1.未经许可使用相同或相近商标

（1）未经商标注册人的许可，在同一种商品上使用与其注册商标相同的商标的。

（2）未经商标注册人的许可，在同一种商品上使用与其注册商标近似的商标，或者在类似商品上使用与其注册商标相同或者近似的商标，容易导致混淆的。

2.销售侵犯注册商标专用权的商品：销售不知道是侵犯注册商标专用权的商品，能证明该商品是自己合法取得并说明提供者的，不承担赔偿责任。

3.伪造、销售标识：伪造、擅自制造他人注册商标标识或者销售伪造、擅自制造的注册商标标识的。

4.[1]：未经商标注册人同意，更换其注册商标并将该更换商标的商品又投入市场的。

5.给他人的注册商标专用权造成其他损害的行为

---

[1] 反向假冒。

（1）在同一种或者类似商品上，将与他人注册商标相同或者近似的标志作为商品名称或者商品装潢使用，误导公众的。

（2）将他人注册商标、未注册的驰名商标作为企业名称中的字号使用，误导公众，构成不正当竞争行为。

（3）将与他人注册商标相同或者相近似的文字注册为域名，并且通过该域名进行相关商品交易的电子商务，容易使相关公众产生误认的。

（4）故意为侵犯他人商标专用权行为提供便利条件，帮助他人实施侵犯商标专用权行为。

（5）复制、摹仿、翻译他人注册的驰名商标或其主要部分在不相同或者不相类似商品上作为商标使用，误导公众。

【提示】在商品或服务说明中出现他人的注册商标并不属于侵权。

6. 侵权排除

（1）正当使用权

①注册商标中含有的本商品的通用名称、图形、型号，或者直接表示商品的质量、主要原料、功能、用途、重量、数量及其他特点，或者含有的地名，注册商标专用权人无权禁止他人正当使用。

②三维标志注册商标中含有的商品自身的性质产生的形状、为获得技术效果而需有的商品形状或者使商品具有实质性价值的形状，注册商标专用权人无权禁止他人正当使用。

（2）先用权

商标注册人申请商标注册前，他人已经在同一种商品或者类似商品上先于商标注册人使用与注册商标相同或者近似并有一定影响的商标的，该使用人可以[1]继续使用该商标，注册商标专用权人无权禁止，但可以要求其附加适当区别标识。

7. 侵权救济

（1）救济途径：协商；行政处理；也可以直接起诉。

（2）赔偿数额：损失——获利——许可使用费的倍数——不高于

---

[1] 在原使用范围内。

500万元。赔偿数额包括权利人为制止侵权行为所支付的合理开支。

（3）惩罚性赔偿：对恶意侵犯商标专用权，情节严重的，可以在按照上述方法确定数额的1倍以上5倍以下确定赔偿数额。

### 考点 08　特殊级别管辖

1. 发明专利、实用新型专利、植物新品种、集成电路布图设计、技术秘密、计算机软件的权属、侵权纠纷以及垄断纠纷第一审民事案件由知识产权法院，省、自治区、直辖市人民政府所在地的中级人民法院和最高人民法院确定的中级人民法院管辖。

2. 外观设计专利的权属、侵权纠纷以及涉驰名商标认定第一审民事案件由知识产权法院和中级人民法院管辖；经最高人民法院批准，也可以由基层人民法院管辖。

3. 上述两种情形规定之外的第一审知识产权案件诉讼标的额在最高人民法院确定的数额以上的民事案件，由 [1] 管辖。法律对知识产权法院的管辖有规定的，依照其规定。

4. 上述三种情形规定之外的第一审知识产权民事案件，如侵犯著作权纠纷、侵犯商标权纠纷民事案件，由最高人民法院确定的基层人民法院管辖。

---

[1] 中级人民法院。

# 十六、国际法

## 考点01 不干涉内政原则

《反外国制裁法》是从国内法层面，对不干涉内政原则的具体实施。

该法第3条规定，中国反对任何国家以任何借口、任何方式干涉中国内政。外国国家违反国际法和国际关系基本准则，以各种借口或者依据其本国法律对我国进行遏制、打压，对我国公民、组织采取歧视性限制措施，干涉我国内政的，我国有权采取相应反制措施。

1. 授权国务院有关部门决定采取反制裁措施（第4条）；且作出的决定为最终决定（第7条）。

2. 反制措施的实施对象

（1）被列入反制清单的直接或者间接参与制定、决定、实施《反外国制裁法》第3条规定的歧视性限制措施的个人或组织。

（2）与上述个人或组织的相关联者，包括：上述清单个人的配偶和直系亲属；其个人担任高级管理人员的组织；被列入清单组织的高级管理人员或者实际控制人；由列入反制清单个人和组织实际控制或者参与设立、运营的组织（第5条）。

3. 决定采取的反制裁措施，可以包括下列一种或者几种措施：不予签发签证、不准入境、注销签证或者驱逐出境；查封、扣押、冻结在我国境内的动产、不动产和其他各类财产；禁止或者限制我国境内的组织、个人与其进行有关交易、合作等活动；其他必要措施（第6条）。

4.我国境内的组织和个人应当执行国务院有关部门采取的反制措施（第11条）；任何组织和个人不执行、不配合实施反制措施的，依法追究法律责任（第14条）。

5.任何组织和个人均不得执行或者协助执行外国国家对我国公民、组织采取的歧视性限制措施。组织和个人违反该法规定，侵害我国公民、组织合法权益的，我国公民、组织可以依法向人民法院提起诉讼（第12条）。

### 考点02　国家主权豁免

| 概念 | 国家主权豁免是指国家的行为及其财产不受或免受他国管辖。主要表现在司法豁免方面，司法豁免包括[1]、程序豁免与执行豁免。 ||
|---|---|---|
| 国家主权豁免 | 现状：绝对豁免 | 放弃条件：自愿、特定、明确。 |
| ^ | ^ | 放弃方法：明示放弃。 |
| ^ | ^ | 默示放弃：主动起诉、出庭应诉、提起反诉、作为利害关系人介入诉讼等。 |
| ^ | 理论：相对豁免 | 国家的管理行为：享有管辖豁免权，但可以放弃。 |
| ^ | ^ | 国家的商业行为：没有管辖豁免权，他国法院可管辖。 |
| 主权豁免与执行豁免 | 放弃管辖豁免不等于同时放弃了执行豁免。除非国家放弃执行豁免权，否则国家的财产不得被查封、冻结、扣押等。 ||

【提示】目前有效的仍然是国家主权绝对豁免，因此若考案例题，一定要用绝对豁免答题。但是，绝对豁免和限制豁免的差异体现在管辖豁免上，两种理论都坚持国家享有绝对的执行豁免。

---

[1] 管辖豁免。

## 考点 03 联合国

| 对比事项 | | | 联合国大会 | | 联合国安理会 |
|---|---|---|---|---|---|
| 表决制度 | 投票权分配 | | 会员国一国一票 | | |
| | 投票权行使 | 一般问题 | 1/2 多数通过 | 行使资格 | 1. 原则：理事国为争端当事国的，不得投票。<br>2. 例外：如决议包含采取行动，理事国为争端当事国的，有权投票，常任理事国有权行使一票否决权。 |
| | | 重要问题 | 2/3 多数通过 | | |
| | | 重要问题包括 | 1. 与维持国际和平和安全相关的建议。<br>2. 纳入新会员。<br>3. 中止会员国权利或开除会员。<br>4. 选举安全理事会、经社理事会和托管理事会的理事国。 | 具体行使 | 实质性决议：须采取行动、推荐秘书长、吸纳新会员、中止会员国义务或开除会员。 |
| | | | | | 9 个同意票 + "大国一致"（弃权或缺席不被视为否决）。 |
| | | | | 程序性决议 | 安理会表决国际法官人选。 |
| | | | | | 9 个同意票。 |
| | | | | 其他决议 | 由安理会先行确定。 |
| 决议效力 | | | 关于组织内部事务通过的决议有拘束力；其他决议只具有建议性质。 | | 安理会为制止和平的破坏、和平的威胁和侵略行为而作出的决定，以及依宪章规定在其他职能上作出的决定，对于当事国具有拘束力，不论其是否接受。 |

十六、国际法

## 考点 04 领土

| 领陆 | 边境制度：<br>1. 便利。<br>2. 相邻权。<br>3. 界标出现任何问题，均须在双方代表在场的情况下修复或重建。 |||
|---|---|---|---|
| 领水 | 范围 | 河流、湖泊、内海、群岛水域和领海。 ||
| | 河流制度 | 内河 | [1]。 |
| | | 界河 | 1. 主航道或河道中心线为界。<br>2. 船舶可以在对方航道航行但不得靠泊，只在本方界内捕鱼。<br>3. 修建设施须经对方许可。 |
| | | 多国河流 | 1. 仅对沿岸国船舶开放。<br>2. 主权归属流经国，但不得改道或堵塞河流。 |
| | | 国际河流<br>（国际运河） | 1. 一般允许所有国家的非军用船舶无害航行。<br>2. 主权归属流经国，由条约成立的专门机构管理。 |
| 领空 | 《芝加哥公约》："领空主权原则"。 |||
| | 三个反劫机公约（东京、海牙、蒙特利尔）："或引渡或起诉原则"（针对劫机犯）。 |||
| 底土 | 完全主权。 |||

## 考点 05 海洋法

### （一）领土部分

1. 内海

（1）完全主权。

（2）外国船舶非经许可不得进入。

（3）港口（对外籍船）刑事管辖：①扰乱港口安宁；②受害者为

---

[1] 完全主权。

沿岸国或其国民；③案情重大；④船旗国领事或船长提出请求。

2. 领海

（1）法律地位：完全主权，但其他国家的船舶享有无害通过权。

（2）无害通过：①连续不停迅速通过；②潜水器须浮出水面并展示国旗；③通过必须是无害。（我国不允许军用船舶无害通过）

## （二）非领土部分

| 毗连区 | 1. 依海关、财政、移民、卫生的法律、法规行使管制权。<br>2. 我国声明还可因国家安全行使管制权。 | | |
|---|---|---|---|
| 专属经济区 | 权利 | 1. 沿岸国对自然资源的勘探开发享有专属性权利。<br>2. 对建造和使用人工岛屿和设施、科研、环保等有管辖权。 | |
| | 义务 | 1. 沿岸国对外国船舶的违法行为的处理：<br>（1）可以逮捕、扣押外国船和处罚的，迅速通知船旗国。<br>（2）拘捕后，提供担保的要释放船只及船员。<br>（3）对仅违反渔业法规者不得监禁或体罚。<br>2. 其他国家有权航行、飞越和铺设海底电缆和管道。 | |
| 公海 | 管辖权 | 船旗国管辖权 | 1. 一船一旗。<br>2. 一船多旗的，视为[1]，是可登临检查的对象。 |
| | | 普遍管辖权 | 海盗、非法广播、贩卖奴隶和贩卖毒品。 |
| | 临检权和紧追权 | 相同 | 1. 主体：军舰、军用飞机、经授权且标志清楚的政府公务船舶飞机。<br>2. 主体原则上不能是被临检或被紧追的对象。 |
| | | 临检权 | 在公海上直接提起管辖权。 |
| | | 紧追权 | 1. 在其他海域提起管辖并将管辖权延伸至公海。<br>2. 紧追权的特殊限制：（1）紧追权须发出停止信号；（2）不能中断；（3）当被追船舶进入其本国或第三国领海时紧追权终止。 |

[1] 无国籍船。

### (三) 海洋底土

1. 海洋领土：内海和领海下覆底土。领土，完全主权。
2. 非海洋领土

（1）大陆架：①管辖权：**自然资源的专属开发**；②大陆架权力的产生不以占领或公告为依据；③开发200海里以外大陆架的自然资源，应通过国际海底管理局并缴纳一定的费用或实物，发展中国家在某些条件下可以免缴。

（2）国际海底区域：平行开发制（勘探者和国际海底管理局平行开发）。

### (四) 群岛水域

1. 构成

（1）群岛国群岛基线以内，河口、海湾和港口封闭线以外的水域。

（2）群岛基线不能偏离群岛的主轮廓，不能隔断其他国家的领海或专属经济区。

2. 法律制度

（1）领水，完全主权。

（2）其他国家的船舶享有无害通过权。

（3）群岛国可以指定适当的海道和其上的空中通道，以便外国船舶或飞机连续不停地迅速通过或飞越其群岛水域及其邻接的领海。

### (五) 国际海峡

1. 构成：两端连接公海或专属经济区的海峡。
2. 法律地位

（1）海峡沿岸国依照公约对海峡享有的任何主权或管辖权不受影响。

（2）海峡沿岸国可以指定海道和规定分道通航制，但事先须征得国际海事组织同意，并应将其所知的任何危险情况妥为公布。

3. 航行制度

（1）过境通行制：外国船舶和飞机享有以 [1] 为目的、**连续不停**

---

[1] 迅速过境。

地航行和飞越的权利。

（2）**无害通过制**：①外国船舶享有不经许可、连续不停航行的权利；②适用于由一国大陆和该国岛屿构成的国际海峡，且和该国大陆形成，岛屿向海一面有方便的航道。

（3）自由航行制：适用于国际海峡中有公海或专属经济区的航道。

（4）特别协定制：签订有专门的公约规定通行制度。

### (六)《〈联合国海洋法公约〉下关于养护和可持续利用国家管辖外海域海洋生物多样性的协定》

2023年3月，《〈联合国海洋法公约〉下关于养护和可持续利用国家管辖外海域海洋生物多样性的协定》的最后文本，在由190多个国家参加的谈判该协定政府间会议（第五届）上达成一致。

这被认为是《海洋法公约》之后又一项里程碑式的海洋立法成就。

该协定包括公海保护区的设立管理、海洋生物资源的公平分享机制、公海环境影响评估标准、公海生态保护能力建设和技术转让等领域的行为原则和机制框架。

该协定将对各国的公海渔业、海洋遗传资源利用、海底矿产开发、海运航线及海洋环境研究等诸多活动进行广泛规制，产生深刻影响。

## 考点 06　国籍

| 国籍取得 | 出生取得 | 双系血统主义 | 父母双方或一方为中国公民，本人出生在中国的，具有中国国籍。 |
|---|---|---|---|
| | | | 父母双方或一方为中国公民，本人出生在外国的，具有中国国籍。 |
| | | | 父母双方或一方为中国公民并定居在外国，本人出生时即具有外国国籍的，不具有中国国籍。 |

续表

| 国籍取得 | 出生取得 | 出生地主义 | 父母无国籍或国籍不明的，定居在中国，本人出生在中国的，具有中国国籍。 |
|---|---|---|---|
| | 申请入籍 | | 由公安部审查批准；被批准加入中国国籍的，不得再保留外国国籍。 |
| 国籍丧失 | 自动丧失 | | 定居外国＋自愿加入或取得外国国籍。 |
| | 申请后经批准丧失 | | 中国公民具有下列条件之一的，可以经申请批准退出中国国籍：（1）外国人的近亲属；（2）定居在外国的；（3）有其他正当理由。<br>申请退出中国国籍获得批准的，即丧失中国国籍。 |
| | 不得申请退籍 | | 国家工作人员和现役军人。 |
| 国籍冲突 | 积极冲突 | 对中国人 | 不承认其外国国籍。 |
| | | 对外国人 | 经常住地→最密切联系地。 |
| | 消极冲突 | | 经常居住地。 |

## 考点07 引渡

1.国际上一般引渡条件

（1）有引渡条约或互惠关系才有引渡义务。

（2）双重犯罪原则：根据请求国和被请求国的法律都构成犯罪。

（3）不得引渡本国公民和政治犯。

【提示】战争犯、种族灭绝犯、种族隔离犯、侵害外交代表犯、劫机犯不属于政治犯。

2.我国特有引渡条件

（1）应当拒绝引渡：军事犯；已终止刑诉程序；过追诉时效或已

被赦免；遭受不公正司法程序；遭受非人道待遇；缺席判决；具有中国国籍。

（2）可以拒绝引渡：中国具有刑事管辖权且正进行或准备提起刑诉；因年龄、健康不宜引渡。

3. 引渡的程序

（1）外国向我国：向中国外交部提出请求→最高法指定的高法审查并裁定→最高法再复核。

（2）我国向外国：①限制追诉的承诺由最高检决定；②量刑的承诺由最高法决定；③外交部回复承诺。

4. 引渡的效果

**"罪名特定原则"**：请求国只能就其请求引渡的特定犯罪行为对该被引渡人进行审判或处罚；如果以其他罪名进行审判或将被引渡人转引给第三国，则一般应经原引出国的同意。

### 考点08 外交特权与豁免及领事特权与豁免

1. 使馆和领馆共同的特权与豁免

（1）馆舍、财产、文件及档案不得侵犯。

（2）通讯自由（非经接受国同意不得装置和使用无线电发报机）。

（3）免纳捐税、关税（服务费等除外）。

（4）人员有行动和旅行自由（外国人不得进入的除外）。

（5）使用派遣国国家标志。

2. 使馆与领馆在特权与豁免方面的区别

| | 使馆 | 领馆 |
| --- | --- | --- |
| 馆舍不得侵犯 | 非经馆长同意接受国人员不得进入的区域包括：使馆的公务和休息区域、馆长的私人官邸 | （1）非经馆长同意接受国人员不能进入的区域仅包括：领馆的工作区域。<br>（2）遇紧急情况时可未经许可采取紧急行动。<br>（3）可征用领馆馆舍、设备及其财产，但应补偿。 |

续表

| | 使馆 | 领馆 |
|---|---|---|
| 通讯自由 | （1）装置及使用无线电发报机均需经接受国许可。<br>（2）外交信差和领事信差执行职务时人身不得侵犯。 | |
| | 外交邮袋不得开拆或留，并应保障迅速传递。 | 领馆邮袋可在派遣国授权代表在场下开拆，若派遣国拒绝开拆，邮袋应退回原发送地。 |

3.外交人员和领馆馆员的共同特权或豁免

（1）人身、寓所、财产和文书信件不可侵犯。

（2）管辖豁免（只有派遣国明示才能放弃管辖）。

（3）免征个人所得税、直接税和关税。间接税、私有不动产税、遗产税、服务费等除外。

（4）私人行李一般免查验。

4.外交人员和领事官员在特权和豁免上的区别

| | 外交人员 | 领事官员 |
|---|---|---|
| 能否侵犯人身 | 只有防止制止犯罪行为和正当防卫时才可侵犯人身。 | 只有犯有严重罪行或司法机关已裁判执行时才可侵犯人身。 |
| 是否作证 | 完全免除作证义务。 | 执行职务行为所涉事项免除作证义务。 |
| 是否享有管辖豁免 | 完全的刑事管辖豁免。<br>民事行政管辖原则上豁免，例外有：<br>（1）私有不动产物权的诉讼。<br>（2）以私人身份参与继承的诉讼。<br>（3）公务范围外从事的专业或商业活动引起的诉讼。<br>（4）主动起诉而被反诉。 | 执行职务的行为不受管辖。<br>有例外：<br>（1）未亮明派遣国代表身份而订立契约所发生的诉讼。<br>（2）交通肇事损害赔偿。<br>（3）主动起诉而被反诉。 |

## 考点 09  条约的保留

1. 概念

一国正在签署、批准、核准、加入或接受条约时，为了删除或更改条约中某些规定对该国所发生的法律效果而所作出的单方声明。

2. 时间限制

（1）保留只能在有关条约尚未对本国发生效力时作出。

（2）但条约本身已生效或未生效并无影响。

3. 效力（不同情形效力不同）

（1）条约明文允许的保留，无须接受自然生效。

（2）谈判国数目有限且保留涉及条约宗旨，全体接受才能生效。

（3）条约是国际组织的章程，该组织有权机关接受生效。

（4）其他情形下，保留因其他国家接受与否效力不同。

①保留国和接受保留国之间，保留的内容取代被保留的条款。

②保留国和反对保留国之间，保留所涉条款在二者之间视为不存在，条约其他条款正常适用。

③接受保留国和反对保留国之间，适用条约本身的规定。

## 考点 10  国际法院

1. 法官

（1）法官选举程序：双重选举，联合国安理会是程序事项，大会通过则是重要事项。

（2）不适用回避制度，法官对涉及其国籍国的案件，不适用回避制度，除非就任前曾参与该案件。

（3）专案法官：在法院审理案件中，如一方当事国有本国国籍的法官，他方当事国也有权选派一人作为法官参与该案的审理；如双方当事国都没有本国国籍的法官，双方都可各选派法官一人参与该案的审理。这种临时选派的法官称为"专案法官"，他们和正式法官具有完全平等的地位。

2. 管辖权

（1）诉讼管辖权

①诉讼主体：国家。②条件：双方同意。③效力：判决对当事国有法律约束力；当事人可向安理会申诉，执行权在联合国安理会。

（2）咨询管辖权

联合国其他机构可向国际法院咨询法律意见；咨询意见无法律拘束力。

# 十七、国际私法

## 考点01 冲突规范和准据法

(一)冲突规范

1.结构:**冲突规范 = 范围 + 系属(包含连结点)。**

(1)范围:冲突规范所要调整的民商事法律关系或所要解决的法律问题。

(2)系属:规定"范围"所应适用的法律。

(3)连结点:把特定民商事关系与某国法律联系起来的标志。

2.类型

(1)单边冲突规范:直接规定适用某国法律。

(2)双边冲突规范:根据系属和具体情况推定适用哪国或哪地区的法律。

(3)重叠适用的冲突规范:系属有多个且同时适用。

(4)选择适用的冲突规范:系属有多个但只选一个适用。

(二)准据法

1.概念:经冲突规范指定用来具体确定当事人权利义务的实体法。

2.特点:(1)必须经冲突规范指定;(2)是能够确定当事人权利义务的实体法;(3)要结合案件的具体情况确定。

【提示】冲突规范 = 适用规范;准据法 = 实体法。

## 考点 02 适用冲突规范的制度

### (一) 识别

1. 性质：判断案件的法律性质。

2. 法律适用：（1）涉外民事关系的定性，适用法院地法律；（2）案件涉及多个涉外民事关系时，法院应分别确定应当适用的法律。

【提示】法院对案件性质认定的过程是识别，对案件事实认定的过程不是识别。

### (二) 外国法的查明

1. 查明义务：涉外民事关系适用的外国法律，由法院、仲裁机构或者行政机关查明。当事人选择适用外国法律的，应当提供该国法律。

【提示】当事人未选择适用外国法律的，由法院查明该国法律。

2. 法院查明外国法的途径：（1）由当事人提供；（2）通过司法协助渠道由对方的中央机关或者主管机关提供；（3）通过最高人民法院请求我国驻该国使领馆或者该国驻我国使领馆提供；（4）由最高人民法院建立或者参与的法律查明合作机制参与方提供；（5）由最高人民法院国际商事专家委员会专家提供；（6）由法律查明服务机构或者中外法律专家提供；（7）其他适当途径。

通过上述其中一项途径无法获得外国法律或者获得的外国法律内容不明确、不充分的，应当通过上述不同途径补充查明。

3. 不能查明的认定：（1）法院通过上述途径都不能获得外国法律；（2）当事人选择适用外国法律，但在法院指定的合理期限内无正当理由未提供。

4. 对外国法律的内容及其理解与适用：（1）当事人对外国法律的内容及其理解与适用均无异议的，法院可以予以确认。（2）当事人对外国法律的内容及其理解与适用有异议的，应当说明理由。法院认为有必要的，可以补充查明或者要求当事人补充提供材料。经过补充查明或者补充提供材料，当事人仍有异议的，由法院审查认定。（3）外国法律的内容已为法院生效裁判所认定的，法院应当予以确认，但有相反证据足以推翻的除外。

5. 不能查明外国法律或者该国法律没有规定的，适用中国法律。

### （三）公共秩序保留

1. 概念：法院依据冲突规范指引本应当适用某外国法，如果该外国法的适用将违反法院地国的公共秩序，则可排除该外国法的适用。外国法律的适用将损害我国社会公共利益的，适用中国法。

2. 直接适用：劳动者权益保护；食品或卫生安全；环境安全；金融安全；反垄断、反倾销。以上情形下，将不考虑冲突规范，直接适用该强制性规定。

### （四）法律规避

1. 概念

在国际民商事交往中，当事人通过故意改变连结点的方式，以避开本应适用的对其不利的法律，而使对其有利的法律得以适用的行为。

2. 构成要件

（1）主观：出于故意；（2）规避对象：当事人本应适用的法律；（3）行为方式：通过改变连结点来实现；（4）客观结果：规避行为已经完成。

## 考点03　涉外民商事主体的国籍和住所的判断

1. 自然人

（1）拥有多个国籍的外国自然人的国籍认定：经常居住地→最密切联系地。

（2）经常居所地的认定：①原则：连续居住 1 年以上且作为生活中心的地方；②例外：[1] 除外。

2. 法人

（1）国籍：设立登记地。

---

[1] 就医、劳务派遣、公务。

（2）住所：主要办事机构所在地。

（3）经常居所地：主营业地。

## 考点 04　权利能力和行为能力等的法律适用

1. 自然人

（1）权利能力、行为能力

①原则：自然人经常居所地法。

②例外：依经常居所地法为无行为能力，依行为地法为有行为能力→行为地法。

（2）宣告失踪、宣告死亡：自然人经常居所地法。

（3）人格权：权利人经常居所地法。

2. 法人

法人及其分支机构的民事权利能力、民事行为能力、组织机构、股东权利义务：

（1）原则：登记地法律。

（2）例外：主营业地与登记地不一致的→可以适用主营业地（即经常居所地）法 + 登记地法。

## 考点 05　商事关系的法律适用

1. 票据

（1）出票记载事项、背书、承兑、付款和保证：行为地法；支票的出票，经协议也可适用付款地法。

（2）追索权的行使期限：出票地法。

（3）提示期限、拒绝证明的方式、拒绝证明的期限、票据丧失权利保全程序：付款地法。

2. 信托：协议选择→信托财产所在地法或信托关系发生地法。

3. 代理

（1）代理的外部关系：委托代理可以协议选择→代理行为地法。

（2）被代理人与代理人的内部关系：委托代理可以协议选择→代理关系发生地法。

4. 时效：和案件适用的法律一致。

5. 共同海损理算：理算地法。

6. 仲裁协议：当事人意思自治优先→无协议的，适用仲裁机构所在地法律或仲裁地法律。

## 考点06　物权的法律适用

1. 通常情形

（1）不动产：不动产所在地法。

（2）动产：协议选择→法律事实发生时动产所在地法。

【提示】判断动产物权"法律事实发生时"，应考虑的是"新物主"获得该物的事实发生时，而非"原物主"丧失该物的事实发生时。

（3）运输中的动产：协议选择→运输目的地法。

2. 特殊情形

（1）有价证券：有价证券权利实现地法或其他最密切联系的法。

（2）权利质权：质权设立地法。

（3）船舶物权：①原则上适用船旗国法；②优先权适用法院所在地法；③光船租赁之前或期间设立抵押权的，适用原船舶登记国法。

（4）民用航空器：①原则上适用国籍登记国；②优先权适用法院所在地法。

## 考点07　债权的法律适用

### （一）合同的法律适用

1. 基本原则：意思自治原则→最密切联系原则。

2. 例外：在中国境内履行的中外合资企业合同、中外合作企业合同和中外合作勘探开发自然资源合同，适用中国法律。

必须同时满足两个条件：（1）合同履行地在中国境内，（2）至少一方当事人为中方。

3. 消费者合同

（1）消费者选择（只能选商品服务提供地法）。

（2）未选择，看经营者。有经营→消费者经常居所地法；无经营→商品服务提供地法。

4. 劳动合同

（1）能确定劳动者工作地→适用工作地法。

（2）不能确定劳动者工作地→适用用人单位主营业地法。

5. 劳务派遣合同

（1）能确定工作地→适用工作地或者劳务派出地法。

（2）不能确定工作地→适用用人单位主营业地或者劳务派出地法。

**（二）侵权之债的法律适用**

1. 基本原则——按顺序适用

（1）[1]。

（2）适用共同经常居所地法（当事人有共同经常居所地）。

（3）侵权行为地法。

2. 例外

（1）船舶或民用航空器侵权

第一步：看碰撞船舶是否同一船旗？①是：共同的旗国法。②不是：第二步。

第二步：看碰撞地在哪里？①一国内水或领海：侵权行为地法；②公海：法院地法。

（2）产品责任

被侵权人选择（只能选主营业地或损害发生地法）；未选择，看经营者：①有经营→被侵权人经常居所地法；②无经营→侵权人主营业地或损害发生地法。

---

[1] 意思自治优先。

## 考点08 婚姻、家庭（收养、监护、扶养）、继承的法律适用

### （一）婚姻

1. 结婚

（1）程序要件：符合婚姻缔结地法、一方当事人经常居所地法或国籍国法的，均为有效。（满足一个即可）

（2）实质要件：共同经常居所地法——共同国籍国法——婚姻缔结地法。（按顺序）

2. 离婚

（1）协议离婚：一方经常居所地法或国籍国法——共同经常居所地法——共同国籍国法——办理离婚手续机构所在地法。（按顺序）

（2）诉讼离婚：法院地法。

3. 夫妻关系

（1）人身关系：共同经常居所地法——共同国籍国法。（按顺序）

（2）财产关系：一方经常居所地法、国籍国法或主要财产所在地法——共同经常居所地法——共同国籍国法。（按顺序）

### （二）家庭（收养、监护、扶养）

1. 父母子女关系：共同经常居所地法——一方经常居所地法或国籍国法中有利于保护弱者利益的法律。

【提示】父母子女关系应先适用共同经常居所地法，没有共同经常居所地时，才适用保护弱者利益原则。

2. 扶养：一方当事人经常居所地法、国籍国法或者主要财产所在地法中有利于保护被扶养人权益的法律。

3. 收养：（1）条件和手续：收养人和被收养人经常居所地法；（2）效力：收养时收养人经常居所地法；（3）解除：收养时被收养人经常居所地法律或者法院地法。

4. 监护：一方当事人经常居所地法或者国籍国法中有利于保护被监护人权益的法律。

### （三）继承

1. 法定继承：（1）不动产：不动产所在地法；（2）动产：被继承人死亡时经常居所地法。

2. 遗嘱继承：（1）遗嘱方式：符合立遗嘱时或者死亡时经常居所地法、国籍国法或者遗嘱行为地法均可；（2）遗嘱效力：立遗嘱时或者死亡时经常居所地法或者国籍国法。

## 考点 09　国际民商事仲裁协议

1. 认定机构：（1）仲裁机构和法院都有权认定；（2）一方请求仲裁机构，另一方请求法院的，由法院裁定。

2. 申请时间：对仲裁协议效力有异议，应当在仲裁庭首次开庭前提出。【提示】中国国际经济贸易仲裁委员会要求书面提出。

3. 适用法律：（1）意思自治——仲裁机构所在地法或仲裁地法——中国法；（2）仲裁机构所在地法或仲裁地法对协议效力认定不同的，适用确认协议有效的法律。

4. 法院认定无效的内部报告制度：逐级上报至最高人民法院。在最高人民法院答复前，可暂不受理当事人的起诉。

## 考点 10　外国仲裁裁决在中国的承认与执行

1. 保留：我国只承认在其他缔约国领土内作出的商事仲裁裁决。

2. 申请人：当事人。

3. 受理法院：被执行人住所地或者其财产所在地的[1]。

4. 期间：2年。（1）承认和执行的申请可以同时提出，也可以分开提出；（2）只申请承认的，法院仅审查并裁定应否承认；（3）只申请承认的，申请执行的2年期间自法院承认裁定生效之日起重新计算。

5. 执行机构：被执行人住所地或财产所在地的中级人民法院。

6. 执行程序：（1）当事人申请，法院2个月内裁定；（2）裁定承认的，6个月内执行完毕；（3）裁定不承认的，报高法审查，高法仍

---

[1] 中级人民法院。

然裁定不承认的，报最高法审查。（4）对于外国仲裁裁决，我国法院无权撤销，只能在符合法定事由的情况下拒绝承认和执行。

## 考点 11　中国关于国际民事案件管辖权的规定

1. 以下沉管辖权为原则，集中管辖为例外。

（1）基层人民法院管辖第一审涉外民商事案件；中级人民法院管辖辖区内争议标的额大、案情复杂或者一方当事人人数众多的以及其他在本辖区有重大影响的涉外民商事案件；高级人民法院管辖诉讼标的额人民币50亿元以上（包括本数）或者其他在辖区内有重大影响第一审涉外民商事案件。

（2）以确有必要高级人民法院根据实际情况报批最高人民法院后指定的一个或数个基层或中级人民法院实行区域集中管辖和法律、司法解释另有规定的为例外。

2. 统一规定高级人民法院为50亿元以上，中级人民法院划分为2000万元以上和4000万元以上两个梯度。

3. 原则上基层人民法院与中级人民法院拥有所有类型涉外民商事纠纷案件的第一审管辖权，但海事海商、涉外知识产权、涉外生态环境损害赔偿以及涉外环境民事公益诉讼案件除外。

4. 涉及香港特别行政区、澳门特别行政区和台湾地区的民商事案件参照以上规定。

# 十八、国际经济法

## 考点 01　国际贸易术语

1.《国际贸易术语解释通则®2020》不处理的事项

销售合同究竟是否存在；出售的货物的规模；价款支付的时间、地点、方式或币种；可供寻求的销售合同的违约救济；迟延或其他违反合同履行义务所导致的绝大多数后果；制裁的影响；征收关税；进出口禁令；不可抗力或艰难情形；知识产权；或违约情况下纠纷解决的方式、地点或法律。也不涉及所售货物的财产、权利、所有权的转移问题。

2.《国际贸易术语解释通则®2020》的主要修改

（1）装船批注提单和 FCA 术语条款的修改

2020 年通则的 FCA 术语提供了一个额外的选择，即虽然买方负责运输，但买方和卖方可以同意买方指定的承运人在装货开始后向卖方签发已装船提单，然后再由卖方向买方作出交单。

（2）CIF 和 CIP 术语下对投保险别的规定

CIF 术语下的保险级别仍为类似平安险的最低险，CIP 对卖方有义务取得保险的要求有所提高，相当于我国的"一切险"，双方当事人当然仍可以自由商定较低的保险级别。

（3）在 FCA、DAP、DPU、DDP 术语下，卖方或买方可使用自己的运输工具安排运输

当采用 FCA、DAP、DPU 和 DDP 术语进行贸易时，买卖双方可以根据运输义务使用自有运输工具。

（4）将 DAT 改为 DPU

将之前的 DAT 术语更名为 DPU，并且相应的含义也发生了变化。目的地不再限于"运输的终端"，目的地可以是任何地方，但是如果该地点不在"运输终端"，卖方应确保其准备交付货物的地点是能够卸货的地点。

## 考点 02 《联合国国际货物销售合同公约》

### （一）关于卖方义务的规定

1. 交货义务

（1）交货地点：①卖方安排运输：第一承运人所在地；②合同明确的货物所在地或卖方营业地。

（2）交货时间：合理时间。

2. 交单义务

（1）按照合同约定的时间、地点和方式移交约定的单据。

（2）若提前交单，卖方有权纠正单据错误，但应赔偿买方的损失。

3. 货物相符

（1）质量担保：①符合通常使用的目的；②符合合同约定的特定目的；③与样品或样式相符；④通用的方式包装，若没有通用方式，足以保全和保护货物的方式包装。

（2）数量相符：①与约定不符均构成违约；②若卖方多交，买方可以接收，也可以拒收；③若接收，应按合同价款支付。

4. 权利担保

（1）所有权担保。

（2）知识产权担保

①地域限制：买方营业地；合同预期的货物转售地或使用地。

②免责：第一，买方订立合同时已知道或不可能不知道此项权利或要求；第二，此项权利或要求的发生，是由于卖方要遵照买方的指示供货；第三，买方已知道或理应知道第三方的权利或要求，但未在

合理时间内通知卖方。

**（二）关于买方义务的规定**

1. 支付货款

（1）支付地点：①移交货物或单据的地点；②其他情形为卖方营业地。

（2）支付时间：在买方没有机会检验货物前，可以拒绝支付货款。

2. 接收货物

（1）接收义务：①完成卖方交货的辅助性工作；②接收货物（即使质量严重瑕疵），但接收不等于接受。

（2）拒收权：①卖方提前交货；②卖方多交货（只能拒收多交部分）。

3. 检验货物

（1）时间限制：①实际可行的最短时间内；②卖方安排运输：货物到达目的地后；③合同约定货物须转运：货物到达新目的地后。

（2）买方声明货物不符的时间限制：①发现或理应发现后一段合理时间内；②最长不超过实际收到货物之日起2年。（除非合同另行约定了保证期限）

### 考点 03　国际海上货物运输法律制度

| | 海牙规则/维斯比规则 | 汉堡规则 |
| --- | --- | --- |
| 责任基础 | 不完全的过失责任制 | 完全的过失责任制 |
| 免责 | 航行过失、火灾过失+无过失免责 | 无过失免责 |
| 责任期间 | 装到卸 | 接到交 |
| 责任限制 | 低 | 高 |
| 关于延迟责任 | 无规定 | 迟延交付的赔偿为迟交货物运费的2.5倍，但不应超过应付运费的总额 |

续表

|  | 海牙规则/维斯比规则 | 汉堡规则 |
| --- | --- | --- |
| 关于实际承运人 | 无规定 | 与承运人共负连带责任 |
| 关于舱面货和活牲畜 | 无规定 | 适用 |
| 关于保函 | 无规定 | 承认善意保函在托运人和承运人之间为有效 |
| 诉讼时效 | 1年 | 2年 |

## 考点04 国际货物运输保险法律制度

### (一)国际海上货物运输中的风险、损失分类

1.风险

(1)海上风险:①自然灾害:不以人力意志为转移的自然力量所引起的灾害;②意外事故:在海上发生,如果恪尽注意可以避免。

(2)外来风险:①一般外来风险(盗窃、短量、串味异味等);②特别外来风险(政治、行政等因素);③特殊外来风险(战争、罢工)。

2.损失

(1)全部损失:①实际全损;②推定全损:如果施救、修复、续运等费用之和超过货物本身价值。

(2)部分损失:①共同海损:船货遭遇共同危险,为了共同安全,有意且合理牺牲部分利益,并由[1]分担损失。【提示】牺牲人也可能是受益人。②单独海损:部分损失中除了共同海损的部分。

### (二)险别

|  | 海上风险 |  | 外来风险 |  |  |
| --- | --- | --- | --- | --- | --- |
|  | 自然灾害 | 意外事故 | 一般外来风险 | 特别外来风险 | 特殊外来风险 |
| 平安险 | 全损√<br>共损√<br>单损× | √ | × | × | × |

[1]受益各方。

续表

|  | 海上风险 |  | 外来风险 |  |  |
|---|---|---|---|---|---|
|  | 自然灾害 | 意外事故 | 一般外来风险 | 特别外来风险 | 特殊外来风险 |
| 水渍险 | √ | √ | × | × | × |
| 一切险 | √ | √ | √ | × | × |

### 考点 05  信用证

1. 性质：银行信用。

2. 银行的责任

（1）审查单单是否相符、单证是否相符；（2）表面上相符，有付款义务；（3）发现有不符点的，可自行决定是否联系开证申请人接受不符点，但开证申请人的意见不影响开证行自己最终作出决定；（4）信用证一旦开出，非经受益人（卖方）同意，银行不得单方面取消或修改。

3. 银行的免责

（1）对单据种类、数量和真实有效性免责（只需要表面一致）；（2）对寄送途中的延误、丢失或翻译错误免责；（3）对不可抗力免责；（4）不受买卖合同的影响。

### 考点 06  出口管制

1. 出口管制的对象

国家对**两用物项、军品、核**以及其他与维护国家安全和利益、履行防扩散等国际义务相关的货物、技术、服务等物项的出口管制，适用《出口管制法》。其中的管制物项包括物项相关的技术资料等数据。

2. 出口管制的主体

国家对从中华人民共和国境内向境外转移管制物项，以及中华人民共和国公民、法人和非法人组织向外国组织和个人提供管制物项，采取禁止或者限制性措施。

3. 出口管制体制

国家实施统一的出口管制制度，通过**制定管制清单、名录或者目录、实施出口许可**等方式进行管理。国务院、中央军事委员会承担出口管制职能的部门按照职责分工负责出口管制工作。国务院、中央军事委员会其他有关部门按照职责分工负责出口管制有关工作。

4. 出口管制措施

国家采取**出口管制清单、出口临时管制、禁止出口**等管制措施。

5. 关于两用物项、军品出口的特别管理

出口经营者向国家两用物项出口管制管理部门申请出口两用物项时，应当依照法律、行政法规的规定如实提交相关材料。

国家实行军品出口专营制度。从事军品出口的经营者，应当获得军品出口专营资格并在核定的经营范围内从事军品出口经营活动。军品出口专营资格由国家军品出口管制管理部门审查批准。

## 考点 07　贸易救济措施

### （一）反倾销措施

1. 条件：进口产品存在倾销、对国内产业造成**实质损害**、二者之间**有因果关系**。

（1）倾销：出口价格低于正常价值。**正常价值的确定**：出口国国内价格→出口到第三国的可比价格，或者在原产国的生产成本加合理费用、利润。

（2）实质损害：实质损害、[1]、实质阻碍国内产业建立。

2. 反倾销调查程序

（1）**价格承诺**：初裁决定时，出口经营者作出价格承诺，由商务部决定；商务部也可建议其作出价格承诺。初裁决定前商务部不得寻求或接受价格承诺。商务部接受价格承诺的，可中止或终止反倾销调查；如出口经营者违反价格承诺，则立即恢复调查。如终裁决定认为

[1] 实质损害威胁。

没有倾销或无损害，则价格承诺自动失效；若认定有，则价格承诺一直有效。

（2）是否追溯反倾销税：对终裁决定日之前进口的产品，一般不追溯。

### （二）反补贴措施

1. 条件：专向性补贴、对国内产业造成实质损害、二者之间有因果关系。

专向性的补贴：（1）《反补贴条例》中的补贴必须具有专向性；（2）给予某些企业、某些产业、某个特定区域的企业、某种特殊类型的企业（以出口实绩为条件、以进口替代为条件等）的财政资助均属于专向补贴。

2. 反补贴调查程序：与反倾销基本相同。不同点：承诺者可以是出口国政府（承诺取消、限制补贴或其他措施）或出口经营者（承诺修改价格）。

### （三）保障措施

1. 条件：进口数量增加（不管来源）、对国内产业造成严重损害、因果关系。

数量增加：绝对数量增加或与国内生产相比相对增加。

严重损害：严重损害或严重损害威胁。

2. 程序：商务部依申请或依职权发起，可作出初裁决定，也可直接作出终裁决定。其余的同反倾销。

3. 措施（针对所有该类产品，不区分来自何处）

（1）初裁决定：可作出临时保障措施（提高关税）。

（2）终裁决定：保障措施（提高关税或数量限制等），一般不超过 [1]，最长不超过 10 年。实施期限超过 1 年应当按固定时间间隔逐步放宽。

---

[1] 4 年。

## 考点 08　世界贸易组织

### （一）世界贸易组织概述

1. 世界贸易组织和关税与贸易总协定

<table>
<tr><th colspan="2"></th><th>世界贸易组织（WTO）</th><th>关税与贸易总协定（GATT）</th></tr>
<tr><td rowspan="5">区别</td><td>适用的法律依据不同</td><td>《世界贸易组织协定》，该协定于 1995 年 1 月 1 日生效。</td><td>1947 年《关税与贸易总协定临时适用议定书》，该议定书已被 1994 年《关税与贸易总协定》废止。</td></tr>
<tr><td>约束力不同</td><td>WTO 不允许成员对 WTO 规则进行保留或偏离，它要求各成员的国内立法与 WTO 规则保持一致，国内法的规定不应成为不履行有关 WTO 义务的理由。</td><td>《关税与贸易总协定临时适用议定书》明确允许在不违反现行国内立法的范围内最大限度地适用《关税与贸易总协定》第二部分，成员可以国内法为借口不履行有关义务。</td></tr>
<tr><td>法律框架的结构不同</td><td>WTO 的法律框架由一系列协议组成，这些协议对所有成员都有约束力，成员不得有选择地参加协议（少数成员参加的诸边协议除外）。</td><td>各协议相互独立，不同协议有不同的成员，不同成员承担的义务可能不同。</td></tr>
<tr><td>调整范围不同</td><td>（1）货物贸易（其中包括纺织品贸易和农产品贸易）；<br>（2）服务贸易；<br>（3）与贸易有关的知识产权。</td><td>仅调整货物贸易（不包括纺织品贸易），对农产品贸易的调整也缺乏有力约束。</td></tr>
<tr><td>争端解决制度不同</td><td>争端解决制度统一，根据不同协议产生的争端适用相同的争端解决制度。</td><td>争端解决制度分散，不同协议适用不同的争端解决制度。</td></tr>
<tr><td>联系</td><td colspan="3">（1）WTO 协定吸收了 GATT 规则。<br>1947 年《关税与贸易总协定》经过修改，成为 1994 年《关税与贸易总协定》的一部分，被包括在 WTO 规则之中。<br>（2）WTO 遵循了 GATT 的决策方法和惯例指导。<br>WTO 沿袭了 GATT 框架下协商一致的决策方法；<br>GATT 框架下作出的决定、程序和惯例，对 WTO 仍有指导作用；<br>对于争端解决制度，WTO 遵循 GATT 解决争端所适用的原则。</td></tr>
</table>

## 2. 世界贸易组织的法律框架

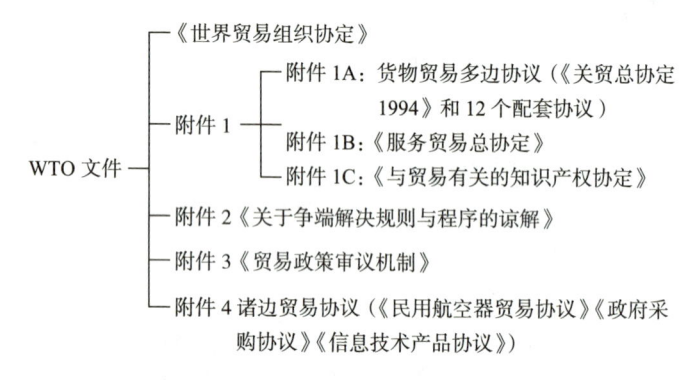

WTO文件
- 《世界贸易组织协定》
- 附件1
  - 附件1A：货物贸易多边协议（《关贸总协定1994》和12个配套协议）
  - 附件1B：《服务贸易总协定》
  - 附件1C：《与贸易有关的知识产权协定》
- 附件2《关于争端解决规则与程序的谅解》
- 附件3《贸易政策审议机制》
- 附件4 诸边贸易协议（《民用航空器贸易协议》《政府采购协议》《信息技术产品协议》）

## （二）世界贸易组织的主要法律制度

### 1. 争端解决程序

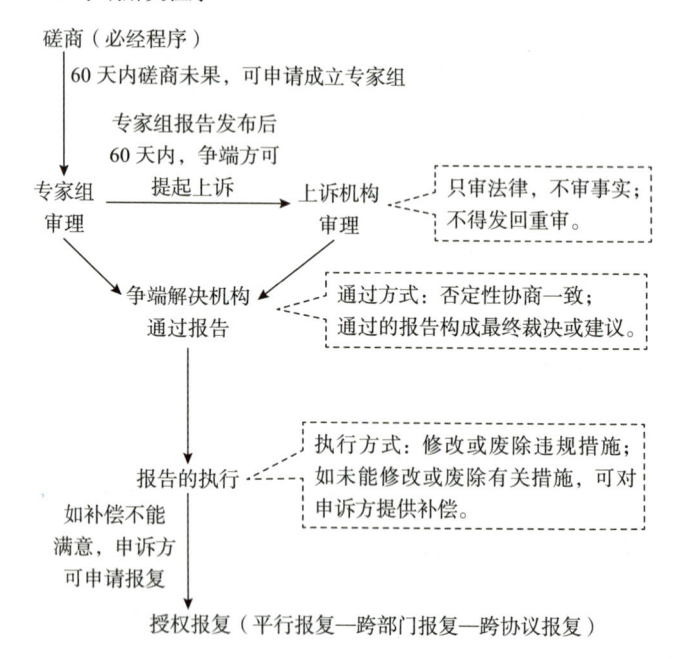

磋商（必经程序）

60天内磋商未果，可申请成立专家组

专家组审理 —— 专家组报告发布后60天内，争端方可提起上诉 →  上诉机构审理（只审法律，不审事实；不得发回重审。）

↓ 争端解决机构通过报告（通过方式：否定性协商一致；通过的报告构成最终裁决或建议。）

↓ 报告的执行（执行方式：修改或废除违规措施；如未能修改或废除有关措施，可对申诉方提供补偿。）

如补偿不能满意，申诉方可申请报复

↓ 授权报复（平行报复—跨部门报复—跨协议报复）

2. 争端解决机制

（1）适用范围：除附件3《贸易政策审议机制》外，所有WTO协议引起的争端都适用。

（2）争端类型或修改有关措施。

- 违反性申诉：申诉方需证明被诉方违反了有关协议；被诉方需要废除或修改有关措施
- 非违反性申诉：申诉方需证明其利益的丧失或受损；被诉方无需取消有关措施，只需作出补偿

3. 关税与贸易总协定（GATT）

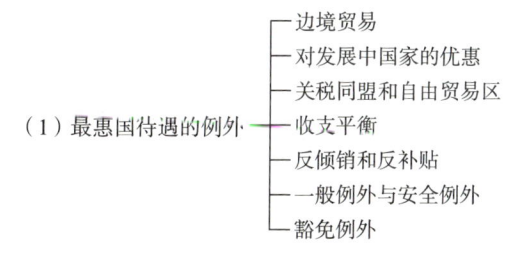

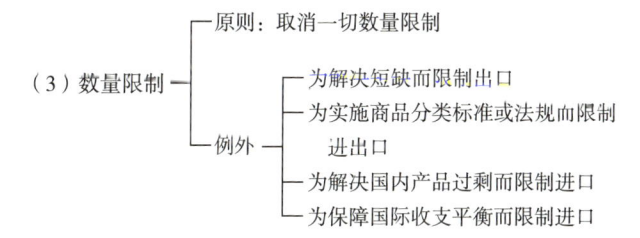

（1）最惠国待遇的例外
- 边境贸易
- 对发展中国家的优惠
- 关税同盟和自由贸易区
- 收支平衡
- 反倾销和反补贴
- 一般例外与安全例外
- 豁免例外

（2）国民待遇的例外
- 政府采购例外
- 仅对某种产品的国内生产者提供的补贴例外
- 一般例外与安全例外

（3）数量限制
- 原则：取消一切数量限制
- 例外
  - 为解决短缺而限制出口
  - 为实施商品分类标准或法规而限制进出口
  - 为解决国内产品过剩而限制进口
  - 为保障国际收支平衡而限制进口

（4）《与贸易有关的投资措施协议》

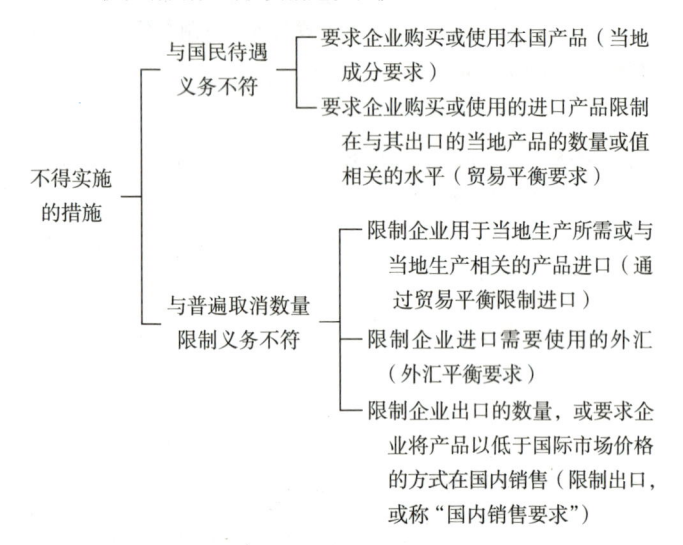

不得实施的措施：
- 与国民待遇义务不符
  - 要求企业购买或使用本国产品（当地成分要求）
  - 要求企业购买或使用的进口产品限制在与其出口的当地产品的数量或值相关的水平（贸易平衡要求）
- 与普遍取消数量限制义务不符
  - 限制企业用于当地生产所需或与当地生产相关的产品进口（通过贸易平衡限制进口）
  - 限制企业进口需要使用的外汇（外汇平衡要求）
  - 限制企业出口的数量，或要求企业将产品以低于国际市场价格的方式在国内销售（限制出口，或称"国内销售要求"）

4. 服务贸易方式

| 服务贸易方式 | 《服务贸易总协定》列举了服务贸易的4种形式：<br>（1）跨境服务，从一国境内向另一国境内提供服务，如通过电信、网络等跨境提供咨询服务；<br>（2）境外消费，在一国境内向来自另一国的服务消费者提供服务，如一国居民到另一国境内旅游、求学等；<br>（3）商业存在，一国的服务提供者通过在另一国境内设立的机构提供服务，如一国的机构到另一国开设银行、保险公司、律师事务所等；<br>（4）自然人流动，一国的服务提供者以自然人的身份进入另一国境内提供服务，如一国的医生、律师到另一国境内直接提供医疗或法律咨询服务。|